HÜSNÜYADİS HORTLADI
İŞGAL GÜNLERİNDEKİ İŞBİRLİKÇİLER

KUMSAATİ YAYIN DAĞITIM LTD. ŞTİ.

Hüsnüyadis Hortladı
(İşgal Günlerindeki İşbirlikçiler) / A. Nedim Çakmak

İstanbul, 2007

© Kumsaati Yayın Dağıtım Ltd. Şti.

10. Baskı, 2007

Yayıncı
Kumsaati Yayın Dağıtım Ltd. Şti.
Editör
İlhan Bahar
Kapak
Kumsaati Yayın Dağıtım Ltd. Şti.
Mizampaj
Zihni Kara
Kapak Film
Mat Yapım
Kapak Baskı
Seçil Ofset
İç Baskı
Çalış Ofset

© A. Nedim Çakmak / Kumsaati Yayın Dağıtım Ltd. Şti.

KUMSAATİ YAYIN DAĞITIM LTD. ŞTİ.
Sümer Mahallesi 18. Sokak No:4 Zeytinburnu/İstanbul
Tel: 0212 416 39 13 - 0212 416 39 14
Fax: 0212 415 56 95
E-mail: kumsaati01@mynet.com
        ilhanbahar61@mynet.com

HÜSNÜYADİS HORTLADI
İŞGAL GÜNLERİNDEKİ İŞBİRLİKÇİLER

A. NEDİM ÇAKMAK

KUMSAATİ YAYIN DAĞITIM LTD. ŞTİ.

İÇİNDEKİLER

KİTAP HAKKINDAKİ YAZILAR - FİKİRLER............... 9
ÖNSÖZ 19
GİRİŞ 1 25
GİRİŞ 2 33

BİRİNCİ BÖLÜM

İSLAMCI AYDIN İSLAMCI YAZAR SAİT MOLLA 37
İNGİLİZ MUHİBLERİ
CEMİYETİ NASIL VE NİÇİN KURULDU? 37
CEMİYETİN GİZLİ AMAÇLARI 43
PAPAZ FREW'DEN DOKSAN YIL SONRA;
GELE GELE GELDİK PAPAZ ANDREW'E... 45
EĞİTİM KURUMLARIMIZI, VAKIF MEKTEPLERİNİ
AJANLIK MERKEZLERİ HALİNE
NASIL GETİRDİLER? 46
CEMİYETİN PADİŞAH VE
DAMAT FERİT HÜKÜMETİ İLE İLİŞKİLERİ 48
VAHDETTİN-İNGİLİZ
GİZLİ ANTLAŞMASI (12 EYLÜL 1919) 48
İNGİLİZLER'İN UŞAKLIĞINI
YAPANLARA PARA DAĞITILIR (BUGÜN SOROS)......... 50
CEMİYETİN SİYASİ KURULUŞLAR VE
DİĞER SİVİL TOPLUM
KURULUŞLARI İLE İLİŞKİLERİ 51
DİNLERARASI DİYALOG SÜRECİNDE,
DİYALOGÇU İMAMLAR PAPAZLAŞACAKTIR 53

MÜTAREKE VE İŞGAL GÜNLERİNDEKİ
SİVİL TOPLUM KURULUŞLARI 55

İNGİLİZLERİN VE İNGİLİZ MUHİPLERİ
CEMİYETİNİN ÇIKARDIĞI İSYANLAR 56

BASIN, İŞGAL GÜÇLERİNİN
İLERİ KARAKOLU GİBİ (DÜNÜ ve BUGÜNÜ) 63

MÜTAREKE BASINI HAİNLERİNİN ACI SONLARI 69

SAİT MOLLA KAÇIYOR 71

DOKSAN YIL SONRA YENİDEN SAİT MOLLA 73

DÖNEKLERİN SEFALETİ VE ACI SONLARI 77

TAPINAK ŞOVALYELERİ KİMDİR? 80

NEMRUT MUSTAFA PAŞA
ASLINDA ERMENİ DEĞİL Mİ? 80

2000'Lİ YILLARDA NEMRUT MUSTAFA
DİVANI YİNE İŞ BAŞINDA 82

BOĞAZLIYAN KAYMAKAMI
KEMAL BEY'İN İDAMI 85

YOZGAT MİLLETVEKİLLERİNİN
ÇİFTE SKANDALI/YIL 2005 91

DİN HARCI, TEŞKİLAT-I MAHSUSA'YI
İHANET YUVASNA ÇEVİRMİŞTİ 95

VAHDETTİN VATAN HAİNİ OLSA BİLE HIRSIZ DEĞİLDİ;
YA ŞİMDİKİLER? 103

BURASI ANADOLU-HİTİTLERDEN
BERİ HAİNLERİN SONU 107

SİYONİST-MASON MİLLİ SİYASET BELGESİ
/GİZLİ ANAYASASI-
TÜRKİYE'DE NASIL UYGULANDI? 109

HİÇ DEĞİLSE, LEVON PANOS DABAĞYAN
KADAR TÜRK OLUN, YA DA UTANIN 112

SİYONİST-MASONLAR, ATATÜRK'Ü
ÖLÜME GÖTÜRDÜ, YERİNE GELENLER
ÖRT-BAS ETTİLER 115
ERİVAN MİLLİ SİYASET BELGESİ/
GİZLİ ANAYASASI TÜRKİYE'DE
NASIL UYGULANDI? 134
İSLAMI İSRAİL'E ISMARLADILAR,
CAMİYİ HAVRAYA ÇEVİRDİLER 147
İMAM HATİP OKULLARINDA YAPILAN DİNİ VE
MİLLİ KATLİAMLAR 149
İŞGAL GÜNLERİNDEN DE
KÖTÜ DURUMDAYIZ, UYANIN!!! 154

İKİNCİ BÖLÜM

HAÇI KIRIK MEZAR TAŞI (GİRİŞ 3) 173
HÜSNÜYADİS 1917- 1922
MANİSA MUTASARRIFI 193
MENEMENDE VAHŞET 209
KİM BU ŞEYH SÜKUTİ (? ? ?) 213
ŞEYH SÜKUTİ'DEN SEKSEN YIL SONRA(...) 222
24 MAYIS 1919 AKHİSAR 226
AKHİSAR'DA TRAJEDİ 230
ŞU AKHİSAR'DAKİ İDAMLAR 233
YÜZ KIZARTICI OLAYLAR 235
MANÎSA-TURGUTLU İLÇESİNDE
EGEMENLİĞİN PAYLAŞILMASI 237
... ve 29 MAYIS 1919 SABAHI 238
MANÎSA-ALAŞEHİR İLÇESİNDE
"EGEMENLİĞİN PAYLAŞILMASI" SONUÇLARI (...) 241
HÜSNÜ BEY'İN SONUNUN BİLİNMEYENLERİ (!) 246
MANİSA'DA YUNAN ZULMÜ VE BİR TELGRAF 247

HALİT PAŞA'NIN ŞEHİT EDİLMESİ 248

BİR DİLEKÇE VE 16 KRŞ'LUK DAMGA PULU 249

EGEMENLİĞİNİ PAYLAŞANLARIN VAHŞETİ 251

HÜSNÜYADİS'İN SONUNUN BİLİNMEYENLERİ 254

AJANLIK HAKLARI RAPORU (...) 254

2005 / YENİ MÜTAREKE MEDYASI: 260

2004/2005/ YENİ MÜTAREKE MEDYASI: 262

İHANET BELGELERİ 263

BİR İHANET BELGESİ DAHA 269

ALİ KEMAL'İN SORGULANMASI 275

MUSTAFA SUPHİ NİÇİN ÖLDÜRÜLDÜ? 278

SATILMIŞ KARANLIK AYDINLAR! 281

FARELERDEN FARKLI OLMAK (!) 281

MEDYA'DA TRAVESTİ DEHŞETİ(!) 287

MANDACI İTİLAFÇILAR, DÖRT ASKERİ VE

DÖRT SİVİL DARBE YAPTILAR (!) 290

(1)-GENERAL YAYIN YÖNETMENİ

(...) HÜSNÜYADİS: 292

2-Genel HAYIN Yönetmeni (...) Hüsnüyadis: 292

3-Bilim (filim) Adamı Hüsnüyadis: 292

4-TARİKAT LİDERİ (...)HÜSNÜYADİS: 293

5-SİYASET ADAMI (...) HÜSNÜYADİS: 293

ERMENİ SORUNU VE TARİHTEN BİR YAPRAK 295

ŞÜPHECİ PADİŞAH/ ANONİM 300

- GELECEKTEKİ KİTAP -
MAYMUNLAR CEHENNEMİ 309

DİPNOTLAR 311

KAYNAKÇA 315

KİTAP HAKKINDAKİ YAZILAR - FİKİRLER

PROF. DR. OKTAY SİNANOĞLU

Ülkemizin işgale uğradığı dönemde işgalcilerle işbirliği yapan Manisa Mutasarrıfı Giritli Hüsnü, Giritli Derviş Mehmet ve diğer işbirlikçilerin yaptıklarının anlatıldığı bu kitap, ayrıca işbirlikçilerin günümüzde de işbaşında olduklarını ve bu kişilerin dedelerinin geçmişte söyledikleri gibi "egemenliğin paylaşılmasında sakınca olmadığı" şeklindeki açıklamaları çekinmeden yaptıklarını ortaya koymaktadır.Kimin ne olduğunun bilinmesi ve uyanık kalınması gerektiğini hatırlatan bu kitabı merakla okudum...

Saygılar...

HÜSNÜYADİS HER YERDE!...

MUAMMER KARABULUT
Noel Baba Barış Konseyi Başkanı

İşgal sonrası Manisa'da binlerce insan ölmüş, nerdeyse kentin tamamı talan edilmişti... Manisa gördüğü bu zulüm sonrası Hüsnüyadis'i unutabilir miydi?

- Ne yazık ki unuttu...

Eğer, A. Nedim ÇAKMAK çocukluk yıllarında Hüsnüyadis'in oğlu Vasili'yi Manisa'da görmeseydi, bizler Hüsnüyadis'i bu kadar yakından tanımayacaktık...

Türkiye'nin yaşadığı savaş yılları, batı ve Yunanistan lehine çabuk unutturuldu!... Yapılan kongreleri, savaş yapılan meydan ve cepheleri öğrendik ama Hüsnüyadislerin kim olduğunu bir türlü öğrenemedik!... Onun için, Türk-Yunan ilişkileri 1952 yılında zirve yaptı ve Yunanistan ile beraberce NATO'ya girdik... Hüsnüyadis'in oğlu da, 6-7 Eylül olaylarının olduğu senenin yazında, yani 1955 yılında elini kolunu sallayarak annesi Paraskevulo'nun yaşadığı yerleri merak ettiği için Manisa'ya geldi. Annesinin evini buldu. Evde yaşayan Selanik mübadillerinden Kara Bayram ile görüştü ve oğul Vasili Hüsnüyadis'de Manisa'yı terk etti. Vasili'nin Manisa'ya gelişinden en çok etkilenen ise Manisa sokaklarında oynayan çocuklar oldu. İşte o çocuklardan birisi de "İşgal Günlerindeki İşbirlikçiler, Hüsnüyadis Hortladı" kitabının yazarı Selanik mübadili Abdül Nedim ÇAKMAK'tı.

Sanırım, Türkiye'de olanları ve laik Cumhuriyetin kim ve kimler tarafından nasıl erozyona uğratıldığı şimdi daha iyi anlıyoruz... Keşke, Celal BAYAR, "Ben de Yazdım", Doğan AVCIOĞLU, "Milli Kurtuluş Tarihi" ve Turgut ÖZAKMAN "Şu Çılgın TÜRKLER"i yazarken Hüsnüyadis'leri de yazsalardı!...Belki şimdi, kimin kim olduğunu daha iyi tanır, başımıza gelenlerin tesadüf olmadığını daha iyi anlardık...

- Sizce, neden yazmadılar? T.C. Devleti, ATATÜRK'e deccal diyenlerin kim olduğunu araştırmaz mı? "...Bu çocukların şimdi hepsinin isimlerini saysam(...)" .

ARSLAN BULUT
YENİÇAĞ GAZETESİ

Okkalı adamlar nerede?

Hükümdar, sürekli olarak iç düşman korkusu yaşıyormuş. Sonunda iç düşmanlardan kurtulmaya karar vermiş. Akıldane denilen akıllı adamlardan bir Danışma Kurulu oluşturmuş.

Uzun toplantılardan sonra kurulun en akıllısı "Buldum" demiş..

-Padişahım, bu ahali uysaldır, aç, susuz kalsa, vergiler artsa da kuzu gibi itaat eder, lakin "okkalı" denilen adamlar var ki, her mahallede, her köyde bunlar bulunur. Halk bu adamlara, "altı okkalı..." da der! Bunlar halkın önüne düşer, onları cesaretlendirir. İşte o zaman halk panter gibi olur. Böylece iç düşmanlar artar.

-Tez çare söyleyin!.

- Bu adamlar bulunsun, hadım edilsin, o zaman iç düşman kalmaz hünkarım-...

Ülkede hemen tellallar çıkarılır, okkalı adamları ihbar edenlere keseyle altın verilecektir.

Nitekim, yağmur gibi ihbarlar gelir. Sağda solda ne kadar okkalı yiğit varsa hepsi derdest edilir, sıra sıra mengeneler kurulur, okkalı adamlar hadım edilir.. Okkalı adamların yerini sivil toplar ve godoşlar alır. Böylece 9-10 yıl sükut içinde geçer.

Ama asıl düşman pusudadır. Okkalı adamların yokluğunu görünce her bir köşeden saldırıya geçerler. Fakat ortalığı sivil toplar doldurduğu için ülkede direnen güç kalmamıştır.

Hükümdar, yine akıldanelerini toplar:.

-İşittim ki papazlar, patrikler sancaklarını kaldırmışlar, küffarın akide-i milliyesi ve diniyyesi için en önde koşmaktadır. Bizim ehli İslamımız, Diyanet-i Vataniyyemiz, bizim akide-i milliyemiz nerededir?

-Hünkarım, heyet-i diniyyemiz, papazlarla muhabbete iştirak eylediler; hıyaneti vataniyede saf tuttular!.

-La havle.. Küffara dost olanlar, artık onlardan olmuşlardır.

-Peki, riyaseti ticarimiz ve riyaseti siyasilerimiz ne cehennemdedir?.

-Onlar kendi topraklarımızı satarak küffara müstecir oldular, küffara pezevenklik yapmaktadırlar. Hahambaşı"ndan ödüller aldılar, satışa geldik Hünkarım!.

-Asırlar önce Haçlılar bu topraklarda hiç pezevenk bulamamıştı, şimdi ne çok pezevenk çıkmıştır. Serdarı, Yahudi"den boynuz alan kavimlerin hepsi helak olmuştur. Zaman gelir ki bunlara "Bizans"ın çocukları" derler. Bu ne cibilliyetsizliktir? Kalan askerleri toplayın, küffara saldırsınlar!.

-Asker yaya kaldı hünkarım, hücuma kalkışamaz!.

Hükümdarın aklına, Altaylardan getirip, bir köşede tuttuğu bozkurtlar gelir:.

-Tez olun, bozkurtları getirin, küffarın üzerine salın onları...

-Hünkarım bozkurtların bir kısmı evcilleşti, akkurt oldu, bir kısmı küffarı değil birbirini dişlemektedir. Kalan bozkurtlar da yaylalarda gezmekte, dişlerini dağlara, yaylalara göstermektedir. Lakin yaylalardan hiç inmez oldular! Sol cenahtaki kılıç-kalkan güruhu ise, düşmanın derinliklerine kadar girmiş iken, yüzgeru olup küffara karışmış, hatta bazıları küffarla bir olup Memalik'e hamle etmektedir..

Hükümdar çıldırmış gibi bağırır:.

-Bre tez olun, bir lahza gayıp etmeyin. Tellal çıkarın, bağırsınlar, çağırsınlar,. "Yiğitler, Yiğitler...Yiğitler nerede?" desinler.. Düşman varoşlara dayandı, sarayı bastı basacak, bulun şu okkalı adamları....

Akıldaneler hep bir ağızdan seslenir:.

-Onları hadım etmiştin hünkarım unuttun mu?.

Bu hikayeyi, A. Nedim Çakmak"ın, Kum Saati Yayınları arasından çıkan "İşgal Günlerinde İşbirlikçiler, HÜSNÜYADİS HORTLADI" adlı kitabının son bölümünden özetleyerek aldım..

İTTİHAD-Î OSMANİ'DEN
İTTİHAT VE TERAKKİ CEMİYETİ'NE

Mustafa Bekaroğlu
YENİ MESAJ GAZETESİ

Jossir diye biri

Arkasında İngilizlerin olduğu bir suikast dünyayı oldukça sarsacaktır. Ermeniler Sultan Abdülhamit'i öldürmek için Belçikalı bir sabotajcı ile anlaşırlar. "Jossir" adlı bu terör uzmanı altı aylık bir uğraştan sonra Yıldız Sarayı kompleksi içinde olan "Yıldız Camii" (bu saray ve cami dahil bütün kompleks Ermeni olan "Balyan" ailesi tarafından yapılmıştır. Caminin mimarı Sarkis Balyan"dır) bahçesine bir saatli bomba yerleştirmeye muvaffak olur.

Padişah bir mucize kabili bir şekilde bu suikasttan kurtulur. 1905 yılında vuku bulan bu elim olayda Abdülhamit Hanın sağ salim olarak kurtuluşu bizim Müslüman gavurları can evlerinden yaralayacaktır. Bunlardan birisi de daha sonra din değiştirerek papaz olan Amerika'da ölen, Haluk'un babası şair "Tevfik Fikret'tir. Fikret; Bir Lahza Tahattur adlı şiirinde akim kalan bu suikast karşısında bakın üzüntüsünü nasıl dile getiriyor:

Ey şanlı avcı, damını bihude kurmadın. Attın ama, ne yazık ki vurmadın!

Dün Ermeni tetikçisine Şanlı Avcı diye methiyeler düzenlerin, bugün "Büyük Türk Şairi" yaftası ile edebiyat kitaplarında yer alması ne kadar da trajikomik bir durum değil mi? İşte sözde o büyük şairlerin aydınlığında yetişen "Pamuk"lar da görevini yapmaktadır. Dün neyse, bugün de o!.. O nesepten binlercesi yetişti. Ne hazindir ki vatanseverler "fakr-u zaruret içinde harap ve bitap düşmüşken" o " efendilerin" bir eli yağda, bir eli balda! **Tabi ki buna bakıp haykırıyor vatanını seven kişi; "Hüsnüyadis yaşıyor / hortladı" diye...**

FLAŞ GAZETESİ - BAŞ MAKALE

SÜLEYMAN KASIM ŞENER
GAZETE FLAŞ

Hüsnüyadis, işgal günlerinde, 1917-1922 yıllarında Manisa mutasarrıfı imiş. İzmir işgal edildiğinde, "İşgal buraya kadar uzanmayacak, İzmir civarında kalacaktır. Manisa'yı terk etmenize lüzum yoktur" demiş, direnişe lüzum olmadığını söylemiş ve Manisa işgal edildiğinde, düşmana karşılama töreni yapmıştır. Bir alay Yunan askeri Manisa'ya girer girmez katliama başlamış ve şehirde bulunan cephanelikten 48 bin tüfek, 88 top ve bütün cephaneye el koymuş. Hüsnü Bey, devletin bütün resmi evrakını da Yunan alayına teslim etmiş.

Hüsnü Bey'in iz bırakan sözü, "Yunan işgal ordusu ile egemenliğimizi paylaşabiliriz" olmuş..

Türk halkına tam üç yıl, üç ay, on gün kan kusturduktan sonra Manisa'yı yakan işgal ordusu ile birlikte kaçıp gitmiş...

Hüsnüyadis denilen adamın torunu çıkmış bugün de "Egemenliğimizi paylaşabiliriz" diyor....

A. Nedim Çakmak, bugünkü Hüsnüyadislerin, işgal günlerindeki Hüsnüyadislerle bağlantısını anlatıyor...

Mayıs 1919. İzmir işgal edilmiş. Yunan işgal kuvvetleri Anadolu'ya yerleşme çabaları içinde.

Anadolu, için için ağlamakta, gözyaşları, belirsiz geleceğin içine damla damla İçteki acıyla, hüzünle aydınlık karanlığa karışmakta. Ümitsizlik, yorgunluk ve ne yapacağını bilememe ızdırabı insandan insana, köyden köye tüm vatana yayılmakta, tabi ki artık vatan diye bir yer varsa!

Zenginler, malını kurtarmanın peşinde. Köylü zaten yıllarca unutulmuşluğun içinde per perişan, başı ellerinin içinde, can mı vatan mı bilmecesini çözmeye çalışıyor. Geceler uzun mu uzun, gündüzler; karanlık mı karanlık. Anadolu, yangın yeri, Anadolu, mahşer yeri. Ta derinden bir his; bir acı; masum çocukların gözlerine sinmiş, hainliğin izi. Bu yılgınlığı, teslimiyetçiliği kabul etmeyenler de vardı. Onlar, çoktan faaliyete geçmişti. Yunan işgali durdurulmalı, Yunan, topraklarımızdan atılmalıydı. Burası; Türk'ün yurduydu, ata yurduydu.

Burası; vatandı ve vatan şimdi uğrunda ölebilecekleri arıyordu... Karanlığın içinden ölümü göze almış 37 yiğit çıkar. İlk görevleri Menemen Boğazını tutmaktır.

Yunan içerlere doğru ilerlememelidir. Menemen Boğazı'nda durdurulmalıdır. Bu 37 yiğit, bu dar boğazı tutacak, demiryolunu kontrol altına alacaklardır. Menemen'le aralarında Dumanlı Dağ vardır. Aç ve susuzdurlar ancak vatan daha kutsaldır. Osmancalı köylüleri onlara ekmek verir, katık yok! Katık, köylüde yok ki bu yiğitlere versinler! Yolda bozulmuş bir soğan tarlası imdatlarına yetişir. Çürümüş soğanları katık yapar yiğitler. Yola devam ederler, civar köylülerle buluşurlar, heyhat ki köylüler sıcak bakmazlar davalarına. Sanki işgal edilecek yer onların yeri, yurdu, köyü değil! Köylüler: " İyi emme, biz bir şey yapamayız, Sümbüller Köyü'nde Şeyh'imiz var onunla görüşün derler.

Zavallı köylüm. Yoksulluk bir yandan, bitmeyen savaşlar öbür yandan, egemenlik mücadelesinin ortasında kalmış, yalnızlıktan, yoksulluktan ve ilgisizlikten birilerine sığınmak zorunda bırakılmış. Onlar da en çok bu kendilerine din bilgini denilen sözde dervişlere sığınmışlar. Öyle ya; ilim sahibi, aklı başında olan bu din alimleri onları kurtarmaz da kim kurtarabilirdi ki?

Burada gariban köylümün bir suçu yok. Suçlu onları yönetemeyenlerde. 37 yiğit hiç vakit kaybetmeden Sümbüller Köyü'ne varırlar, halkı köy meydanında toplarlar. Bahsi geçen Şeyh'de gelir meydana. Yiğitlerin başındaki tanır bu Şeyh'i; bu Giritli Derviş Mehmet'tir.

Hemen meramlarını anlatır yiğitler. Yunan İzmir'dedir. Buraya da geleceklerdir. Devir, ölüm devridir. Kutsal vatan toprağı

A. NEDİM ÇAKMAK

açmış bağrını, içine girecek şehidini beklemektedir. Burası Anadolu'dur. Burası; Türkün ata yurdudur. Atalarımızın kanları daha kurumamıştır bu topraklarda. Şimdi Yunan, bu aziz vatanı işgal etmeye kalkmış, atalarımızın kanıyla sulanmış bu toprakları, iğrenç çizmeleriyle işgal etmeye uğraşmaktadır, üstelik kalleşçe, üstelik haince.

Acıdır ki onların hainliği değildir, üzülmemize sebep; içimizdeki hainlerdir bizi balyoz yemiş gibi yapan. Şimdi atalarımızın kanıyla sulanmış bu topraklar, istememektedir üzerinde, bizden olmayanları.

Der ki kara toprak: şimdi ölüm zamanıdır, yıllardır verdiğimin bedelini ödeme zamanıdır. Vatan kutsaldır, eğer uğrunda ölebilen varsa, demektedir.

"Menemen'i Yunan vurdu, ezan sustu; mala, cana, ırza tecavüz ediyorlar. Buralara da gelirlerse aynı şeyi yapacaklar" der yiğitler; açlıklarını unutup, toprağın bağrına koşmaya giden ataları gibi.

"Ben Yund Dağı'na kadar bu köylerin Şeyhi'yim, bizim tarikatımız kurşun atmayacak... Mehdi gelmeden caiz değildir" der Şeyh. Der de, yıkılır bizim yiğitler, bu mudur Şeyh dedikleri? Bu mudur, vatan işgal altındayken biz kurşun sıkmayacağız diyen? Bu mudur, ezanları susmuş camiyi, vatanı savunacak gafil? Bir yiğit dayanamaz, gırtlağına sarılır sözde Şeyhin: " Bunlardan başlayalım, gavurla anlaşmış gibiler..."

Sorarlar Şeyh'e: " Sizin tarikatınız gavur tarikatı mıdır ki gavura kurşun atmaz, ne biçim laf edersiniz?"

Söz bitmiştir. Umut, tükenmiştir. İş başa düşmüştür. Vatan mazeret değil, şehitlik mertebesine ulaşabilecek yiğitleri beklemektedir. Yola koyulurlar. 21 Mayıs 1919'da Yunan devriyesine saldırırlar, ölümle dalga geçerek. Ölüm de neymiş, vatan sağ olsun diyerek... Aradan yıllar geçer. Yunan-Haçlı orduları Menemen'den kovulmuş, papazlar gitmiş, çan sesleri gitmiş... ezan sesleri gelmiştir...

...ama olsun, Derviş Mehmet ve ekibi, Menemen'i şimdi basacaktır(!) İşgal günlerinde Yunan askerlerini öldürmek için Menemen'i basmamışlardır ama olsun, şimdi orada Türk askeri vardır..! Haçlı ordusu gitti, çan sesleri yok, papazlar kaçtı... "Eyvah... Menemen'de din elden gitti..." "Biz şeriat isteriz(?)..."

Giritli Derviş Mehmet köylülere sorar: "Yardım edecek misiniz?"

Köylüler cani gönülden cevap verirler: "Yardım etçeez... Ekmek verceez, katık da verceez, at da verceez..."

Derviş Mehmet ve arkadaşları Menemen'i basarlar. Kendisi gibi aslen Giritli olan Yedek Subay Kubilay'ı da öldürürler.

Doymazlar... Türk subayının kafasını bağ testeresiyle canlı canlı keserler, kesik kafayı direklere geçirmişlerdir. Tıpkı, Yunan-Haçlı ordusu askerlerinin yaptığı gibi, vahşetle... Giritli Derviş Mehmet; Türk Subayı olan, yine başka bir Giritli soydaşını (Kubilay) şehit etmiştir. Elbette; üzerinde Yunan üniforması olsaydı. Derviş Mehmet O'nu böyle kesmeyecekti...

Yazımızı bitirirken şunu da ifade etmek durumundayız: Bu sözde din alimi, Menemen olayları sırasında Menemen'e gelirken yolda habire esrar çekmiştir. Bu nasıl din adamıdır? Bu olsa olsa birilerinin piyonudur? Tarih, bunu bir gün ispatlayacaktır. (Kaynak: A.Nedim Çakmak, Hüsnüyadis Hortladı, İstanbul, Nisan 2005)

ÖNSÖZ

Parti Pehlivan'ın Mektubu

KUVAYI MİLLİYE ŞEHİTLERİNİN AZİZ DOSTU!
MUSTAFA YILDIRIM
Ulus Dağı'nda yaktığın ateşle, Kuvayı Milliye Şehit ve Gazileri'ne yeniden can verdin.Ulus Dağı'nda Şehitler yaşıyorlar...
"ULUS DAĞI'NA DÜŞEN ATEŞ"
SÖNMESİN!

İHANETİ GÖRDÜM!

Soğuktan uyumadığımız, uyuyamadığımız bir gecenin sabahı, 5 OCAK 1921...

İhaneti gördüm; ihanetin çirkinliğini(!) Çok çirkinlikler gördüm savaşlarda, ama hiç bir çirkinlik onun gibi değildi, üç sene Balkanlar'da, ikisi Ulus Dağı'nda, beş sene omuz omuza savaştığım kapı gibi adam, "kartal gibi" sandığım; iki metre beş santim boyunda koca adam;silah arkadaşım Çerkez Ethem... küçülmüştü (!)

İhanet O'nun kartal duruşunu bitirmiş, ürkek bir karga gibi olmuş; tam güneş doğarken hain bir karga gibi "sıvışırken" gördüm(!)

Çerkez Ethem, topları Faraş Deresi'nin karşısına taşımış; düşmana, can düşmanımıza, şehit Makbule'nin katillerine ve de ırz düşmanlarımıza katılmak için gizlice sıvışırken yakalandı!..

Silahımı kaptım, efelerin azınlığı benim yanımda, çoğunluk Ethem'in yanında(!) Faraş deresi aramızda; hiç düşünmeden silahı doğrulttum; tam gözünün üstüne, tabii kızanlarımız da... Namluyu gözlerine diktiğimde (!) İhaneti gördüm, İhanetin o kadar çirkin olduğunu bilmezdim(!) İhanetten küçülmüş, iki metre beş santim boyunda bir "cüce" olmuştu. Kesin hesap yaptım; ben ölürdüm bu çatışmada, ama ihanet de ölecekti(!) onu bu kadar küçülmüş görmek ölümden de beterdi...

İhanet'in yüzü çok çirkindi, onu hiç böyle çirkin görmemiştim(!)

Ethem'in silahı bana, benimki ona doğruydu; yalnız beş kurşunum vardı tarakamda... Fazla tereddüt etmedi, silahını indirdi: "Vursa da böyle görülmekten kurtulsam..." der gibiydi.

Dedi ki "ne istiyorsun?.." Dedim ki "silahlar";silahlar, toplar ve cephane burada kalacak. Götürülmesine müsaade ettiğim silahlarla öldürülmeyi asla istemem! Millet malını burada bırakacaksınız. "Peki..." dedi. Ethem giderken çoğunluk benim tarafıma geçmişti; ihanetin çirkin yüzünü görmüşlerdi... ama Ethem'le birlikte gidenler, yetmiş katıra yüklenmiş bir servet götürmüşlerdi(!)

Asker iffet, asker namus, asker vatan demektir...

Asker güzelliğini gördüm İbrahim Ethem'de: Oysa, o bir kaymakamdı; vatan savunması "şart" olunca asker olmuştur. Bir de komutanlar vardı. "Adam gibi" askerdi... Onlarda gördüğüm "asker güzelliğini" size anlatmaya dilim yetmez. Bir de "asker olmamış paşa'lar" vardı, çirkin mi çirkin (!) pısırık mı pısırık halleri düşmanı çağırdı(!) Vatan onlarla işgal edilmişti(!) Siz de bir bakarsınız "asker olmamış paşa'nın çirkinliğine". Sonra Mustafa Kemal Paşa'ya bakarsınız, ya da benzerlerine...

KUBİLAY'IN ŞEHİT EDİLMESİNİ HİÇ ANLAMADILAR!....

Derviş Mehmet ve arkadaşları, 107 kişilik bir teşkilat kurmuştu. İşgal günlerinde böyle bir teşkilat kurulsa, düşman Menemen'e zor girerdi, Halbuki, işgal günlerinde 107 kişiden üçü Menemen'de, dördü Manisa'da, Yunan belediyesinde görevliydiler; kalan bir kısmı da menfaatle Yunan'a erketeydi.

Derviş Mehmet ve elebaşlarını yakından tanıyordum; biz işgal günlerinde Menemen'i basmaya giderken, onlar "hayır!.." demişlerdi. Onlar neden düşman gittikten sonra Menemen'i basmışlardı?... Hiç kimse anlamadı, hiç...

Yıl 1930, 23 Aralık günü "yapacaklarını" yapmışlardı.

Olaydan sonra, Balıkesir'den Arap Ali Osman Efe, trenle Manisa'ya geldi. Birlikte Menemen'e gittik; Muğlalı Paşa'dan izin istedik. Bir Türk Subayı ve iki Türk bekçisini şehit eden mahkumlarla yüzleştik. Derviş Mehmet çatışmada ölmüştü. Sağ kalanların içinde birkaç kişiyi tanıyorduk, onlara sorduk.

— Biz köyünüze geldiğimizde Yunan Menemen'i kan gölüne çevirmişti; Ezan susmuştu! Yunan askerleri sarhoş olmuşlar, süngülerine takılmış Türk çocukarıyla eğlence yapmışlardı. Ezan sesleri gitmiş, çan sesleri gelmişti. O zaman bize katılmanızı istedik, "Menemen'e baskın yapalım" 'dedik.

— "Mehdi çıkmadan düşmana kurşun atmayız..." dediniz! Gavur varken Menemen'i basmadınız!

— Şimdi Menemen'de gavur yok, çan sesleri yok, papazlar gitti. Çan sesi yerine ezan sesleri geldi. Mehdi de şimdi çıktı geldi (!)

— "Din elden gittii!.." diye naralar atarak, Menemen'i neden şimdi bastınız?.." diye sorduk.

—Papazlar gidince mi din elden gidiyor; Mehdi çıkıyor?'Bu sizin Mehdi nasıl bir Mehdi?...

Biz sordukça, onlar "kör kuyulara bakar gibi..." yerlere bakıyorlardı... Döndüğümüzde kalabalık bir grup merakla, "Menemen olayından ne anladığımızı?..." sordu. Onlara doğruyu söyledim:

— 9 Eylül'de biz İzmir'de düşmanı denize döktüğümüzü sanıyorduk, meğer düşman bu "gavur tarikatını" yerine vekil bırakmıştır(!)

—Korkarım ki, düşman ruhunu bu gavur tarikatına yüklemiş de gitmiştir.

Eğer bir gün, bu tarikat iktidar olursa, biliniz ki işiniz bitmiş olacaktır!!!

Kuvayı Milliye Şehitleri'nin aziz dostu... Akıncılar'ın sevgili evladı Mustafa YILDIRIM!

ULUS DAĞI'NA gel, bizi orada bulursun; şehit Makbule, İbrahim Ethem Bey, Halil Efe, Akıncılar... hepsi ULUS DAĞI'NDA; biz seni özleriz...

Senede bir gün olsa da, gel... Unutma sakın!

Biz seni özleriz...

Şehitleri öksüz bıraktılar, sen bırakmadın; gözlerinden öperiz...

PARTİ PEHLİVAN

Not: Parti Pehlivan'ın, Balkan savaşlarındaki Milis komutan'ı, Yakup Kaptan'a bırakmış olduğu bilgi notlarından derlenmiştir.

Kapitan: Milis müfreze komutanı.

Güncel Not: Yunan Milli İstihbarat Servisinin, dolayısı ile Yunan milliyetçilerinin bir tarikatı kullanarak koymuş olduğu bir eylem olan Menemen İsyanı'nı, bizim milliyetçiler hiçbir zaman açık açık anma günlerine katılarak kınayamamışlardır, neden?

Keşke bizim milliyetçiler de bazı papazları kullanarak Yunanistan'de böyle bir eylem koyabilmiş olsalardı da, Yunan milliyetçileri şaşırıp kalsalardı(!!!). Biz neyin milliyetçisiyiz?

Biz nasıl ve ne zaman milliyetçi olacağız?... Yunan milliyetçiliğinin karşısında bozkurtları işte böyle bir kurt kapanına sokmuşlardır...

Anlayan var mıdır?...

YENİDEN
İŞGAL GÜNLERİ VE İŞBİRLİKÇİLERİ

Yeniden sait molla, hüsnüyadis hortladı, şeyh sait iktidarda...
Zillet halkası sizde, alın tasmanızı!

ŞEHİTLERİMİZİ VERİN!!!
VERİN CANLARIMIZI!!!
SİYONİST-HAÇLI MÜSLÜMANLARI'NIN
İSLAM'A KARŞI İŞBİRLİKÇİ SAVAŞLARI...

DÜŞÜNCESİZLER-AKILSIZLAR-FİKİRSİZLER

Öküzün gamsızı, mezbaha yolunda
kasabın bıçağını yalarmış...

Kasaplar, önce Türk ve Müslüman yurdunda askeri üsler kurdular; oradan kalkan uçaklarla yalnız Müslümanları ve Türkleri vurdular. Kör atışlarla, hamile kadınları ve binlerce Müslüman çocuğunu katlettiler... ve bu ülkede halkın yüzde doksandokuzu Müslüman imiş(!) Yemin ederiz ki, Allah şahidimiz olsun ki, bu ülkenin yüzde doksandokuzu gayrimüslim olsaydı bile, bu işler o kadar kolay olmayacaktı!... Kimi kandırıyorlar(!) Bu nasıl bir iştir?...

Şimdi kaleler değişecek (half time olacak), Irak'ın kuzeyinde kurulacak üslerden, bu kez Türkiye üzerinde ilan edilecek olan "uçuşa yasak(!)" bölgelerin bombalanması beklenirken, "koordinatör" fantazileriyle, mezbaha yolunda kasabın bıçağını yalayan gamsız öküzden bir farkları kalmamıştır!...

Aslında, Mustafa Kemal Atatürk'ün vefatından beri, kasabın bıçağını yalaya yalaya; ne bir millete, ne de bir müslümana benzer tarafları kalmıştı!!!

GİRİŞ- I

Fizik öğretmeni Farzımuhal Şakir enerji dönüşüm teorilerini anlatıyordu. Enerjiyi anlatırken öyle coşmuştu ki, enerji dönüşüm teorilerinden yeniden hayat çıkarıyor, öğrencilerine keşifler yaptıracağını sanıyordu... Birden farkına vardı ki öğrenciler onu izlemiyorlardı; başka alemlere dalmışlardı. Dersi keserek, bu ilgisizliği çözümlemek için öğrencilerinin gözüne gözüne bakarak sınıfı taradı. Öğrencilerinin fizik dersine karşı ilgisiz oluşları onu fizik öğretmeni olduğuna pişman etmiş gibiydi. Kara tahtanın başında birden bire sınıfa dönerek hızlı bir yoklamaya girişti:

-"Taşa mı tohum atıyoruz yahu, çocuğum" dedi.

- Çocuğum sen söyle, ne anlatıyordum?...

- Ses yok...

- Çocuğum, öbürü, sen söyle!

- Yanındaki sen söyle!

- Yine ses yok...

Sınıfta kırk iki öğrenci vardı, sadece bir-ikisi yarım yamalak bir şeyler söyledi.

Fizik öğretmeni Şakir Turgut Bey fizik öğretmeni olduğuna pişman olmuştu; üzüntüsünden sağ elindeki tebeşiri kara tahtaya öyle sert bir şekilde fırlattı ki tebeşir un-ufacık parçalara ayrıldı. Sonra gözlerimizin içine bakarak tarihi bir ikaz yaptı:

- "Çocuğum, Tarih okuyun, edebiyat okuyun, hakim olun, Bakan olun, Başbakan olun.

- Ne olursanız olun... ama fizik bilmeden bir b.k olamazsınız!..."

- "Fizik öğrenmeye niyetiniz olursa haber verin!..." dedi; vurdu kapıyı çıktı gitti...

O benim fizik öğretmenimdi.

Neden böyle bir girişle başladığım; ileriki satırlarda, nihayet hayatın içinde, tamamen anlaşılacaktır(...)

TARİH ÖĞRENMEK NASIL BİR ŞEYDİR?...

İnsan kendi ömrü kadar yaşadıklarını biliyorsa, bilinç düzeyi de yalnız kendi ömrü kadar olacaktır. Eğer, insan bin yılları öğrenmek için tarihin derinliklerine girmişse, bilinç düzeyi bilgi sahibi olduğu kadar artacak, kendisinden öncekilerin de tecrübelerini kazanmış gibi olacaktır. Bir millet kendi var oluş tarihini dahi bilmiyorsa, uzay boşluğunda kaybolmak gibi, bir yok oluş tehlikesiyle karşılaşmış olacaktır.

Tarih yazmak zeki insanların işi olmalıdır. Çünkü çok boyutlu bir bakış şartı vardır. Bu nedenle batılılar fen kafalı adamlardan tarihçi çıkarırlar. **Geometrik düşünceyi bilmeden tarih yazanlar ne kadar zavallıdırlar...**

Cumhuriyetin ilk yıllarında, Atatürk'ün tensipleri ile zeki insanlar seçilerek tarih biliminin hizmetine verilmişlerdi. Bizim tarih hocalarımızdan Hamit Zübeyir Koşay ve Halet Çambel gibi bilim adamları çok zeki insanlardı.

Yaklaşık son elli yıldan beri yalnız düşük puanlı öğrenciler tarih bölümlerine alındılar. Zaten tarih bölümü öğrencilerine sorulduğunda "başka bir şey olamadık, ancak tarih bölümünü kazanabildik..." diyorlardı. Sonra o düşük puanlı öğrencilerden bazıları kendini yetiştirerek tarih profesörü bile oldular. Şimdi insanlarımız tabii ki sorguluyor:

"Çocuklarımız tarih dersini niçin sevmiyor?.."

"Turgut Özakman gibi yazarların kitaplarına para ödeyerek tarih bilgisine zevkle ulaşıyoruz. Okullarımızda okutulan tarih kitapları neden tarih öğrenme merakını ve zevkini yok etmiştir!"

Sümerleri anlatan tarih kitabının kapağına "milli tarih" yazdılar, milli tarihimizi anlatan kitabın kapağına ise "milli tarihimiz" yazmak yerine, evolotion-evinim-evrim-gelişme gibi tuhaf kavramların arasından ıkına sıkına bir "inkılâp" kelimesini çıkararak kitap kapağının üzerine yapıştırdılar(!)

-Efendiler! Türk Milli tarihini anlatan kitabın üzerine "Türk Milli Tarihi" yazılır!!!

"Milli tarih kitabı içinde, milli kahramanları anlatılmayan başka talihsiz milletler de var mıdır?..."

Amerika(USA) da kahraman bulamadıkları için, inek çobanlarından milli kahraman yaratmışlardır. Biz ise yüzlerce milli kahramanımızı kitaplarımıza yazmayarak, onların inek çobanlarını kahraman diye çocuklarımıza izlettiriyoruz... Bunu kimler ve nasıl başarmışlardır?...

Tarih sevgisi dilekleriyle düşünelim:

Zeki insanlar bir yerlere sığıntı olma gereğini hissetmezler. Adı tarihçi olan bazı parlatılmış adamları Şövalye Tarikatının hizmetinde görüyoruz. Tarihi saptırma veya tarihi kirletme görevlerini çok iyi yapıyorlar. Onlarca milli kahramanımızı araştırma ve anlatma görevini yapmayan bir tarihçi, Siyonist-Haçlı işgal güçlerinin oyuncağı olmuş zavallı bir Vahdettin'i yeniden tedavüle sürmek için günlerdir cilalayıp parlatırken, kendisine Padişah Abdülhamit Han sorulduğunda, Cadıcı Murat'ı görmüş vampir gibi çirkefleşiyordu. Çünkü Şövalye Tarikatı bunlara, yalnız işbirlikçilerini övme ve parlatma görevini vermişti...

Şövalye Tarikatının başka bir tarihçisi, saatlerce konuşarak hiç bir diyalektik kurmadan (Netice-i istidlal yapmadan) sadece makara çekerek sakalını sıvazlıyordu(!)

Bir TV programında, tarihçi bir yazar diyordu ki:

- Efendim ben Ali Kemal hakkında tez çalışması yaparken ebedi-yat(!) fakültesi hocaları tez yoklaması görüşmesinde "Osmanlı aydını Ali Kemal..." Tanımlaması yaptığımda, önce karşı çıktılar, sonra onları ikna etmeyi başardım...

İyi, aferin sana(!) Çok zor bir iş yapmışsın(!)

Yahu, zaten aydınlar Osmanlı'da, Çarlık Rusyasında ve nihayet şimdiki Türkiye'de de Ali Kemal gibi olurlar. Kendilerine aydın, milletine karanlık, işbirlikçi hain komisyoncular!...

Yurtseverlerin aydınlığı, kahramanların varlığı milletimize yeter.

AYDINLAR EFENDİLERİNİN MALIDIRLAR (!!!) SAHİBİNİN SESİDİRLER...

....

Bu kitapta açıklığa kavuşturulacak olan çok önemli bir konu da, durup dururken Vahdettin sevgisinin nereden çıktığıdır.

Bu nedenle bir ön bilgi vermenin faydalı olacağına inanarak dönemin kronolojisini ele alalım:

-4 Temmuz 1918'de Vahdettin tahta çıkarılmıştır. Hemen arkasından, İngilizlerden alınan icazetle,

-14 Ekim 1918'de Ahmet İzzet Paşa Sadrazam olarak atanarak, işgalci İtilâf Devletlerinin güdümünde olan bir hükümet kurulur. Bu hükümetin ilk büyük icraatı ile:

-30 Ekim 1918'de Mondros Mütarekesi imzalanarak, Osmanlı Devletinin orduları dağıtılır, ordunun silâhları ve cephanesi ise hiç bir direniş gösterilmeden işgal güçlerine teslim edilir; jandarma ve polis teşkilâtı da "Kuvay-ı İnzibatiye" adıyla işgal güçlerinin emrine verilir...

-13 Kasım 1918'de, daha iki yıl önce Çanakkale'de perişan edilmiş olan Haçlı işgal güçleri bu kez üç yüz parçalık donanması ile turist gemisi gibi Çanakkale boğazından geçerek İstanbul'a gelir ve Dolmabahçe'ye demirler. İtilâf Devletleri İstanbul'da işgal komiserlikleri kurarlar ve karaya asker çıkarırlar.

-16 Mart 1920'de İngiliz ordusu bütün gücüyle İstanbul'u işgal ederek katliamlar yapar.

Sadece iki yıl içinde Emperyalist İngilizlerin görevli bir memuru gibi, bu büyük ihaneti yaşamış olan Vahdettin... Kimdir?

Ve 2005-2006 yıllarında Vahdettin yeniden parlatılıyor, neden?...

Vahdettin-İngiliz gizli antlaşmasını bilmiş olsaydık(!)

"AB İkiz Yasalarının..."

"AB'ye giriş Diyarbakır'dan geçer..." sözünün, "Diyarbakır BOP projesinin merkezi olacaktır..." sözünün, "Kürt sorunu vardır (!)..." kışkırtmasının, emperyalistlerin emriyle nasıl yaptırıldığını... Aslında bu söylemlerin Vahdettin-İngiliz gizli antlaşmasının özünde ve maddelerinde nasıl yer aldığını bilmiş olsaydık (!) Böylece yeniden ABD icazetli Sadrazamların ikiz yasalara imza atarak ve yukarıdaki sözleri söyleyenlerin hangi gizli antlaşmayı ihya ettiklerini daha iyi kavramış olacaktık...

-TARİH TEKERRÜR EDİYOR(!)

Şimdi bu siyasetçiler, Vahdettin'e "vatan haini değildir..." nerede ise "ne sevimli adam..." diyeceklerdir ki, kendilerini de aklasınlar...

Bir milletin doksan yıl içinde iki defa idam sehpasına gönderilmesi, hem de ipini çekecek çingenenin yerine kendi siyasetçilerinin cellatlık yapması nasıl bir ihanettir?...

Aydınlar yine, haksız yere idama mahkum edilen kendi milletinin ipini çeken çingene gibi... Lanetler olsun!!!

Vahdettin de kendi milletinin ipini çekerken, İngiliz işgal güçlerinin emrinde çalışan bir işbirlikçiydi. İrade-i Seniye'si olmayan tek Osmanlı padişahıydı. İrade-i Seniyeyi İngilizlere teslim etmiş olan bir zavallıya padişah denilemez!

Bunca zaman sonra kendilerini Vahdettin aşkına kaptıranlara tavsiyemiz şudur: Vahdettin'in işgal güçleriyle işbirliği tekniklerini incelesinler ve kendilerinin işbirliği teknikleriyle kıyaslasınlar. İhanetleri için bir hazine keşfetmişlerdir (...)Tabii ki kendi sonlarını da keşfetmiş olacaklardır...

HÜSHÜYADİS'İN İHAHETLERİNİ İNCELEYELİM DERKEN YENİ HÜSNÜYADİSLERLE KARŞILAŞTIK (...)

Sicilli bir vatan haini ve işgal günleri işbirlikçisi Hüsnüyadis'in oğlu Vasili Hüsnüyadis'le Yunanistan'da buluştuktan sonra, kasten unutturulmuş olan Mutasarrıf Hüsnüyadis'i yazmaya karar vermiştim. Bu konuda yazdığım "Hüsnüyadis Hortladı" adındaki kitapçığın yayınlanmasından sonra yağmur gibi okuyucu mektupları geldi. Tiksinti verecek derecedeki Hüsnüyadis ihanetini, yalnız kendi bölgesindeki olayların tepe noktalarından geçerek vermiştim. Okuyucu mektuplarında çoğunlukla, kitabın bir daha ki baskısında bu olayların tüm ayrıntıları ile yayınlanmasını istediler. Özellikle Manisa yöresinden gelen mektuplarda çok ilginç bilgiler çıktı...

Aldığım çok sayıda teşekkür mektubu sahiplerine şükranlarımı sunarım. Konuşmacı olarak davet edildiğim yerlerden on ikisine ziyaret yaptım. Korkuteli 'nde olduğu gibi, milli duyguların asaletini yaşayan pek çok ilimizin şahlanışını görünce, ihanetin geniş koordinatlarını çizmek şart oldu. İlk başta, Hüsnüyadis'in ihanetini incelemek için, bir Kuvay-ı Milliye gazisi olan dedemiz Parti Pehlivan'ın Kurtuluş Savaşı anıları ve özellikle onun Balkan savaşlarındaki milis-müfreze komutanı Yakup Kaptan'a bırakmış olduğu bilgi notları ile yola çıkmışken... Bir de Hüsnüyadis'in oğlu Vasili Hüsnüyadis'i Elefsis'te bularak bir hafta boyunca görüşme şansını yakalamak ne müthiş bir şeydi(!) Vasili Hüsnüyadis'in Türkiye'de kalmış olan kardeşleri ve yakınları nerelerde, ne işler çevirmişlerdi(!)

Parti Pehlivan'ın yaşadığı olayların diğer olaylarla kesiştiği yerdeki kahramanları ve onların davranış biçimleri, bir fotoğraf makinesinin çektiği kareler gibi, yorumsuz olarak verilmiştir.

Parti Pehlivan, Balkan Savaşlarına "paşa bozgunu savaşları" derdi. Yakup Kaptan da öyle söylerdi... Balkan Savaşlarını niçin öyle isimlendirdiklerini bilseydiniz, inanın bu günkü görüntülerden bazılarını daha iyi yorumlardınız.(!)

Albay Rahmi Apak da Balkan Savaşlarını anlatırken,"en nihayet çok önemli bir yanlışlık da, Balkan devletlerinin Türkiye'ye saldıracakları gün gibi açık olmasına rağmen, savaşın patlamasından on gün önce, Rumeli'deki askeri birliklerde yetişmiş ve tecrübeli erattan seksen bin kadarının ordudan terhis edilerek evlerine gönderilmeleri çok yanlış olmuştur..." diye yazar.

Balkan Savaşlarındaki kadrolar adeta kurtuluş savaşı öncülerini yetiştirmiştir. Parti pehlivan da Balkan Savaşlarındaki komutanı Ali Çetinkaya 'nın çağrısı üzerine, Anadolu işgalinden üç yıl önce bir grup arkadaşı ile birlikte Ayvalık'tan karaya çıkmıştır.

Birinci bölümde ihanetin genel siyasi durumu.

İkinci bölümde Hüsnüyadis'in ihaneti ve sonuçları.

Üçüncü ve son bölümde "İhaneti Gördüm" başlığı ile, ihanetin nasıl devam ettiğinin şahitliği verilmiştir.

Ulus Dağı'na Düşen Ateş Romanıyla, Akıncıları yazan, parti Pehlivan ve silah arkadaşlarının Milli Mücadele akınlarını, dolayısı ile akıncıların kahramanlıklarını dünya klasiklerini de aşan bir ustalıkla anlatarak, şehitlerimizi yeniden milletimizin kalbine taşıyan Mustafa Yıldırım'a şükranlarımızı sunarız.

Bu kitapta kara günleri anlatırken "kara mizah" türü bir anlatım tarzı yer yer kendiliğinden ortaya çıkmıştır.

Milletimizin karşılaştığı ihanetler ne kadar anlatılırsa anlatılsın, yine de bir eksik tarafı kalacaktır. Çünkü dünya tarihinde o kadar çok ihanetle karşılaşmış başka bir millet yoktur.

Bakmak ve görmek isteyenler, Vahdettin ve Hilafet Ordusu komutanlarının kalplerinin üzerinde taşıdıkları Haç nişanlarının "ne anlam ifade ettiğini..." sorgulamalıdırlar. Avrupalı Haçlıların memuru gibi görev yapan esir padişah Vahdettin ve erkânı, kalplerinin üzerinde taşımış oldukları gümüşlü Haç nişanlarıyla... Birinci Mütareke dönemi ile AB'ye girmişlerdi. Onların AB'ye giriş macerasının sonu nasıl olmuşsa...

...Şimdi İkinci Mütareke dönemini yaşıyoruz;

Bakalım,12 havarilerin yıldızlarını göğüslerinde taşıyan yeni Damat Feritler Haçlı bayraklarıyla nereye gireceklerdir(!) İkinci Mütareke döneminin sonu nasıl bir felaketle bitecektir?...

Tarihten ders almayan cibilliyetsizlerin sonu ne olacaktır?...

İkinci Mütareke Dönemi daha baskın çıktı:

Kafasına çuval geçirilmiş olan İkinci Mütareke Dönemi erkânı,"Kurtlar Vadisi-Irak" filmini izleyerek, kafalarındaki çuvalla sinemadan çıkmışlar, "filmde çuvalın nasıl çıkarıldığını (!) ve ne kadar mutlu olduklarını...", ağlatacak tebessümlerle "filmi çok beğendiklerini..." anlatmışlardı! Halbuki çuval onların kafalarına filmle değil, gerçek bir operasyonla geçirilmişti. Kafasında çuvalla gezenlerin ne mevkii, ne de makamı kalmıştı, ama onlar halâ makam ve mevki sahibi olduklarını sanıyorlardı... Birinci Mütareke Dönemindekiler de öyle sanmışlardı (...)

Halkımız tarafından makaleleri gazete köşelerinden kesilerek saklanan Arslan Bulut, Hasan Demir ve Necdet Sevinç gibi daha nice yazarlara milletimiz büyük saygı duymaktadır. Bundan böyle yalnız milli ve gayrı milli olmak vardır...

Yeniden Kuvay-ı Milliye sevgisiyle...

Abdül Nedim Çakmak

GİRİŞ-2

AYDINLAR KİMDİR?

Çarlık Rusya'sının çöküş döneminde yabancı güçlerle işbirliği yapan, aydınlar!..

Yunanistan iç savaşında kendi halkını kışkırtarak Yunanistan'ı, kan gölüne çeviren, aydınlar!..

İspanya'da iç savaş çıkartarak iki milyon İspanyol'un ölümüne yol açan, aydınlar!..

Alman orduları Fransa'ya girdiğinde, Nazi ordularıyla aşk(!) pozisyonuna giren aydınlar...

Alman işgal güçlerine Yahudileri ispiyonlayarak, ikbal sahibi olan, sonra da Amerikan şeyi ile gerdeğe girer gibi, kurtuluş arayan, aydınlar,

Fransız aydınları!...

SONRA NE OLDU?...

Avrupa ülkeleri uyandı. Adına "aydınlar sınıfı..." denilen bu çöplükleri, kimyasal zehirli atıklarını bıraktıkları gibi, kaldırıp Türkiye'nin üzerine attılar. Şimdi o ülkelerde:

-Efendim, aydınlar ne düşünüyor?..

-Aydınlar ne dedi?.. Ne konuştu(!) Diye bir sorun yoktur!

Mütareke ve işgal günlerinde Osmanlı aydınları ne yaptılar?..

İşgal günlerinde Osmanlı aydınları İstanbul'da kalarak işgal güçleriyle işbirliği yaptılar. ABD ve AB mandacısı oldular; bu gün olduğu gibi... Kahraman yurtseverler Milli Kurtuluş savaşına katılmak için Anadolu'ya koşarken; aydınlar, kahramanlarımıza "eşkiya" demiştir(!)

...ben aydınım..." demekle ne oluyor ki, vahiy mi gelmiştir?

Her köyde, her kasabada, her ilçede, her mahallede, aydınlarımızı saymış olsak, milyonları bulur(!) Hayır, onlar aydın olamaz! Aydınlar sınıfı bir kast örgütüdür, ki bu sayı 300'ü geçmez(!) Kerameti kendinden menkul sapkınlar!...

Aydınlar sınıfı varsa, artık yetmiş milyonluk milletin ne dediği, ne düşündüğü önemli değildir. Varsa da, yoksa da aydınlar konuşacak, aydınlar yaıgıç, savcı, baş gardiyan, zindancı... Bundan sonra ne olur? "Egemenlik kayıtsız şartsız aydınlarındır(!) Artık, milletin ne dediği önemli değildir. Milletin adına onlar karar verecekler, milleti alır-satacaklar, işgal güçleriyle anlaşarak ikbal sahibi olacaklardır. İşgal günlerinde olduğu gibi...

Diğer yandan ağız alışkanlığı olmuş, "aydın" demek. Sakın ha, sakın, sakın!

"Aydınlar bu milletin çöpüdür, defi hacetidir; yurtsever bir çöpçü gelip de, bu çöplüğü ortadan kaldırmadıkça, bütün vatanımızı çöplüğe çevireceklerdir!..." sözünü yine Avrupalı bir filozof söylemiştir.

Yurtsever olmak neyinize yetmiyor?

Hiç değilse, "yurtseverlik" diyelim ki, karanlıkların adamları aydınlar olsun. Neyse ki, karanlık-aydınlar verdikleri ihanet bildirgelerinde, en çok 300 kişi olduklarını tescil etmiş bulunuyorlar. Kurtuluş savaşında 150'likler listesi, yeniden kurtuluş savaşında 300'lükler listesi(!) Mütareke ve işgal yıllarında Osmanlı aydınları, Haçlı işgal güçlerini sevdikleri kadar, kendi milletini sevmemişlerdi. Bu gün olduğu gibi, AB mandası mı, yoksa ABD mandası mı olalım diye birbirlerini yiyorlardı. Yeter ki manda olsunlar da, ne mandası olursa olsun!..

Tabii ki aydınların vatanı kurtarmak gibi bir gailesi yoktur; sadece kendilerini kurtarmak gayesi ile manda olurlar (!!!)

Ben şahsen aydınları hep mandaya benzetmişimdir...

Maaşallah, duruşları da manda gibidir, bakışları da.

Mandacılık onlara çok yakışıyor(!)

Hele toplu haldeki duruşları... Manda sürüsü (!) alçağa meyl'edip,

> su gibi akma.
> geçtiğin yerlerde,
> çamur bırakma.
> som altın olsa da zillet halkası,
> onu köpek gibi, boynuna takma!
>
> **...Nesimi**

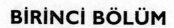

BİRİNCİ BÖLÜM

İSLAMCI AYDIN-İSLAMCI YAZAR SAİT MOLLA

İNGİLİZ MUHİBLERİ CEMİYETİNİ NASIL KURDU? 2000'Lİ YILLARDA YENİDEN SAİT MOLLA(!)

Sait Molla, Mustafa Neşet Molla'nın oğlu ve Mütareke Günlerindeki Şeyhülislam Cemalettin Efendinin yeğenidir. Bu sebeple dini çevrelerde önemli bir nüfuz sahibidir ve "molla" sıfatını almıştır. Mollalık vasfını kullanmak suretiyle, dini bir önder olarak ön plana çıkmaya ve halk üzerinde etkili olmaya çalışan Sait Molla, menfaatine çok düşkün biridir. Uzun yıllar yurt dışında geçen karanlık bir yönü vardır. 30 Ekim 1918 tarihinde, Mondros Mütarekesi'nin imzalanmasından hemen sonra yurtdışından İstanbul'a dönerek, İstanbul Gazetesinde yazdığı makalelerinde İngilizleri övmesi ve İngiliz Mandasının kabul edilmesi yönünde ateşli yazılarıyla dikkati çekmiştir. Şuray-ı Devlet (Danıştay) üyeliği ve Adliye Nezareti Müsteşarlığı yapmış, İngilizlerden aldığı paralarla İstanbul Gazetesi'ni satın almıştır. Aslında İngiliz büyük elçiliğinden ayda 300 lira maaş aldığı bilinen, sicilli bir İngiliz ajanıdır. O günlerde mükemmel bir evin fiyatı 100 lirayken,300 lira aylık büyük bir paradır.

Bu arada,2000'li yıllarda yine yurt dışından gelecek başka Sait Molla var mıdır?... Göreceğiz(!)

İNGİLİZ MUHİBLERİ CEMİYETİ NASIL VE NİÇİN KURULDU?

Mondros Mütarekesinden sonra, Osmanlı Ordusu dağıtılmış, silahlarına el konulmuş olsa da, kocaman bir ülkeyi kolayca ele geçirmek ve büyük bir milleti kolayca dize getirmek pek mümkün olmayacaktı. Emperyalist İtilaf Devletleri İstanbul'da ve Anadolu'da nüfuzlarını güçlendirmek için kendilerine yerli işbirlikçi bulmak amacıyla işe girişirler. Böylece bazı cemiyetler kurdurarak hedeflerine kolayca ulaşmayı planlıyorlardı.

İngilizler bu işleri iyi bildikleri için daha atak davranırlar. Bir kısım aydınların fikrine göre, "İngilizlerin sempatisi kazanılır ve himayeleri sağlanırsa, İngilizlerin himayesinde olmak suretiyle kendilerini kurtarabileceklerini..." sanıyorlardı.[1] Tabii ki aydınlar için vatanı kurtarmak değil, kendilerini kurtarmak telaşı vardır.

İngilizler derhal harekete geçerler, amaçlarına ulaşmak için Protestan misyoneri Papaz Frew'i İstanbul'a gönderirler. Papaz Frew'in görevi, "İngiliz Muhibleri Cemiyetini kurmak, Halifeliği baskı altına almak ve Anadolu'ya yerleşme projesini gerçekleştirmeye çalışmak..." idi.[2] Papaz Frew bir İngiliz misyoneri kurnazlığıyla hareket ederek, Osmanlı Müslüman liderlerini elde etmeye yönelik büyük bir çalışma göstermiştir.[3] Amacı mabetlerimizi ele geçirerek, halkın dini inançlarını kullanarak çok sayıda İngiliz sempatizanı kazanmaktı.

Diğer yandan, daha Önce Osmanlı Ordusu'nun eline esir düşmüş olan İngiliz Generali Towshend serbest bırakıldıktan sonra, esaret günlerinde "Osmanlı askerlerinden gördüğü iyilik ve misafirperverlikten çok etkilenmiş olduğunu" söyleyerek, Mütareke şartlarını yumuşatmak için güya Osmanlı Devletinin yararına arabuluculuk yapmak istediğini söyler ama,17 Ekim 1918 günü Sadrazam İzzet paşa'ya "İstanbul ve Çanakkale Boğazlarının İngiliz donanmasına açılması," isteğini iletir(!) [4] Bu görüşmeden sonra mütareke şartları daha da ağırlaşmış olur. Halbu ki iki yıl önce Çanakkale'de 250 bin ölü bırakarak çekilmişlerdi. Yüz binlerce leş bırakarak defolup gittikleri Çanakkale Boğazı'ndan 30 Ekim Mondros Mütarekesi sayesinde ellerini kollarını sallayarak geçiyorlardı.

-Bakalım, 6 Ekim 2004 AB Mütarekesi'nden kaç yıl sonra nasıl gelecekler!... Milletimizi bu kez hangi yöntemle biçmeye kalkacaklardır...

1910 tarihinde yürürlüğe girmiş olan Osmanlı Cemiyetler Kanunu'na göre,"Ecnebilerin Osmanlı Memleketlerinde cemiyet kurma hak ve selahiyetleri yoktur" diye yazıyorsa da... Bu durumu çözmek için İngiliz Hükümeti, İngiltere Büyükelçiliği baş tercümanı Mr. Ryan'ı görevlendirir.

Osmanlı Memleketlerinde Bulunan Ecnebilerin Hukuk ve Vazifelerine Dair Kanunun 1. maddesi; "Memalik-i Osmaniye'de bulunan ecnebiler, Kanun -i Esasi ile Kavanin-i Sairenin Osmanlılara bahş ettiği hukuk-ı siyasiyeden istifade edemezler" hükmü yer alıyordu. Bu kanun gereğince Osmanlı memleketlerinde bir cemiyet kurmaları, ya da bir cemiyete üye olmaları kesinlikle yasak olan İngilizler, Mr. Ryan'ı görevlendirerek İngilizlere bağımlı, Türklere işbirlikçi dernekler kurdurmayı planladılar. Görevini yerine getirmek için Ryan, Hürriyet ve İtilâf Fırkası Genel Merkezinde İngiliz Mandacısı ve parti başkanı Sadık Bey ile görüşürken, bu sırada parti üzerinde nüfuz sahibi olan Şuray-ı Devlet azası Sait Molla hemen ortaya atılıp kendi hesabına pay çıkararak, İngiliz temsilcisi Ryan'a, "İstediğiniz işi ben yaparım" diyerek cemiyeti kurmaya talip oldu.[5]

Hemen cemiyet kurma çalışmalarına başlayan Sait Molla, çalışmalarının hızla başarıya ulaşması için ve propaganda yöntemlerini planlamak gayesiyle, İngiliz Yüksek Komiserliği Askeri Ateşesi ile 1 Mayıs 1919'da görüşmelere başlar.[6] Bu görüşmelerde alınan usul kararlarına göre, "İslamcı tarikatlarla işbirliği yapılması yoluyla büyük kitlelere ulaşılması ve İslam'ın İngilizleştirilmesi" gibi yöntemler tesbit edilmiştir. Hemen arkasından bir slogan patlar: "Asılırsan İngiliz Sicimiyle Asıl!.." Bu görüşmelerde Sait Molla, İngilizlere "Osmanlı'nın ve milletin, başta din konusunda olmak üzere, toplumsal zaafiyetlerinin bütün sırlarını," açıklar.[7]

İngilizlerin talimatıyla hızla harekete geçen Sait Molla, cemiyetlerin kuruluşunun Şuray-ı Devlet tarafından onaylandığı Osmanlı'da, Şuray-ı Devlet azası olmasını fırsat bilerek, nüfuzunu kullanmak suretiyle 20 Mayıs 1919 Salı günü, cemiyetin kuruluş beyannamesini Dahiliye Nezareti'ne vererek "İngiliz Muhibleri Cemiyetini" resmen kurmuştur.[8]

İngiliz Muhibleri Cemiyetinin kuruluşuyla ilgili olarak bir gazete ilanı 21 Mayıs 1919 Çarşamba, Alemdar Gazetesi: "İngiliz Devleti'ne azami bir kıymet ve ehemniyet veren bilcümle Osmanlı'dan mürekkep olmak üzere, İngiliz Muhibleri Cemiyeti teşekkül etmiş ve dün (kuruluş) beyannamesini Dahiliye Nezaretine tevdi eylemiştir... (Propagandalara devam ederek)... Bu dostluğun daha bariz bir çerçeve dahilinde tecellisini gösterecek olan bâlâdaki cemiyetin teşkili cidden şayan-ı şükrandır. Anlamakta müsterih oluyoruz ki, hakikatin parlak ışıkları artık yollarımızı aydınlatıyor ve bütün millet böyle bir cemiyete istinat etmemiş olsa bile, dostluğu bütün hararetiyle sinesinde taşıyor(!)...

Bu arada İngiliz desteğindeki Yunan Haçlı orduları İzmir'e çıkmıştır; dostların katliamları devam ediyordu.

-Bir yıl sonra İstanbul'da, İngilizler dostlarının muhabbetlerini karşılıksız bırakmazlar, 16 Mart 1920 günü İstanbul'u işgal ederek, şehri kan gölüne çevirirler. Türkler sokağa çıkamaz olur. İngiliz'in parlak ışıkları İstanbul'u karanlıklara boğmuştur.

-Dernekler Kanunu'nu bir kerecik delmekle neler olmuştur?..

-2005 yılında Anayasa'yı, Dernekler Kanunu'nu, Vakıflar Kanunu hem de bir kaç kez delmekle neler olacağı bellidir(!).

...Ve İngiliz Muhibleri Cemiyetinin, İstanbul'un işgalinden sonraki ilk bildirisi; 21 Mart 1920, Alemdar Gazetesi: "İngiliz dostlarımız biraz geç kaldılar daha önce gelmeliydiler.." İmza-İngiliz Muhipleri Cemiyeti.

SAİT MOLLA NASIL BİR SİYASET TAKİP ETTİ?

2000'li yıllarda, bugünkü siyasetinin aynısı bir davranışla:

İngiliz Başbakanı Lloyd George ve eski İngiliz Başbakanı Gladston'un Türklere karşı şahsi düşmanlıklarını ve intikam duygularını bilerek, ve onların tesirinde kalarak, "Türkler mutlaka yok edilmeli, kalanları da Anadolu'dan Orta Asya'ya sürülmelidir," diye konuşan İngiliz Başbakanı Gladston. (1880-1885) Amerika Başkanı Wilson'un, "Türkler İstanbul'dan çıkarılmalıdır!" beyanatını bilerek, Fransa Başbakanı, Clemenceau ile birlikte, hepsinin desteğiyle, Yunan Haçlı ordusunun İzmir'e asker çıkarmasını tasvip ederek, Türk Milleti'ne en ağır darbelerin vurulduğu bir dönemde[9] İngilizlerin Türkiye hakkındaki ahlaksız planlarını çok iyi bildiği halde, İngilizlere bir işbirlikçi (sivil toplum örgütü) araç olması için, İngiliz Muhibleri Cemiyetini Sait Molla kurmuştur.[10]

Papaz Frew, Müslüman bir din adamı kılığına bürünerek, Sait Molla ile birlikte cemiyete islami bir görüntü vermeye çalışmışlardır. Dini nüfuzunu kullanarak, bunalım içindeki halkın saf ve temiz dini duygularının istismarı ile, aslında İngilizlere dayanarak, servet ve ihtişam içinde bir hayat sürme düşüncesindeki Sait Molla,[11]-ve benzerleri- "İngiliz'den çok İngilizci" bir zihniyetle, "İslamcı Aydın" kimliğini ön pilana çıkararak,[12]kendi çıkarları için, diğer satılmış aydınlarla birlikte, vatanın ve milletin istikbalini düşmana satmakta hiçbir sakınca görmemiş, dini motifli davranışlarını ihanetlerine bir kamuflaj olarak kullanmışlardır.[13] İngiliz Muhibleri Cemiyetine bağlı bazı imamlar, Yunan işgal bölgelerine yayılarak, Yunan işgal kuvvetleri lehinde vaazlar vermişlerdir. Manisa'nın Alaşehir İlçesi'nde bu imamlardan dördü, ayrı ayrı camilerde aynı propagandayı yaparak; "Yunan işgal kuvvetleri Halife'nin ve şeriat'ın emriyle gelmişlerdir; Yunan ordusuna hizmette kusur etmeyin(!) diye vaazlar verdikleri için, Alb. Bekir Sami Bey tarafından Kaymakamlık binası önüne çağırtılırlar. B. Sami Bey, imamların yaptıklarının ayıp olduğunu söyler, ama imamlar daha baskın konuşmaya kalkışırlar. Bunun üzerine Bekir Sami Bey silahını çekerek dördünü de kafalarından vurur.[14] Oysa Bekir Sami Bey geçmişte, yumuşak huylu olmasından dolayı eleştiriliyordu...

SAİT MOLLA FIRTINA GİBİ...

Cemiyet kurulur kurulmaz, 23 Mayıs'ta bütün belediye başkanlarına telgraflar göndererek,İngiliz Muhibleri Cemiyetinin kurulduğunu bildirir ve etkinliklerine katılmalarını ister.[15] Valileri, mutasarrıfları ve de, menfaatine düşkün üniformalı-üniformasız makam sahiplerini cemiyete üye kaydeder. Aslında Osmanlı Devlet Memurlarının herhangi bir derneğe üye olmaları da kesinlikle yasaktı ama, onun da bir çaresi bulunur. En üst makamdaki Nazırlar-paşalar cemiyete üye kaydedilerek dernekler kanunu bir kere daha delinmiştir.[16]

Cemiyete üye olan valiler, mutasarrıflar ve belediye başkanları, mahiyetlerinde çalışan memurlara da baskı yaparak üye kaydetmişler, aidat toplamışlardı.[17]

Başta satılmış aydınlar, satılmış köşe yazarları, eski ve yeni sadrazamlar, nazırlar, bazı paşalar derhal cemiyete üye olurlar. Ayrıca, çok sayıda alafranga kadını da derneğe üye kaydederek, onları vitrin mankeni gibi kullanmışlardır. Bugünlerdeki Sait Molla Partisinde kadınların vitrin düzenlemesi için kullanıldığı gibi...

Sait Molla, "İngiliz Muhibleri Cemiyetinin kuruluşuna karar verdiğini" beyan edenlerin, mazbataları imzalayan ve üye olmak isteyenlerin sayısının bir haftada 50 bin kişiye ulaştığını bildirince, bu işe İngilizler bile çok şaşırırlar.[18]

Aslında, İngiliz Muhibleri Cemiyetinin üç büyük yöneticisi vardı:

1)İngiliz Elçiliğinde görevli baş casus ve cemiyetin gizli başkanı Papaz Frew,

2)İngiliz Elçiliği Baş Tercümanı Mr. Ryan,

3)İngiliz Elçiliği Siyasi ve İdari İşler Sorumlusu General Didds.[19]

25 Ağustos 1921 tarihli Alemdar Gazetesinde çıkan bir ilânda, "23 Ağustos 1920 Çarşamba günü, Cemiyetimiz İdare Heyetinin yaptığı toplantıda, Türkçe mühür'ün değiştirilerek, yerine

İngilizce ve Türkçe kazınmış yeni bir mühür hazırlanmasına ve bundan sonra bu yeni mührün kullanılmasına karar verilmiştir. İmza-İngiliz Muhibleri Cemiyeti Başkanlığı.

2000'li yıllarda bazı belediye başkanlarının İngilizce elekriksu makbuzları bastırdıklarını öğrendik. Makbuz resmi bir evraktır. Gazetelerde bir çok eleştiriler okuduk. Bu işin "Hangi cibilliyetsiz tarafından yapıldığı," soruluyordu. Bu sorunun cevabı:

a) Onların cibilliyeti(kökleri) İngiliz Muhibleri Cemiyetidir.

b) Londra'daki Türk mahallesinde Türkçe makbuz bastırılamayacağına göre, bu idarecilerimiz(!)içlerindeki "alçaklık komplekslerini" yansıtmışlardır.

c) Cemiyet halen yeni Sait Mollalar ve yeniden İtilafçı Fırkası ile görevine devam etmektedir.

CEMİYETİN GİZLİ AMAÇLARI:

Sait Molla, ve Abdullah Cevdet, İngiliz ajanı Rahip Frew ile birlikte, Cemiyetin açık amacını,"biricik kurtuluş yolumuz, Anadolu'da İngiliz manda ve himayesinin gerekliliğini savunarak, bunu gerçekleştirmeye çalışmaktır..." diye ifade etmişlerdir.[20]-

Molla, 28 Ağustos 1919'da İngiliz Yüksek Komiseri Mr. Webb'e bir mektup vererek, "İngiltere ve soylu halkı ile sürekli dostluk kurulması için" İngiliz Başbakanı Lloyd George'un yardımlarını talep etmiştir.[21] 22 Ağustos 1921'de İngiliz Yüksek Komiserliğine verdiği yazılı taleplerinde, "Kendisi ve arkadaşlarının, halkın eğitimi için İngiliz medeniyetinden yararlanmak istediklerini" bildirmişlerdir.[22]

2005 yılı/Okullarımızda Türkçe okuma yazma çok yetersiz olduğu halde, sınıf öğretmeni açığı varken, Türkçe bilmeyen çocuklarımıza İngilizce öğretmek için binlerce İngilizce öğretmeni ataması yapmışlardır. Ruhun şey(!) olsun Sait Molla; şimdi bu işi daha iyi götürüyorlar(!)

Sait Molla 5.11.1919 tarihinde İngiliz ajanı Papaz Frew'e gönderdiği on ikinci mektubunda cemiyetin esas amaçlarını, "Türkiye'de sizden başka bir kuvvetin nüfuz ve egemenliğini devam ettirmesi siyasi gayemize aykırıdır"·sözlerini yazıyordu.[23](Verilen kaynak kitapta, gizli mektupların tamamı yayınlanmıştır.)

Cemiyetin gizli amaçları zamanla uygulamaya sokulmuştur:

1)Anadolu'da ajanlık teşkilatlarını yayarak, isyan ve ihtilal çıkarmak-çıkarırlar.

2)Milli şuuru felce uğratarak, yabancı müdahalesini kolaylaştırmak- Aynen uygulanır.[24]

3)Memleketin içten parçalanması için zemin hazırlamak/Aynen uygulanır./ 2000'li yıllarda da aynı...

4)İngiliz himayesinin-Şimdi ise AB himayesinin- memleketin kurtarılması için tek çare olarak gösterilmesini sağlamak-ziyadesiyle sağlanır.

5)Suriye, Filistin ve Irak'ı İngiltere'ye bağlamak için çalışmak-Halen çalışıyorlar...

Sait Molla ve arkadaşları kendi çıkarları için, vatanı ve milleti İngiliz sömürgesi yapmaya çalışırken, İngiliz Yüksek Komiserliği ve Papaz Frew'in emirleriyle hareket ederek, Türk Kurtuluş Savaşının önünü kesmek için Mustafa Kemal'e alçakça saldırmışlardır.

28 Eylül 2005 Pazar, başta Yeniçağ ve tüm gazetelerde bir haber; Yeniçağ Gazetesi'nde, "Çirkin İngiliz" başlıklı haber: AB Türkiye Ortaklık Komitesi Başkanı Andrew Duff'un emirleri. "Türkiye Avrupa Birliğine girmek istiyorsa, önce Kemalizimle mücadele etmeli, Atatürk resimlerini resmi dairelerden indirmelidir." Yine Frew/Andrew, yine aynı talimatlar. Neden hafifmeşrep kraliçenin resimlerini veya George Washington'un resimlerini indirmiyor?..

1919 yılında Frew/Andrew, Mustafa Kemal'e saldırırken, Sadrazam susuyordu; Harbiye Nazırı susuyordu; Erkanı Harp Reisi sükût ediyordu...

2005 yılında Frew/Andrew Mustafa Kemal'e saldırırken... Yine sükut ediyorlardı, eyvah!!! Mustafa Kemal'in makamında oturanlar da sükut ediyorlardı(!)

PAPAZ FREW'DEN DOKSAN YIL SONRA; GELE GELE GELDİK PAPAZ ANDREW'E...

27 Mayıs 1960 Devrimci(!) İhtilalinden hemen sonra, yatılı Kur'an kursu için gönderildiğimiz Hisar Camii Dergahında açık açık, "büyüyünce Atatürk'ün resimlerini, heykellerini kaldıracaksınız, Mustafa Kemal'i sileceksiniz..." eğitimlerini alıyorken, o yarı çocuk, yarı delikanlı aklımızla: "Allah Allah, koca koca adamlar, kendilerinin yapmadıkları işi niçin bize yaptırmak istiyorlar?" diye, aramızda konuşuyorduk. Cuma günleri ayrıca özel vaazlara götürüldüğümüz Kestane Pazarı Camii'nde Atatürk ve Cumhuriyete karşı çok sert konuşmalar yapan bir başka Andrew Hoca Efendi de 1965 yılında, Atatürk'ün kurduğu din işleri kurumunun en başına getirilerek mükafatını mı alıyordu? Yaşar Tunagör "İslamcıyız" dediler istavroz çektiler! Bu Haçlı Müslümanlarını tanıdıktan sonra dahi kendimizi bozmadık. Çünkü biz, onların İslam'ı bozmak için görevlendirilmiş olduklarını biliyorduk. Tarihte Sait Molla ne yaptıysa, onlar da aynısını yapıyorlardı.

Hatuniye dergahı, Çarşı dergahı, Karaköy dergahı, Kestane pazarı, Hisar C. dergahlarında, sözde dini eğitim almak için gittiğimiz veya gönderildiğimiz bu yerlerde, Allah için konuşalım: -Haçlı ordusu Yunan işgal güçlerinin zulümleri; Müslümanları nasıl diri diri yaktıkları, Müslüman kadınlara yapılan Haçlı tecavüzleri, camilere kapatılarak topluca yakılan Müslüman-Türk kadın ve çocuklarının son anda can havliyle yapıştıkları pencere demirlerindeki kömürleşmiş çocuk elleri anlatılmıyordu. "Zalim Venizelos!..." diye başlayan vaazlar da dinlememiştik, o tarikat dergahlarında... Ama, "Zalim Mustafa Kemal ve Silah Arkadaşları..." vaazlarıyla dini (hangi din) eğitim alıyorduk(!) Sonradan, Arkeoloji'de okurken sınıf arkadaşım Yorgo, "Biz de papaz efendiden aynı vaazları alıyorduk, sizde nasıl olur?..." diyordu.

Bu arada dört defa Atatürkçü askeri darbeler olmuştu(!)

Biz bu vaazları kiliselerden değil, Papaz Hoca Efendilerden alıyorduk. Biz nerelerde, ne Hoca Efendi Andrew'ler/Frew!ler gördük(!)

Onların devrimci darbe(!) yaptıkları yıllarda, koskoca şehrin orta yerinde, çocuk yaşlarda beyinlerimizin çalınma eğitiminin yapıldığı, çocukların iman ve ruhlarının iğfal edildiği, yatılı ihanet kursundan dışarı çıktığımızda, başı açık kadınları, modern giyimli insanları, Türk milleti'ne devlet kuran önderleri birer "katli vacip" olarak görecek, onları kıtır kıtır keselim, diyecek hale gelmiştik.

Gazi dedem kolumdan tutarak, o haçlı Müslümanı bataklıklarından çekip çıkarmıştı beni, kalanların pek çoğunun ruh sağlığı bozulmuştu. İçlerinde, bu ruh halleriyle çok yüksek makamlara çıkanlar da oldu. Şimdilerde onları televizyonlarda bile görüyoruz. Tabii ruhları ve beyinleri çalınmış halde(!!!)

Atatürkçü darbe yapmışlar(!)

Bir daha...

Bir daha...

Bir daha Atatürkçü darbe yapmışlar(!!!)

Önceki darbeler Atatürkçüydü de, bir daha niye Atatürkçü darbe yaptınız?..

Kurban olayım(!) sizin Atatürkçü darbelerinize...

CEMİYETİN SİYASİ, ASKERİ, RÜŞVET VE SUİKAST FAALİYETLERİ.

EĞİTİM KURUMLARIMIZI, VAKIF MEKTEPLERİNİ AJANLIK MERKEZLERİ HALİNE NASIL GETİRDİLER; MEKTEPLERİ İŞGAL GÜÇLERİNİN İLERİ KARAKOLU GİBİ NASIL KULLANDILAR?..

İngiliz Muhibleri Cemiyetinin faaliyetleri hakkında, 13. Kolordu Komutanı Cevat Bey, Heyet-i Temsiliye'ye (Mustafa Kemal'e) bir telgraf çekerek; "Kadınları bile önce İngiliz Muhibleri

Cemiyetine dahil eden ve daha sonra İngiliz taraftarı yapan zihniyetin herkesi etkileyebileceğini, bu sebeple Meclis-i Mebusan'ın İstanbul'da açılmasının mahzurlu olduğunu, çünkü mebusların bile bu durumdan menfi yönde etkilenebileceklerini..." mesaj olarak geçmiştir.[26]

Cemiyetin İstanbul'daki siyasi faaliyetlerinde en büyük destek Dahiliye Nazırı Adil Bey'den gelmiştir. Adil Bey İngiliz Muhibleri Cemiyeti'ni resmi bir kuruluş gibi kabul ediyordu. Bazı devlet adamlarının maddi destek almaları karşılığında, cemiyet devleti yönetecek duruma gelmişti. İstanbul Polis Müdürü Tahsin de doğrudan doğruya cemiyetten emir alacak kadar alçalmıştır.

Alemdar Gazetesi, 4 Kasım 1919, Salı: Sait Molla, Hürriyet ve İtilaf Fırkası Mebuslarından İngiliz dostu (işbirlikçi) listesini yayınlayarak onları güçlendirir.

Papaz Frew'e gizli mektuplar yazarak, ödenek alması gerekenlerin çarşaf listelerini takdirlerine aız eder. Bu şahıslar Paşa, Albay, Şuray-ı Devlet Azası, eski ve yeni Şeyhülislam ve yakınları, Belediye Başkanları gibi yüksek makam sahipleriydiler.[27] Mektuplarından birkaç cü~le:

"Aziz dostum Frew, verilen iki bin lirayı Adapazarı'nda Hikmet Bey'e gönderdim..."

"Aziz üstadım Frew, 4.11.1919-Kürt Teali Cemiyetindeki yakın dostlarımızla görüştüm. Kürt aşiretlerinin yaşadığı bölgede büyük bir ödeneğe ihtiyaç vardır(!) Aksi halde ayaklanmayı teşvik edemeyiz."

· "Konya'da isyan ve kışkırtma faaliyetlerinin desteklenmesi gereği ve zarureti vardır. 29.10.1919"

Örnek alıntılarda olduğu gibi çok sayıda ihanet cümleleri geçmektedir.

CEMİYETİN PADİŞAH VE DAMAT FERİT HÜKÜME-
Tİ İLE İLİŞKİLERİ.

Cemiyet, Padişah Vahdettin ve Hükümet üyeleriyle çok ya-
kın ilişkiler kurmuş, İtilaf Devletlerinin Osmanlı Devleti'ni sö-
mürge statüsüne sokmak için ellerinden geleni yapmışlardı. İş-
galcilerin amaçlarına gözü kararmış bir halde, şevkle ve ihtiras-
la hizmet veren Sadrazam Damat Ferit Paşa, Dahiliye ve Maarif
Nazırı Ali Kemal, yeni ve eski dahiliye Nazırları Mehmet Ali ve
Adil Bey'ler, işgal güçleriyle birlikte Türk Milli Mücadelesine
karşı şiddetli bir cephe kurmuşlardı.(28)

Osmanlı Devleti'nin, İngiltere'nin himayesi altına girmesi
için Sadrazam Damat Ferit Paşa ile İngiltere elçilik görevlileri
arasında görüşüldükten sonra, 12 Eylül 1919 tarihinde, Padişah
tarafından da onaylanarak imzalanan, "Vahdettin-İngiliz Gizli
Antlaşması" şartları nelerdi?..

Sait Molla 11 Ekim 1919 tarihinde Papaz Frew'e yazdığı bi-
rinci mektubunda, Damat Ferit Paşa'nın verdiği bilgiye göre,
"Gizli Antlaşma'nın Zat-ı Şahane'nin tasvibine sunulduğunu..."
söylediğini yazar.

VAHDETTİN-İNGİLİZ GİZLİ ANTLAŞMASI-12 EY-
LÜL 1919

Sadrazam Damat Ferit Paşa'nın teklifi ile, Padişah Vahdet-
tin'in onaylamış olduğu, İngilizlerle yapılan "Vahdettin-İngiliz
Gizli Antlaşması" maddeleri şunlardı:

1) İngiliz Hükümeti, kendi mandası altında Türkiye'nin "bü-
tünlüğünü ve egemenliğini taahhüt eder. Şimdi AB-ABD (!)

2) İstanbul Hilafet ve saltanat merkezi olarak kalacak İstan-
bul ve Çanakkale Boğazları İngiltere'nin kontrolü altında ola-
caktır./Şimdi İncirlik üssü(!).

3) Türkiye bağımsız bir Kürdistan kurulmasına karşı çıkma-
yacaktır, (yorumsuz) Şimdilerde AB ve ABD açık-gizli dayatma
maddesi.

4) Osmanlı Devleti bilumum Müslüman memleketlerinde, Hilafet nüfuzunu İngiltere lehinde kullanmayı taahhüt eder.(Şeriat isterizin anlamı)

5) Türkiye'de çıkabilecek Milli Hareketlerin önünü kesmek için, İngiltere Hükümeti kontrolünde olmak üzere ordu tesis edebilir/(Kuvay-i İnzıbatiye-Hilafet ordusu, esasen İngilizierin kumandası altındadır. Türk Milli kuvvetleri'ne karşı saldırılar düzenler)

6) Türkiye, Kıbrıs üzerindeki bütün hukukundan feragat eder.(Halen AB üzerinden dayatılan madde)

7) İngiltere Hükümeti Osmanlı varlığını korumayı taahhüt eder./Şimdi korur gibi yapan NATO ile yıkmayı...

8) Padişah 4. maddeyi yeniden düzenlemek için İngiltere Hükümeti ile ayrıca bir mukavele teati edecektir.

Ayrıca: Milliyetçi bir hükümetin başa geçmesi halinde, İngiliz Yüksek Komiseri Amiral De Robeck tarafından 4 Ekim 1920 tarihinde, Sadrazam Damat paşa aracılığı ile Padişah Vahdettin'e gönderdiği bir taahhütname ile:

a) Padişah Vahdettin korunacaktır.

b) Padişah'ın (izinsiz olarak) görevden çekilmesi uygun olmayacaktır. (a- maddesinin diyeti...)

c) Padişah Vahdettin Yurt dışına çıkmak (kaçmak) zorunda kalırsa kendisine mutlaka yardım edilecektir[29], yardım edilir/ 17 Kasım 1922'de, bir Cuma günü, bir İngiliz savaş gemisi ile Vahdettin kaçırılır...

-Bülent ECEVİT, 6 Ağustos 2005: "Padişah Vahdettin, Vatan Haini değildir(!!!)

"Vahdettin-İngiliz Gizli Antlaşması" için bakınız adı geçen eserler,

(Atatürk, c.ı, s-202/Celal Bayar, c.vıı, s. 2211-2212/Fethi Tevetoğlu, s. 117-118/ Kadir Kasalak, s. 103-104/ Yusuf Hikmet Bayur, s. 205/ Mine Erol, s.67/ ...)

Cemiyet, Türk Milli Hareketi'nin kırılması için 27 Kasım 1919'da Padişah'a bir muhtıra verir: Milli Mücadele ilkin İstanbul'da ve bizzat Zat-ı Şahanenizin yakınları arasında meydana gelen ihtilalci bir akımdır ve şimdi çok gizli komplolar kuruyor."[30]

Not: Abdülmecit Efendi'nin, Milli Kuvvetlerin muzaffer olması için Mevlit okuttuğu biliniyor.

Padişah Vahdettin'in, İngilizlerin bu derece kuklası olmasında İngiliz Muhibleri Cemiyetinin çok büyük etkisi olmuştur. Cemiyetin uşaklığını yapan Damat Ferit Paşa, Açıksöz Gazetesi'né 2 Ağustos 1920, Pazartesi günü verdiği beyanatta, "Dersaadet'te yalnız İngiliz Muhibleri Cemiyeti üyelerinden müteşekkil bir hükümet kuracağını..." söylemiş ve bu girişimi için Hürriyet ve İtilaf Fırkası ile görüşmeler yapmıştır.

11 Ekim 1918'de kabinesini kuran Sadrazam Tevfik Paşa,

11 Ekim 1919'da kabinesini kuran Sadrazam Ali Rıza Paşa,

1920'de Sadrazam olan Damat Ferit Paşa/Sadrazam olmadan önce İngiliz Hükümet'ine ziyaretler yaparak icazet almaları, yurtdışındaki Haçlı merkezlerinden destek aramaları... Bugün olduğu gibi...

- Amerika'ya icazet almaya giden üniformalı-üniformasız gafiller...

- Madem ki böyle olacaktı, şehitlerimizi geri verin!..

-Şehitlerimizi geri verin!!! Sonra gidin(...)

İNGİLİZLER'İN UŞAKLIĞINI YAPANLARA PARA DAĞITILIR

Yalnız birkaç olayın tepe noktalarına dokunarak geçelim. 19 Eylül 1919 tarihinde Sivas'tan Hikmet Bey tarafından Necati Bey'e çekilen bir telgrafta, "İstanbul'dan alınan mevsuk malumata göre, İngilizler namına, Dahiliye Nazırı Kazım Adil Bey'e 150 bin lira verilmiştir" deniliyordu.

İngiliz askeri istihbaratının İstanbul şubesi tarafından yazılan, 26 Şubat 1920 tarihli bir raporda, "Propaganda amacıyla Şeyhülislam'a 40 bin lira verildiği" yazıyordu,[32]/Şeyhülislam Dürzizade(!) El Seyyid'dir.

İngiliz Muhibleri Cemiyetinin İstanbul'da ve taşrada bulunan ajanlarına, suikastçılarına, satılmış vali ve mutasarrıflara çok miktarda paralar dağıttığı kesinlikle bilinmektedir.

Bugünkü vatan hainleri, Soros ve AB vakıflarından alıyorlar...

CEMİYETİN SİYASİ KURULUŞLAR VE DİĞER SİVİL TOPLUM KURULUŞLARI İLE İLİŞKİLERİ...

A) Hürriyet ve İtilaf Fırkası ile ilişkileri.

B) Gayrı Müslim, Rum ve Ermeni isyancı çetelerle ilişkileri.

C) Haçlı Müslüman'ı ve Siyonist Müslüman derneklerle ilişkileri.

-Mütareke yıllarında da bugünlerde olduğu gibi, İslamcı aydınlar, Pontus aydınları, Kürt Teali Cemiyetinin Kürtçü Aydınları, Ermeni aydınları...

Aydın çeşitleri türemiş, altı yüz yıllık devleti çıyanlar gibi kemiriyorlardı. İmparatorluğu bitirdiler; sıra Cumhuriyete mi geldi?

-DOĞRU SÖZ: "Aydınlar bir milletin çöpüdür, def-i hacetidir; yurtsever bir çöpçü çıkıp da bu çöplüğü ortadan kaldırmadıkça pislik üretmeye devam edeceklerdir!

Yakın geçmişte Aydınların yediği haltları incelemeye devam edelim...

A)İngiliz Muhibleri Cemiyetinin Hürriyet ve İtilaf Fırkası ile ilişkileri: (Aslında bu Partiye, işgal güçleriyle işbirliği partisi adı yakışır. 1948 yılından sonra başka parti adlarıyla defalarca iktidara gelmiştir, lakin kimsenin ruhu bile duymamıştır.)

Mütareke yıllarında bu İngiliz Cemiyeti, Hürriyet ve İtilaf Fırkası şubelerinin bulunduğu merkezlere lojistik destek sağlayarak; İzmir, Afyon, Uşak, Adana, Zile, Konya, Sivas, Gelibolu, Gemlik, Bigadiç, İzmit, Finike, Kaş, Fethiye, Soma, Niğde, Simav, Havza, Vezirköprü, Yalova bölgelerinde işgal güçleriyle işbirliği yaparak, Milli Kurtuluş Savaşına karşı büyük isyanlar çıkarmışlardır. Bu durum çerçevesinde İtilafçı Fırka işbirliği ile, Ankara'yı susturmak için, Ankara'ya, Bursa ve Konya'ya İngiliz

Muhibleri Cemiyetinin üyesi olan Suphi Bey ve Ziya paşa gibilerini Vali olarak tayin ettirmeleri bu ihanet cephesinin marifetleriydi.[33]

Bunlarla da yetinmediler; bu ihanet cephesinin muhteris yöneticilerinden Ali Kemal ve İslamcı Aydın Sait Molla, gayrı müslimleri de aynen tahrik etmek için, Rum ve Ermeni Patrikleriyle temas halinde olarak, onları da Milli Mücadeleye karşı kışkırtıyorlardı... (Aydınlar ve Mütareke basını bugün de aynı...)

-İslamcı Aydın Sait Molla, cibilliyetsiz Aydın Ali Kemal ve diğer aydın çeşitleri, bugünün modasıyla, "dinlerarası diyalog" yapıyorlardı. Yakın tarihimize dikkatli bakarsak görürüz ki, ne zaman "dinlerarası diyalog/papazlarla muhabbet" yapılsa, nedense hep aleyhimize sonuçlanmış, Türk Milletinin başına büyük çoraplar örülmüş, Milletimiz büyük felaketlerle karşılaşmıştır. 2000'li yılların dinlerarası diyalogları bakalım ne gibi felaketler getirecektir. Biz yanılabiliriz, fakat tarih yanılmaz...

25 Mayıs 1335 (1919), Ahenk Gazetesi, Başmakale: "Türk, Rum, Ermeni ve Musevi inançları arasında muhabbet kurulması (dinlerarası diyalog) gerekir, Türklük tutmamıştır, milliyetçilik asla tutmamıştır..." -Ermenilik tutuyor, Rumluk tutuyor, Yahudilik tutuyor. Ne iş oluyorsa Türklük tutmuyor. 100 yıldan beri "dinlerarası diyalog" sevdası. Yukarıdaki gazete yazılarından sonra vatanımız yangın yerine dönmüş, baştan başa işgal edilmiştir.

-2000'li yıllarda yine cinsi cibilliyeti kırık olanlar, aynı şeyleri yazıyorlar, konuşuyorlarsa...

-Yeniden dinlerarası diyalog başladıysa...

-Yeniden Kurtuluş savaşı da başlamış demektir...

-Şu Gazi'yi bir dinleyin: "Siperlerinizi kazın, derhal mevzilerinizi alın, çünkü yeniden işgal ordularının avcı taburları medya'da mevzilenmişler, Hayvan Sürüsü Hakları Derneğinde(!) Bazı Vakıf Mahalle Mekteplerinde ajanlık merkezlerini kurarak resmen saldırıya geçmişlerdir... UYANIN!!!"

Orangotan'yadisleri, Baskın'yadisleri iyi tanıyalım!...

-Mütareke ve işgal yıllarında azınlık hakları savunucuları işgal başladıktan sonra Haçlı İşgal Güçleri tarafından Vali olarak görevlendirilmişlerdi. Bugünkü "azınlık/ajanlık hakları" cazgırları da yatırım yapıyorlar... UYANIN!!!

B) Gayrı Müslim dernekleri ile İngiliz Muhibleri Cemiyeti birlikte ve diyalog halindeydiler. İsyana teşvik ederek silahlandırdıkları dernekler şunlardı:

1) Mavri Mira Cemiyeti; İstanbul Rum Patrikhanesinde kurulmuştur.

2) Hınçak Ermeni Komitası Cemiyeti.

3) Pontus Rum Cemiyeti; İstanbul Rum Patrikhanesinde kurulmuştur.

Bir yandan İmparatorluğu ortadan kaldırmaya çalışırken,diğer yandan Haçlı beslemesi(Bugün AB-ABD beslemesi) Sivil Toplum İhanet Örgütleri, Türk Milleti'nin devlet kurmasını önlemek için her türlü ihaneti yapmaktan hiç çekinmemişlerdir,

C) İngiliz Muhibleri Cemiyetinin diğer Müslüman (Adı İslam, aslında Haçlı Müslümanı -Siyonist Müslüman) dernekleriyle ilişkileri:

DİKKAT!

DİNLERARASI DİYALOG SÜRECİNDE, YA PAPAZLAR İMAMLAŞACAKTIR, YA DA İMAMLAR PAPAZLAŞACAKTIR... Hangisi olacaktır?.

Papaz gibi imamlar mı(!)

Yoksa, imam gibi papaz çıkması ihtimali de var mıdır?...

İşgal günlerindeki diyalogçu imamlar papazlara yamanmışlardı, ve papazlaşmışlardı(!)

Bugün yeniden neler ouyor, Hoca Efendiler mi papaza yamanıyor, papazlar mı Hoca Efendilere yamanıyor?...

Ne dersiniz?

Karar sizin...

... ve İslam'ın kitabında yazıyor: " Münafıklar kafirlerden daha tehlikelidir, çünkü kafirin kafir olduğunu bilirsiniz!..."

MÜTAREKE VE İŞGAL GÜNLERİNDEKİ
SİVİL TOPLUM KURULUŞLARI

1- Kürt Teali Cemiyeti:

Sait Molla'nın Papaz Frew'e yazdığı 4 Ekim 1919 tarihli on birinci mektubunda,"Kürt Teali Cemiyetindeki yakın dostlarımızla görüştüm. Bir-kaç gün sonra, verilen talimat çerçevesinde Kürt aşiretlerini harekete geçirmek için doğu illerine gideceklerdir..." Kürt Teali Cemiyetinin İngilizlerden aldığı maddi destekle iç savaş çıkarılması ve böylece Anadolu'da bir devlet kurulmasının önü kesilmek isteniyordu.[35] Cemiyet halen faal. Şimdi ise yıkılmasını istiyorlar.

2- İlay-ı Vatan Cemiyeti:

Bu Cemiyet, İngiliz Muhibleri Cemiyeti ile işbirliği içerisindeki yöneticileri tarafından 17 Ekim 1921 tarihinde Padişah'a bir istida vererek, Türk Kurtuluş Savaşına karşı olduklarını ve padişahla birlikte hareket etmek istediklerini arz etmişlerdir.

3- Tarik-i Salah Cemiyeti:

İngiliz işgal güçleri komutanı General Harrington tarafından kurulmuştur. Maddi desteğini İngiliz Muhibleri Cemiyeti aracılığıyla alıyordu. (arşiv)

4- Askeri Nigahban Cemiyeti:

Üyeleri, İngilizlerin kumanda ettiği Şeriat Ordusu mensupları(Haçlı Şeriatı) emekli asker oldukları için sivil ve asker vatanseverlere suikast ve sabotaj görevlerini üstleniyordu.[36] Türk Milli Kuvvetlerine karşı, Yunanlılarla birlik olduklarını söyleyecek kadar alçak bir örgüttü.[37]

Dikkate değer bir durum: Bu örgütün günümüzdeki uzantıları son 25 yıl içinde, Haçlı emperyalistlerinin emriyle, milli duruş gösteren vatanseverlerimizden onlarca komutanımızı ve yüzlerce sivil yurtseverlerimizi öldürmüştür. Bu örgütün yeni adına "Süper Nato Örgütü" diyenler de var. Bu cemiyet de halen faal durumdadır.

5) Teali İslam Cemiyeti:(Haçlı Müslümanları)

Molla kıyafetli adamlarını Milli direniş gösteren bölgelerine göndererek,sahte imamlarıyla Milli Mücadele aleyhinde, propaganda yapmışlardır.[38] İşgal güçlerini Müslümanlık adına övmüşlerdir./Bu derneğin de halen faal olduğunu görüyoruz.

6) Falhiyat Cemiyeti:

Kuruluş bildirgelerinde isyanlar çıkararak İngilizlere hizmet edeceklerini söylemişlerdir.(arşiv)

7) Ahmediye Cemiyeti:

Şifreli bir telgraf, 29 şubat 1920: "Ahmediye Cemiyetine, Kuvayı Milliyecilere suikastlar yapmaları için, İngilizler beş bin İngiliz altını vermişlerdir."[39]

8) Türk Zabıta-i Hususiye Teşkilatı:

Zabıta; emniyet güçleri, polis demektir. İşgal günlerinde doğrudan İngilizlerin emrinde çalışmışlardır. Polis Müdürü Tahsin doğrudan doğruya İngizler'den emir alarak, Türk Milletine devlet kurmak için Anadolu yollarına düşmüş olan Mustafa Kemal ve silah arkadaşlarının yanında olanlara kan kusturmuştur. Sonu ne olmuştur?...

-2005 yılında, Hizb-ut Taheret(!) Cemiyeti İstanbul Fatih Camii avlusunda gösteri yapıyor, Türk Milletine devlet kuran Mustafa Kemal'e ağız dolusu saldırıyor. Emniyet güçleri ne hikmetse güçsüz kalıyor hiç bir müdahalede bulunmuyorlar.(yorumsuz) Birkaç gün sonra ciddi açıklamalar geliyor: "Hizb-ut Taheret cemiyeti İngiliz Gizli Servisinin hizmetindeki bir örgüttür" Etkili ve yetkili çevreler, lütfen haber verin de bilelim, Millet'e ızdırap çektirmeyin: Yeniden işgal altında mıyız?

9)Şarki Karip Çerkezleri Cemiyeti:

Bu cemiyet Çerkez kökenli halkımızı kışkırtarak Bolu, Düzce, Sakarya, Bursa, Manyas, Biga bölgelerinde çok cinayetler işlemiş, büyük isyanlar çıkartmıştır. İngiliz sömürgesi altında Çerkez Kantonu kurmayı savunuyorlardı. Ele başıları zaferden sonra (tabii sağ kalanlar) ya yurt dışına kaçmışlar ya da yargılanmışlardır ve 150'lik vatan hainleri listesinde 33 kişi ile yer almışlardır.

10) Adem-i Merkeziyetçiler Cemiyeti:

İlk Komünist teşkilat da diyebiliriz. Elebaşları olan Prens Sebahattin İngiliz ajanıydı. İngiliz sömürgeciliğini savunan komünistler... Nasıl oluyorsa(!) Çok tehlikeli bir sloganları vardı: "Türküm demeyin, dünya vatandaşı olun." Tabii ki İngilizlere, "İngiliz'im, Fransızlara Fransız'ım demeyin" gibi bir şey söylemiyorlardı ne hikmetse(!)

-2005 yılında Prens Sabahattin'in lafı yeniden hortladı: "Türk'üm demeyin Türkiyeliyim..." deyin.

Emperyalist Haçlı İşgal Güçlerinin kararı; "Bir Ülkeyi işgal etmeden önce, orada bir milletin adı varsa o milletin adını silerek, alan temizliği yapacaksınız ki, işgal kolaylaşsın...

İslamcı aydın Sait Molla ve cibilliyetsiz aydın Ali Kemal cephesinin destekleri ile Anadolu'da mantar gibi çıkan, patır patır patlayan isyanlar olmuştur. Genelde bu cemiyetin çalışmalar yaptığı bölgelerde çıkarılan isyanlar şunlardır:

İNGİLİZLERİN VE İNGİLİZ MUHİPLERİ CEMİYETİNİN ÇIKARDIĞI İSYANLAR

1) Anzavur İsyanı: 25 Kasım 1919 ve 16 Nisan 1920 tarihleri arasında...

Ankara Hükümeti'nin, Süleyman ve Rahmi Beylerin kumandasındaki kuvvetler tarafından isyan bastırılmıştır. Bu isyanın bastırılmasında, henüz Milli Kuvvetlerden ayrılmamış olan Çerkez Ethem'in de büyük yararlıkları olmuştur.

İsyancıların ele başısı olan Anzavur Ahmet ve adamları Gölcükte demirli bulunan İngiliz gemilerine sığınarak kaçmışlardır.

2)Çopur Musa: "Din elden gidiyor..." propagandası yaparak Afyon çevresinde ayaklanma çıkarmış, Milli güçler karşısında yenilerek Yunanlılarla sığınmıştır. Yunan'a varınca din elden gitmiyor elbette...

3)Ali Batı İsyanı: 11 Mayıs-18 Ağustos.

Mardin-Midyat çevresinde İngilizlerin dış desteğini alarak isyan eden Ali Batı, iki saat süren çarpışma sonucu ölü olarak ele geçirilmiş, isyancılar dağıtılmıştır.

4)Bolu ve Düzce isyanları; 13 Nisan-31 Mayıs 1920... İngilizlerin desteğindeki Hilafet ordusu tarafından lojistik destek gören isyancılar, köyleri kasabaları basarak çok kan dökmüşlerdir. Bu isyan, Binbaşı Şemsettin ve Kaymakam Arif Beylerin kumandasındaki milli kuvvetler tarafından bastırılmıştır. Asilerin ele başları idam edilmişlerdi.

5- Konya-Bozkır isyanı: 27 Eylül- 4 Ekim / 20 Ekim-4 Kasım 1919...

Kurtuluş Savaşı sırasında, Bozkırlı Zeynel Abidin tarafından iki defa çıkarılmış olan ayaklanmadır. Konya Valisi Cemal Bey, İngiliz ajanı Papaz Frew'den aldığı ödenek ve direktiflerle bu isyancıları kışkırtmış ve desteklemiştir. Vali Cemal Bey Hürriyet ve İtilaf Fırkasının adamı ve İngiliz Muhibleri Cemiyeti mensubuydu. Milli Kuvvetler Komutanı Yarbay Arif Bey isyancıları Adana'da sıkıştırmış ve hepsini yok etmiştir. 4 Kasım 1919.

6) Cemil Çeto İsyanı: 7 Haziran 1920...

Aşiret Reisi Cemil Çeto, İngiliz Muhibleri ve Kürt Teali Cemiyetlerinim aracılığı ile İngilizlerden maddi destek almış, Kürdistan devletini kurmak için ayaklanmıştır. İsyan kısa sürede bastırılmış, elebaşları idam edilmiştir.

7) Çerkez Ethem İsyanı: Ocak 1921

Bu isyan, 1. Süvari Grubu Komutanı Binbaşı Derviş Bey tarafından bastırılmıştır. Çerkez Ethem ve kardeşleri Reşit ve Tevfik Efendilerle birlikte Yunan ordusuna sığındılar. Kardeşleri Ege'de Yunan Belediyesi azası olarak, Çerkez Ethem'le birlikte Yunan çıkarlarına hizmet ettiler.

8) Koçgiri İsyanı: 8 Nisan 1921

Bu isyan İngiliz-Kürt Teali Cemiyeti tarafından lojistik destekle kışkırtılmıştır. Nurettin Paşa komutasındaki Milli Kuvvetler tarafından isyan "bastırıldı, isyancılar cezalandırıldı.

9) Konya İsyanı: Ekim-Kasım 1920...

Şeriat isteriz (Haçlı İngiliz Şeriatı), diyerek ayaklanan Delibaş Mehmet ve arkadaşları, İngiliz Muhibleri Cemiyeti üyesi ve Hürriyet ve İtilaf Fırkası mensubu Konya Valisi Cemal Bey tarafından desteklenmişlerdir. Milli Kuvvetlerden Demirci Efe tarafından isyan bastırılarak isyancılar şiddetle cezalandırılmış, Delibaş Mehmet canını zor kurtararak Anamur'daki Fransız birliğine sığınmıştır.(Ne diyelim: Şeriatı bulmuştur.) Delibaş Mehmet daha sonra, Mersinde yolda yürürken halk tarafından tanınarak linç edilmiştir.

10) Kuvay-i İnzibatiye-Halifelik Ordusu:

Başından sonuna kadar Türk Milli Kurtuluş Savaşı'na karşı saldırılar yapmış olan bu ordu, aslında İngilizlerin kumandası altındaki Saraya bağlı paşalar ve zabitleri tarafından yönetiliyordu. Dahiliyi Nazırı Damat Ferit Paşa ve Harbiye Nazırı Süleyman Şefik Paşa tarafından, İngilizlerin emri ile Milli Kuvvetleri yok etmek için kurulmuş bir orduydu.

Bu ordunun Baş Komutanı Süleyman Şefik paşa idi. Tavşanlı-Gebze-İzmit-Geyve hattında ve civarında halkı katleden, soyan,evleri basarak tecavüzler yapan Rum çetelerine karşı hiç savaşmadılar.Hatta Rum çeteleriyle işbirliği yaptılar... Ne yazık ki adı Şeriat Ordusu olan bu ordunun satılmış komutanları Rum çetelerine karşı savaşmadılar ama Rum çetelerine karşı savaşan Yahya Kaptan gibi Türk Kahramanlarına karşı savaştılar.

Yahya Kaptan'ı pusuya düşürerek tutukladılar, elleri arkadan bağlı olduğu halde, susamış olan Yahya Kaptan çeşmeden ağzıyla su içerken, İngiliz uşağı Hilafet Ordusunun üsteğmeni Abdurrahman Efendi tarafından kalleşçe arkadan vuruldu. Yahya Kaptan başını son bir gayretle kaldırarak son sözünü söyledi: Kahpeleeer!... -8 Ocak 1920.

Vahdettin'in Damat Ferit Paşa Hükümeti'ne bağlı, İngiliz uşağı Hilafet ordusunun Jandarma Komutan Vekili Hilmi'nin gözü önünde ve onun emriyle kalleşçe öldürülmüş olan Yahya Kaptan 19 yaşından beri Balkanlar'da, Kafkasya'da, Suriye'de milleti için kahramanca savaşmış bir yiğittir. Şehit edildiğinde 29 yaşındaydı. Abdurrahman ve Hilmi adındaki bu satılmış zabitler, Yahya Kaptan'ın kalleşçe katledilişini Tavşanlıdaki Rum çetecileriyle birlikte kutlamışlar, akşamına eğlenceler yapmışlardır.

11) Milli Aşireti İsyanı: 24 Ağustos-8 Eylül 1920...

İngilizlerin ve Fransızların kışkırtması ile ayaklanan Milli Aşireti, kendilerinden olmayan aşiretleri, özellikle Karakeçili Aşireti mensuplarını öldürüyorlardı. İsyan bastırılarak isyancılar ortadan kaldırılmıştır.

12) Pontus-Rum İsyanı: 1920-1923

Fener'deki Rum patrikhanesinin eliyle kurulmuş olan Etnik-i Eterya Cemiyetine bağlı olarak, 1904 yılında yine patrikhanece Pontus Rum Cemiyeti kurulmuştu. Bu cemiyet 1920 yılında büyük katliamlar yaparak ayaklanmalar başlatmıştı. Gazi Osman Ağa(Topal Osman demek gaflettir) Rum çetelerini teker teker imha etmiştir. Kalan pontusların da tamamı 1924 yılında yapılan Mübadele Antlaşmasıyla Yunanistan'a gönderilmiştir.

13) Yozgat İsyanı: 15 Mayıs-30 Aralık 1920...

İngiliz Muhibleri Cemiyeti ile birlikte işgal güçleri işbirlikçisi Hürriyet ve İtilaf Fırkası Reisi Çapanoğlu Edip ve Celal kardeşlerin kışkırtması ile birinci Yozgat isyanı başlatılmıştır. İkinci defa yapılan Yozgat isyanı ise Av. Zileli Ali ve Bucak Müdürü Naci ve arkadaşları tarafından başlatılmıştır. Arşiv bilgilerine göre, bu isyanların elebaşları İngiliz Muhibleri Cemiyetine bağlı olarak İngilizlerden yüklü Ödenekler almışlardı

-Çapanoğlu İsyanları, o zamanlar henüz Milli Kuvvetlerden ayrılmamış olan Çerkez Ethem tarafından bastırılmıştır. İsyan çok kanlı bastırılmış, Çapanoğulları dahil, isyancıların yüzlercesi Çerkez Ethem tarafından idam edilerek cezalandırılmıştır.

14) Zile İsyanı: Mayıs-Haziran 1920...

İngiliz Muhibleri Cemiyeti mensubu olan Damat Ferit Paşa'dan aldığı maddi ve siyasi destekle cesaretlenen dava vekili Ali Bey ile sabıkalı nahiye müdürleri Naci Bey ve İhsan Bey öncülüğünde, postacı Nazım'ın Ankara Hükümetini tanımadığı haberini Ankara'ya göndermesiyle birlikte isyan başlamıştır. 400 kişilik bir kuvvetle başlayan bu isyanı maalesef Zile eşrafı da destekledi. Eşrafın da baskısıyla Zile'deki jandarma birlikleri Postacı Nazım'a teslim olmuştu. Bu sırada Doğu Anadolu Bölgesinde Ermeni çetecilerle savaş halindeki Türk ordusu arkadan vurulmuş oluyordu. Erzurum'dan gelen 5. Tümenin müdahalesiyle Zile isyanı kanlı bir şekilde bastırılmıştır. (12 Haziran 1920)

15) Bayburt, Şeyh Eşref İsyanı: 26 Ekim - 24 Aralık 1919...

Milli Kurtuluş Savaşının başladığı ilk günlerde, Bayburt İlçesi Hart nahiyesi'nde bulunan yerel Nakşibendi Şeyhlerinden biri olan Şeyh Eşref isyan ederek, "Ahir zaman peygamberi Mehdi olduğunu, kendisine kurşun işlemediğini", iddia etmiştir. Bununla da kalmamış, "Yeşil sarıklı Halife ordusuna bağlı 70 bin Medine askerinin şehri kuşattığını, teslim olmayanların kılıçtan geçirileceğini..." söylemiştir. Ne yazık ki aynı bölgede Ermeni çetecilere karşı ve hatta Rus işgaline karşı dahi harekete geçmemiş olan Şeyh Eşref ve Hilafet askerleri, Milli Kuvvetlere karşı derhal isyan etmişlerdir. Aynı bölgede çalışan İngiliz ajanları bir yandan Ermeni çetecilerini, diğer yanda ise tarikat şeyhlerini kışkırtıyorlardı.

"70 bin kişilik Medine Hilafet ordusu şehri kuşatmıştır, teslim olmayanlar kılıçtan geçirilecektir..." sözleri, İngiliz casusu Lawrence tarafından Şam, Halep, Kudüs kuşatmalarında da söylenmiştir.

-Tarikat şeyhi Derviş Mehmet tarafından da aynı sloganlar Menemen İsyanında kullanılmıştır.

-Şeyh Sait isyanında; Nakşibendi Tarikat önderi Şeyh Sait tarafından da benzeri söylemler kullanılmıştır.

Menemen neresi, Bayburt neresi, Siirt neresidir? Haçlıların emriyle isyan ederek, İngilizler için savaşmakla kahraman mı oldular?... Onların torunları halen neyin intikamı peşindedirler? ....Ve Haçlı Müslümanı isyanları hızını alamayarak, Cumhuriyet"in ilanından sonra da devam eder...

16) Şeyh Sait İsyanı: 1925 / Nakşibendi Tarikatı...

17) Menemen İsyanı 23 Aralık 1930/ Nakşibendi Tarikatı...

İNGİLİZ MUHİBLERİ CEMİYETİNİN SON OSMANLI MEBUSAN MECLİSİNE BAKIŞI...

Sultan Vahdettin 21 Aralık 1918 de Meclis-i Mebusan'ı feshetmişti. Meclis 12 Ocak 1920 tarihinde yeniden açılınca işgalcilere karşı milliyetçi bir siyaset izledi. İngiliz Muhibleri Cemiyeti, Meclis-i Mebusan'ın milliyetçi tutumundan dolayı karşı harekete geçmiş, hatta Cemiyet yöneticileri padişah Vahdettin'e müracaat ederek, "Meclisin meşru olmadığını ve feshedilmesi gerektiğini," söylemişlerdi.[40]

Son Osmanlı Mebusan Meclisinde 28 Ocak 1920 de "Misak-ı Milli" kararları alındıktan sonra bütün yurtta milli duyguların artması üzerine İngilizler Milliyetçi akımların önünü kesmek için, İstanbul'u resmen işgal etme kararı alırlar ve 16 Mart 1920'de İstanbul'u işgal ederek şehri kan gölüne çevirirler.[41] Bu işgalden hemen sonra İngilizler, ne kadar vatansever mebus, asker ve sivil varsa tutuklayarak Malta adasına sürgüne göndermişlerdir.[42]

İngiliz Muhibleri Cemiyeti ise, "İstanbul'un işgalini sevinçle karşıladıklarını ve tek üzüntülerinin böyle bir hareketin bu kadar geciktirilmiş olmasından kaynaklandığını...» dile getiriyordu.[43]

Cemiyet, Meclis-i Mebusan'ın kapatılmasında çok önemli rol oynamış, Meclis 11 Nisan 1920 tarifinde feshettirilmiştir.[44] Malta'ya sürgün edilecek vatanseverlerin listesini de İngiliz Muhibleri Cemiyeti hazırlıyordu.[45]

Papaz Frew ile Sait Molla bizzat hazırladıkları idam listeleriyle İngilizler adına cellatlık yapmak görevini de üstlenmişlerdi; idam listelerinin en başında Mustafa Kemal, Kazım Karabekir, Ali Fuat paşa, İsmet İnönü ve Rauf Orbay gibi Türk kahramanı komutanlar vardı.[46]

Cemiyetin önemli üyelerine İngilizlerin verdiği paralar dağıtılıyordu. Cemiyet, Konya isyanlarını desteklemek için Konya Valisi Cemal Bey'e 200 bin, Ankara'da Milli direnişi kırmak için Vali Muhittin Paşa'ya daha çok miktarda para vermiştir.[47]

2000'li yıllara geldik hala ABD ve AB vakıflarının, satılmış idarecilere, satılmış basın mensuplarına, patronlarına ve buldog köpeği suratlı köşe yazarlarına ödemiş olduğu paralar, satılmış yeni dernekler, yeniden İngiliz Muhibleri Dernekleri değil midir? Aynı oyun tekrar sahneye konmamış mıdır? Çanakkale Şehitleri'nin torunları nerede?... Herkes Çanakkaleli Mama Melahat'ın gayri meşru torunları mı olmuştur? Bu defa utanmadan satılıyorlar, sıkılmadan Soros Vakfı'ndan fonlanıyorlar. Bir toplumun tarihinde hiç şehitleri olmasaydı ancak bu kadar alçalabilirdi. Bu alçaklara söylenecek tek söz var: "Şehitlerimizi geri verin!..."

İNGİLİZ MUHİBLERİ CEMİYETİNİN MÜTAREKE BASI-
NINDAN 2000'Lİ YILLARA GEÇİŞTE: YENİDEN MÜTARE-
KE BASINI-BİZANS MEDYASI VE İŞGAL GÜÇLERİ İLERİ
KARAKOLLARI GİBİ GAZETELER-VAKIF YÜKSEK MA-
HALLE MEKTEPLERİ... YOK MUDUR?
-İŞGAL GÜÇLERİ BAYRAKLARININ DİKİLDİĞİ TV KA-
NALLARI/Tüm Dünya milletlerine yetecek kadar ibretle izlene-
cek, başka milletlere ders olacak kadar satılmışlık örnekleri...
Yok mudur?

MÜTAREKE VE İŞGAL GÜNLERİNDE
MÜTAREKE BASINI:

30 Ekim 1919 günü Mondros Mütarekesinin imzalanmasın-
dan sonra ve...

06 Ekim 2004 günü AB Yeni Mütareke dönemi basın ve yayın
tıpkı basımları,Sait Molla'nın İngiliz fonlarıyla satın aldığı Yeni
İstanbul, Refi Cevat Ulunay'ın çıkardığı Alemdar, Ali Kemal'in
gazetesi Peyam-i Sabah, hepsinin alt yapısını kuran İngiliz dos-
tu ve Nakşibendi Şeyhi Derviş Vahdet'in kurduğu Volkan Gaze-
tesi başta olmak üzere, görüldüğü gibi 1. Mütareke dönemi/
Mütareke Basını İstanbul merkezli olmakla beraber, İzmir'de de
2-3 gazete ile temsil ediliyordu. İzmir'de Mehmet Sırrı'nın çıkar-
dığı Saday-ı Hak, Sabitzade Emin Süreyya'nın çıkardığı Islahat
Gazeteleri ve ihanetleri belgelenmesin diye arşivleri yakılmış
olan bir başka mütareke gazetesi.(Halen aynı isimle çıkıyor)

-2000'li yıllarda, milletimizin "Bizans Medyası", veya "İşgal
güçleri Medyası-Yeni Mütareke Basını..." dediği, yeni işbirlikçi-
ler yine İstanbul ağırlıklı, yine İzmir'de iki gazete(!) Olamaz, te-
sadüfün iğne deliği bu kadar olamaz!!!

En iyisi bir zaman tüneline girelim ve 1. Mütareke Döne-
mi/Mütareke basınından bazı makale başlıklarını tarayalım.
Sonra 2. Mütareke dönemi (6 Ekim 2004 AB Mütarekesi) rezille-
rini ve rezilliklerini de görmüş olarak...

5 Kasım 1918, Peyam-i Sabah, Başyazarın Başmakalesi;

ALİ KEMAL, "Tevekkeli ecdadımız Türklere "Etrak-ı bi idrak" demezlermiş, hakikaten ne idraksiz bir milletiz ve cidden kafasız, daltaban bir halkız.." diye yazıyordu.(Bir ülke işgal edilmeden önce milleti aşağılanarak kendine olan güvenini yok etmeli. Yani, sömürge taktiği.)

-2000'li yıllarda yine aynı sözler, Yeni Ali Kemal tarafından ortaya atılıyor.

4 Mart 1919, Damat Ferit Paşa, Hürriyet ve İtilaf Fırkasından oluşan ilk hükümeti kurduğu zaman:

7 Mart 1919, Islahat Gazetesi, İzmir,

EMİN SÜREYYA: "Damat Ferit Kabinesi" başlıklı makalede, "İstikbal-i vatan ve selamet-i memleket min külli vuccah, şayan-ı emniyet, layık-ı itimat bir kabinedir..." diye yazıyordu.

Sakarya Zaferinden sonra...

30 Mart 1338, Saday-ı Hak Gazetesi, İzmir,

MEHMET SIRRI: Başmakale, "Netice? Bir hiç!.. Mütareke şartlarına karşı çıkartılan böyle patırtılardan sonra Rum ve Türk halkları daha çok zarar görecektir... itidal tavsiye ederiz, itidal, itidal(!)

-2000'li yıllarda, yirmi yıldan beri Emperyalist ABD ve AB beslemesi, Kürt sorunu dedikleri, aslında "Amerika'nın köpeği olma sorunu" olan, AB-ABD beslemesi teröristler tarafından Haçlı işgal güçleri işbirlikçisi PKK vuruyor, gencecik fidan gibi askerlerimiz biçiliyor... Peş peşe şehitlerimiz geliyor.(ah!) Buna karşılık 2000'li yılların işgal güçleri Medyası: "itidal, itidal, itidal", diyor. (Kendileri ölmesin de kim ölürse ölsün)

4 Nisan 1338, Saday-ı Hak Gazetesi, İzmir,

MEHMET SIRRI: Sevr antlaşmasının Ankara Hükümeti tarafından yırtılıp atılması üzerine, "Sulh ümidi bir serab-ı iğfalkar imiş..." der.

Ne imiş, ne imiş? Efendim(!) Üzülmeyiniz, 2000'li yıllardaki veled-i zinalarınız yeni Mehmet Sırrı Beyler, hem Sevr Antlaşması haritalarını yeniden dağıtıyorlar, hem de "yok öyle bir şey, Sevr hortladı diyenler paranoyaktır" diyerek işi götürüyorlar.

2 Teşrinisani 1334, Köylü Gazetesi, İzmir,

EMİN SÜREYYA: "İngilizlere teşekkür ederiz, 30 Ekim 1918 Mondros Mütareke sözleşmesi için çok emekleri oldu…"

5 Teşrinisani 2005, Bizans Medyası, İstanbul: "Toni Blair'e ve İngilizlere teşekkür ederiz, 6 Ekim 2004, AB ile yeni Mütareke sözleşmesinde çok emekleri oldu!…

30 Mart 1335, Köylü Gazetesi, İzmir,

EMİN SÜREYYA:"İngiltere, Fransa, Amerika ve İtalya gibi devletlerden iyilik göreceğimizi ümit etmekte çok haklıyız. Pek parlak olanı istikbalimiz onlara istihkakta ispat edeceğimiz ehliyetle bizi kucaklayacaktır. (onlara yapacağımız yalakalıkla)

-2005 yılında, Yeni Mütareke (Bizans Medyası) Basını: 87 yıl sonra aynı başlıkları atıyor, aynı sesle lağım TV kanallarında konuşuyor. Bu ne felakettir? Yeniden bir savaş oldu da o savaştan mağlup olarak mı çıkmış bulunuyoruz?…

25 Mayıs 1335,İzmir, "Türklük tutmamıştır…" /Ermenilik tutmuştur, Rumluk tutmuştur, Yahudilik tutmuştur ve hatta Süryanilik dahi tutmuştur ama ne hikmetse 90 yıldan beri şu TÜRKLÜK bir türlü tutmuyor!!!

-2000'li yıllarda Yeni Mütareke Basını, Bizans Medyası: "Türk'üm demeyin, Türkiyeliyim deyin… "/ Dikran usta, Levon yurttaş alınmıyor, ama dönme-devşirmelerimiz alınıyor, bir avuç dönme-devşirme var, onların hatırı için Türk'üm demeyin(!) Türkiye'de Yunan-Yahudi-Ermeni milliyetçiliği serbest; Türk milliyetçiliği yasak!…

Türkçe anlamadılar, bir de şöyle seslenelim:

Ya eyyü'h el nas, bi rab'ül nas./ Ey Allah'ın kulu olanlar, lütfen dinleyiniz: "Topluca ruh hastası mı oldunuz?…

Ruh hastası yeni ve eski mütareke basını mensupları için: "İhanet ruhun gıdası olmuştur, ihanetle besleniyorlar…"

24 Şubat 1919, Peyam-i Sabah, Baş Makale,

ALİ KEMAL: "Yunus Nadi eski oyununu oynuyor..."

Cevap Memleket Gazetesinden, 23 Mart 1919-İsmail Hilmi: "Türk Olmak Suç mu?..." /2000'li yıllarda nasıl?...

-4 Temmuz 1918 Vahdettin Taht'a çıkmıştır. 15 Mayıs 1919, İzmir'in işgal edilmesindeñ sonra...

22 Mayıs 1919, Peyam-i Sabah, Başmakale, İstanbul,

ALİ KEMAL: "İzmir'de sükuñet var, işgal geçicidir."

18 Mayıs 1919, Peyam-i Sabah, Başmakale,

ALİ KEMAL: "Milli Teşkilat ve Müdafaa-i Milliye Mensupları tutuklanmalıdır..."

-İşgal güçleri İngiliz komutanı Carlhtorpe'nin raporu: "Ali Kemal hilekar bir gazetecidir ve haristir..."(arşiv)

Mustafa Kemal Anadolu yollarında...

24 Haziran 1919, L'Ente Muhabirine Demeç:

ALİ KEMAL: "Mustafa Kemal görevinden azledilmiştir..." (Bu demeç resmi açıklamadan önce verilmiştir.

ABD Başkanı Wilson, 25 Haziran 1919'da "Türkler İstanbul'u derhal terk etmelidir," diyordu. (ABD arşivi)

İstiklal gazetesi, 7 Ağustos 1919: Türk Köylüsünün, işgalcilerin emrine ve işbirliğine giren paşalara cevabı, "Akılsız ve hayırsız Paşaların boyunduruğundan kurtulamayacağız, bari İngilizler doğrudan gelip bizi adam etsinler..." Bunun üzerine İstiklal Gazetesi on gün kapatılma cezası alır.

ALİ KEMAL: 20 Aralık 1919, Peyam-i Sabah; "İttihat ve Terakki öldü, yaşasın İ ve T"

Ali Kemal aklı sıra, Kuvay-ı Milliyecileri, Mustafa Kemal ve silah arkadaşlarını "İttihatçı" diye İngilizlere jurnalliyordu. İ ve T harflerini bitişik yazarak, kendi itliğinden mi ilham alıyordu acaba...(!)

2005 yılında bir başka Ali Kemal çeşitlemesi; kendi köşe yazısında, "Köpek gibi, şu Çılgın Türkler kitabını okuyorlar..." diye yazıyordu. "Köpek gibi Orhan Pamuk okuyorlar..." demiyordu.

A. NEDİM ÇAKMAK

Kürt Teali Cemiyeti Beyannamesi: 31 Mart 1920, Peyam-i Sabah; "Teşkilat-ı Milliye'ye inanmayınız. Bolşeviklerin kafasını taşıyan yurtsuz serserilerdir. Hilafet ve Şeriat'tan ayrılmayınız(!)" (İngiliz Şeriatından)

-2000'li yıllarda,yine İslamcı Aydınlar, yine Kürt Teali Cemiyeti Aydınları, yine Adem-i merkeziyetçi (vatansız) Aydınlar... Eyvah! yine Aydınlar.... Yine intikam peşindeler mi?...

Yine bir Osmanlı aydını ALİ KEMAL: Peyam-i Sabah Gazetesindeki Kürt Teali Cemiyeti İlanına onay vererek, 11 Nisan 1920'de yazdığı Başmakale, "Yalancı Milliyet Davası Şeriata aykırıdır(!) Kürtçülük, Çerkezcilik, Rumculuk yalancı milliyet davası değildir, şeriata aykırı olmaz(!)

Bunlara rağmen 12 Nisan 1920 günü Kürtler Suruç'ta Fransız Taburunu basarlar, satılmış aydınları takmazlar...

ALİ KEMAL; 25 Nisan 1920, Peyam-i Sabah, "İdam, İdam, İdam...", Mustafa Kemal cezasını bulacak(!) ALİ KEMAL; 6 Mayıs 1920, Peyam-i Sabah, "Kemal'in Maskaralıkları..."

Halide Edip Adıvar, İstiklal Gazetesinde "Ateşten Gömlek" Romanını yayınlayarak, Türk İstiklal Savaşı Kahramanlarını sembolik isimlerle tefrika eder...ALİ KEMAL,3 Kasım 1920, P.Sabah'tan Halide Edip Adıvar'a saldırarak, "Böyle Kahramanlardan Allah Bizi Korusun..." diye, cevap yazar.

1 Ocak 1922, ALİ KEMAL: P. Sabah, "Mukadderatımızı Ankara'ya Bırakmamalıyız..."

-16 Mart 1922, Ermeni katiller, Dr. Cemal Azmi ve Bahaddin Şakir'i, silahsız oldukları halde, arkadan vurarak katletmişlerdi. Onların cenazelerinin kalktığı gün,

ALİ KEMAL; "Cezalarını Buldular..." diye yazar.

ABDÜLMECİT dahi İkdam Gazetesinde, 2 Mayıs 1922 günü "Türkiye En Kutsi Haklarını Müdafaa Ediyor..." diye yazıyorken.

ALİ KEMAL; 3 Mayıs 1922, P. Sabah, "Kuvay-i Milliye ile İttihat ve Terakki Geri Dönmüştür..."

ALİ KEMAL 25 Mayıs 1922, P. Sabah, "Bolşevikler ve İslam..." Başlıklı Makale, "Kuvay-i Milliyeciler Bolşevik-Komünistlerdir..."

ALİ KEMAL; 2 Ağustos 1922, P. Sabahta Büyük Taarruz'a 24 gün kala yazdığına bir bakalım. "Bu zavallı vatanı Mustafa Kemal'in muzaffer olma ihtirasından kurtarmalıyız (!)"

26 Ağustos 1922, Büyük Taarruz Günü,

ALİ KEMAL; "Bu Ankara ricalinin zihniyetiyle ancak İran ve Turan'a gidebiliriz, fakat Edirne, İzmir ve İstanbul istikametine yetişemeyiz..."

28 Ağustos 1922, Büyük Taarruz bütün şiddetiyle devam ediyor.

ALİ KEMAL: "Ankara Efendileri akıllarınca bütün Türkiye'nin dostlarımız tarafından boşaltılmasını istiyorlar.

1 Eylül 1922, Mustafa Kemal: "Ordular İlk Hedefiniz Akdeniz'dir İleri!..

1 Eylül 1922, P. Sabah, ALİ KEMAL: "Belki taarruz yine başarısızdır..."(!)

9 Eylül 1922, Düşman denize dökülmüştür...

9 Eylül 1922, P. Sabah, ALİ KEMAL: "BUGÜN TÜRK'ÜN BAYRAMI..."

10 Eylül 1922,P. Sabah, ALİ KEMAL: "Gayeler bir idi(!) ve birdir..."

...............Ali Kemal, Ali Kemal, Ali Kemaaal!... Ses yok; Ali Kemal gag-guk!...

Ali Kemal kaçırılmıştır, İzmit'te ortaya çıkar.

Mazlum ve Cem adımda, ikisi de iri yapılı ve genç polis komiserleri, Ali Kemal'in peşine düşmüşlerdi. İstanbul halen işgal altındadır; işgal güçleri Ali Kemal'in dostlarıdır. Tokatlıyan Han'ın yan kapısından girince sağ köşede bir berber dükkanın da Ali Kemal'i traş olurken görürler. Ali Kemal traş olduktan sonra Tokatlıyan Han'ın Balo Sokağına açılan yan kapısından çıkar çıkmaz avlanır. Kahraman polis Komiserleri Ali Kemal'i Yenikapı'dan bir motorla İzmit'e kaçırırlar ve Nurettin Paşa'ya teslim ederler.

MÜTAREKE BASINI HAİNLERİNİN ACI SONLARI

Ali Kemal sorgulamaya alınır, sorgu hakimi Necip Bey'in karşısında tombul gövdesinin altında ruhu ezilmiş halde, boncuk boncuk olmuş terini silerek cevap verir:

-Ben Türk Milletinde bu kadar büyük bir yaşama gayreti ve mücadele ruhu olduğunu bilmiyordum, bu bilgisizliğimden dolayı mazur görülmeliyim. Çünkü öğrenim hayatım çoğunlukla Avrupa'da geçmiştir. (Şimdikiler gibi olmasın...) Fakat bundan sonra bütün varlığımla Mustafa Kemal Davası için çalışacağıma söz veriyorum.

İfadesi bitmiş, bu sözler Ali Kemal'in hayatının son sözleri olmuştur. Tutuklu olarak, inzibat yüzbaşısı Kel Sait onu hapishaneye götürmek üzere teslim alır. Kapıdan çıkar çıkmaz, dışarda birikmiş olan kalabalıklar Ali Kemal'i kaparlar. Bu arada Kel Sait de taşlardan biraz nasibini almıştır. Ali Kemal halk tarafından linç edilerek öldürülmüştür. (5 Kasım 1922)

Alb. Rahmi Apak:

-Ali Kemal'in İzmit'de linç edilmesinden sonra, İstanbul'da ne kadar işbirlikçi vatan haini varsa, can korkusuna düşerek İngiliz, Amerikan elçiliklerine sığınırlar. Limandaki İngiliz gemilerine çıkarak üst üste yığılırlar. Hainler hızla İstanbul'u terkederler. Bu arada, Padişah Vahdettin de can korkusuna düşerek bir İngiliz savaş gemisi ile kaçarak canını kurtarmıştır; (17 Kasım Cuma).

-İngiliz-Vahdettin gizli antlaşması (c) maddesi: Padişah vahdettin yurt dışına kaçmak zorunda kalırsa, kendisine mutlaka yardım edilecektir.

EMİN SÜREYYA:

Tam adı Sabitzade Emin Süreyya, Islahat Gazetesi başyazarı ve Genel Yayın (hayın) yönetmeni. İzmir'in kurtuluş günü, 9 Eylül'de Yunan askerleriyle birlikte kaçarak Yunan askeri gemisine sığınır, fakat yer kalmadığı gerekçesiyle gemiden atılır. "İşgal bitti seninle de işimiz bitti" diyerek gemiye almazlar. Şaşkınlık içinde Konak Meydanına geri döner. Şaşkın şaşkın ortalıkta dolaşırken halk tarafından yakalanıp, bir ağaca asılarak linç edilir...

MEHMET REFET:

İzmir, Köylü Gazetesi başyazarı ve Genel Yayın (hayın) Yönetmeni.

İşgal boyunca düşmanla işbirliği yaparak, direniş yanlısı Haydar Rüştü Bey gibi gazetecileri ve diğer Kuvay-ı Milliye taraftarlarını işgalcilere jurnalledi. Türk Kurtuluş Ordusu İzmir'e girmeden üç gün önce Yunanistan'a kaçtı. 1925 yılında 150'lik vatan hainleri listesinde yer aldı.(48)

MEVLANZADE RIFAT:

Serbesti Gazetesi sahibi, Hürriyet ve İtilaf Fırkası mensubu, yurt dışına kaçtı. 150'likler listesinde yer aldı.

İZMİRLİ HAFIZ İSMAİL:

İzmir, Müsavat Gazetesi sahibi, yurt dışına kaçtı. 150'likler listesinde yer aldı.

REFİK HALİT KARAY:

İstanbul, Aydede Gazetesi sahibi, yurt dışına kaçtı. 150'likler listesinde yer aldı.

BAHRİYELİ ALİ KEMAL:

Bandırma, Adalet Gazetesi sahibi. Yurt dışına kaçtı. 150'likler listesinde yer aldı.

NEYİR MUSTAFA:

Edirne ve Selanik'te üç gazete sahibi. Yurt dışına kaçtı. 150'likler listesinde yer aldı.

İZMİRLİ FERİT:

Köylü Gazetesi yazarı, 150'likler listesinde yer aldı.

150'lik Vatan Hainleri listesindeki diğerleri...

REFİ CEVAT ULUNAY: İstanbul, Alemdar Gazetesi sahibi.

PEHLİVAN KADRİ:

İstanbul, Alemdar Gazetesi sahiplerinden.

FANİZADE ALİ İLMİ:

Adana, Ferda Gazetesi sahibi.

ÖMER FEVZİ:

Balıkesir, İrşad Gazetesi sahibi.

HASAN SADIK:

Halep, Doğruyol Gazetesi sahibi.

SAİT MOLLA:

İstanbul Gazetesi Sahibi, İngiliz Muhibleri Cemiyeti kurucusu ve başkanı. Hürriyet ve İtilaf Fırkası yöneticisi.

SAİT MOLLA KAÇIYOR!...

Vatan haini 150'likler Listesi kanunundan çok önce, Sait Molla elini çabuk tutarak yurt dışına kaçmıştır. (49) Romanya'da, Kıbrıs'ta, Yunanistan'da zehir kusmaya devam etmiş, ihanetlerini hayasızca sürdürmüştür. Vatan Haini 150'likler listesinde 98'inci sırada yer almıştır.

Sait Molla, daha Mudanya ateşkes toplantıları başlamadan (3-11 Ekim) önce, başına gelecekleri anlamış olduğundan, İstanbul'daki İngiliz komiserliğine sığınmış, İngiliz Generali Harrington'un verdiği özel bir pasaportla İstanbul'dan kaçmıştır.

-İstanbul'dan kaçarken 40 yaşında, 150 kiloluk bir zebani,(dostları iyi beslemiş olmalılar) önce Fransa'ya, oradan İtalya'ya, sonra Romanya'ya geçtiği, genç Türk Devleti'nin aleyhindeki çalışmaları yüzünden Romanya'nın başına bela olduğu için Romanya'dan kovulduğu, (boy1.69, kilo 150)

-Oradan Mısır'a gittiği, sonra Mısır'dan da kovulduğu,

-1925 yılında İngiliz ajanı olarak Kıbrıs'a geldiği,

-Kıbrıs'ta da ihanetlerine devam ederek, oradan da Türkiye Cumhuriyeti Devleti'ne saldırarak Kıbrıslı Türkleri Anadolu'daki soydaşlarına karşı kışkırttığı, Atatürk Devrimlerine karşı makaleler yazdığı,

-Kıbrıs'ta İngiliz ve Rumların hesabına casusluk yaparak Kıbrıslı Türkleri birbirine düşürme çalışmaları yaptığı,

-Propaganda yazılarını ve kitaplarını Rum matbaasında bedavaya bastırdığı,

-Kıbrıs Türk Milliyetçilerini Kıbrıs'tan sürdürmekle tehdit ettiği, bazılarını da İngilizlere jurnalleyerek hapse attırdığı, bir yandan da

Yunanistan hesabına adayı Yunanistan'a ilhak için casusluk yaptığı,

-Kıbrıs'tan İngiliz Propaganda Bakanlığı'na mektuplar yazarak, Türkiye Cumhuriyeti Devleti'nin "dini kisve altında tarikatlar kurarak nasıl kolayca yıkılabileceği..." konusunda akıllar verdiği,

-Kıbrıs'ta emperyalistlerle iş birliğine müsait (Talatyadis tipinde) takdire şayan kişileri bildirdiği,

-Doktor Fazıl Küçük'ün anlattığına göre İngiliz uşağı eski Arabistan kralı Hüseyin Kıbrıs'ta bulunduğu sırada, İngilizlerin tavsiyesi ile Sait Molla'yı özel mutemet olarak görevlendirir. Ama Sait Molla sahtekârlık yaparak, Kral'ın karısının imzasını taklit ederek bankadan yüklü bir miktarda para çektiğini, bunun üzerine sahtekârlıktan hapse atıldığını, artık İngilizlerin bile gözünden düştüğü için, hapisten çıktıktan sonra Yunanistan'a sürgün edildiğini anlatır. Yıl 1930...

-Beş yıllık bir Kıbrıs ihanetinden sonra...

-Sait Molla'nın Atina'ya gittiği, oradan da Türklerin çoğunlukta olduğu Batı Trakya bölgesini de karıştırmak için Batı Trakya'ya geçtiği biliniyor.

(Vasili'nin ifadesine göre 15 Haziran 1930 günü Elefsis de, Hüsnüyadis ile birlikte Menemen İsyanını planladıktan sonra Batı Trakya'ya geçmiştir.)

VE BİR ÖLÜM HABERİ: 24 Temmuz 1930, Söz Gazetesi, Kıbrıs; "Son posta ile, telgrafla aldığımız haberlere göre, Sait Molla Batı Trakya'da ölmüştür... "

DAHA BİTMEDİ...

Sait Molla Kıbrıs'a gelirken ailesiyle birlikte gelmişti. Giderken biraderi Mesut Bey'i Kıbrıs'ta bırakarak gitmiştir. Sait Molla'nın biraderi Mesut Bey, İngilizlerin adına Lefkoşa Türk Lisesi'nde öğretmen olarak çalışmaktadır. Mesut Bey, abisi Sait Molla'nın kaldığı yerden jurnalciliğe devam ederek, antlaşmalardan doğan haklara göre Türk İnkılap Tarihi derslerini okutan öğretmenleri dahi işten attırmakla tehdit eder. Türkçülük yapıyor diye bir çok kimseyi İngilizlere jurnaller. İngilizlere güvenerek ve onların himayesinde 1938 yılında ölünceye kadar Kıbrıslı Türklere korku ve dehşet saçar.

-Gerek Sait Molla'nın, gerekse biraderi Mesut'un, Kıbrıslı Türklere, "Siz Türk değil, Müslümansınız..." diye baskı yaptıkları biliniyor muydu?

- "Türk'üm demeyin, Müslüman'ım deyin..." sözünün mucidi Sait Molla'dır. Bazıları bu ajan ağızları lafını yeni keşfetmiş gibi ortalıkta dolaşıyorlar da...

Daha bitmedi. Daha, daha... SAİT MOLLA ÖLMEDİ(!)

DOKSAN YIL SONRA YENİDEN SAİT MOLLA

Sait Molla'nın halâ ölmediğini, şimdi nerede yaşadığını, nerede ve nasıl icrayı faaliyet eylediğini, onun kendi ağzından cam ekranda duyduklarınız ve gördüklerinizle, Sait Molla Gazetelerinde okuduklarınızla, gayet açık bir şekilde ve kesin bir bilgi sahibi olduğunuz tartışılamaz.

-Yeni Sait Molla da papazlarla-patriklerle halvet ile başı-gözü dönmüş bir halde.

-Hatta, Türk Ortodoks Kilisesi'nin başında "TÜRK" kelimesi var diye Türk Ortodokslarını sevmiyor, onları yok sayıyor, ama Rum Ortodoks papaz-patriklerine bayılıyor. Yeter ki Türk

olmasın. İslâm'dan dönme, liboş, ılımlı İslâm, Light İslam, yok
· İslam, olsun da Yeni Sait Molla'nın beş para etmez ciğerini yesin.

-YENİ SAİT MOLLA, Yurdumuzda cirit atan CİA televizyon
kanallarının Haçlı dostu, Haçlı Müslüman'ı; Siyonist uşağı, Si-
yonist Müslüman TV kanallarının baş dostu...

-Saman gibi gazetesinde, saman gibi televizyonunda Türkle-
re ve Türklüğe saldırmayanlar asla muharrir olamaz. Dönme-
devşirmeler, sahte Arami, sahte Urum olanlar baş tercihidir.

-Müminleri sevmez, müridleri sever.

-Yurt dışında Haçlı misyonerlerinin karşısında süt dökmüş
kedicik gibi olur; Milletimizin karşısında konuşurken danalar
gibi, böğüre böğüre konuşur.

-Yeni Sait Molla da, doksan yıl önce olduğu gibi, "Türklüğü
ve İslamiyeti ve hatta Türkiye Cumhuriyeti Devleti'ni dini kisve
altındaki tarikatlarıyla kolaylıkla yıkabileceklerini..." Haçlı ve
Siyonist dostlarına müjdelediği için, "kıravatlılar tarikatı" da Ye-
ni Sait Molla'ya büyük saygı duymakta, ona ödüller vermekte-
dirler. Aslında tüm tarikatları kontrol eden ve yönlendiren de,
hep bu kıravatlılar tarikatıdır. (Tapınak Şovalyeleri, Mason tari-
katları vs.)

-Çanakkale Zaferinden sonra Sait Molla ne demişti?

"Bize medeniyet getireceklerdi, yazık oldu, Çanakkale'yi ge-
çip gelemediler..."

-İngiliz Haçlı ordusu 16 Mart 1920'de İstanbul'u işgal eder.

Sait Molla, İngiliz Muhibleri Cemiyeti başkanı olarak, 21
Mart 1920 günü, Alemdar Gazetesine kocaman bir ilan vererek,
"İngiliz askerlerinin gelmesi iyi oldu, tek kusuru var ki biraz geç
kaldılar..." diyerek, işgal propagandası yapıyordu. İşgalin pro-
pagandası olur mu?... Olur! Daha iyi anlamak istiyorsak 2000'li
yıllara bakalım...

2003, Amerika, Irak bahanesiyle 60.000 askerini yurdumuza
sokmak ister. Kolay iş mi? Nasıl olacak, millet nasıl ikna edile-
cek?

İşgal güçleri Medyası devreye girer. Aman Allahım! Neler yazdılar, neler söylediler? Gazi Antep şehitlerinin, Şanlı Urfa'nın şanlı şehitlerinin torunlarının ellerinde demet demet Amerikan dolarları ile İşgal güçleri Medyası"nda poster gibi pozları...

İşgal Güçleri Medyası hem yazdı, hem konuştu: "Amerikan askerleri daha önceleri gelmeliydiler..."

Kuvay-ı Milliye'nin kurduğu mecliste yüzlerce vekil el kaldırdı: "Amerikan askerleri gelmelidir..."

İki yıl sonra bir vekil, "tosun gibi" konuştu: "Muhafız alayı olarak, T.B.M.M.'sinde görev yapan askerler çekilmelidir.

T.B.M.M.'sini kuran Kuvay-ı Milliye askerleri, kurduğu meclisten kovuluyordu... Başkan konuştu: "Bu sözler bir fikir özgürlüğüdür(!!!) Ah, ah, ah... Misak-ı Milli kararlarını alan, hem de işgal günlerinde. Meclis'ten İngiliz askeri çekilsin, Türk askeri gelsin diye baş kaldıran Meclis-i Mebusan Başkanı, başkan vekilleri Rauf Orbay ve Abdülaziz Mecdi efendi, mezardan bir çıksalar, bunları bir tutsalar... Ah, bir tutsalar!..

Ne derlerdi?...

Ha!... Ne yaparlardı bunları?... Siz söyleyin(...)

Çanakkale şehitleri, Sakarya şehitleri, Sarıkamış'tan ve de Antep'ten mezardan çıksalar... İzmir'in dağlarından Kuvay-ı Milliye şehitleri, Adana'dan, Giresun-Trabzon'dan Gazi Topal Osman'ın şehit uşakları soruyorlar, "Bunlar kimin torunlarıdır, kimin intikamını alıyorlar?

Cibilliyetsizlerin fikir özgürlüğü devam edecektir...

"İngiliz Meclisi'ni İngiliz muhafız askerleri koruyor..." "Amerikan Meclisi'ni Amerikan askerleri..."

"Yunan Meclisi'ni Yunan Efsun askerleri koruyor..." "Bizimkini de onlar koruyuversin(!!!) Ne olur?..."

Fikir özgürlüğü yok mu?... Deyiverirler bir gün, fikir özgürlüğü olur.

...Ve tarih, ihanetin hiç bir yerde bulunmayan malzemesini Şehitler diyarı Türkiye'de topluyor, ibretlik belgeleri kaydediyor.

Hüsamettin Ertürk'ü okumayanlar, hainleri ve ihanetlerini tam olarak anlayamazlar!

Süvari albayı Hüsamettin Ertürk...

-Teşkilat-ı Mahsusa'nın kurucularından ve en önemli yöneticilerinden.

-Türk İstiklal Savaşı yıllarında Milli İstihbarat Teşkilâtı (M.M.Gurubu) Başkanı. Teşkilât-ı Mahsusa'dan getirdiği kadrolarla yeniden milli mücadele gizli teşkilatını kuran büyük kahraman.

-1925 yılında "kırmızı şeritli İstiklal Madalyası" ile takdir ve taltif edilir.

-Türkiye Cumhuriyeti-Büyük Erkanıharbiye Reisliği-Şube 11-Kısım 4, sayı 55188-Başvekalet namına... Balkan Harbi'nden itibaren Teşkilat-ı Mahsusa'da değerli hizmetlerde bulunan ve bilhassa Milli Mücadele yıllarında M. M. Gizli Teşkilatındaki hizmetlerimden dolayı "misli ile terfi edilmiştir" imza-Mareşal Fevzi Çakmak.

-Kendi anlatımı ile, Mustafa Kemal'den on yıl önce doğmuş, askerlik hayatına da on yıl önce başlamıştır. Daha kıdemli olduğu halde, Atatürk'ün dehasını çok önceden fark ettiği için, mesele çıkarmadan ölünceye kadar Atatürk'e ve Türk devrimlerine hizmet eder.

-Son kitabı "İki Devrin perde Arkası'nı" 1957 yılında yayınlamıştır. Son kitabını yayınladığında 85 yaşındaydı.

Albay Hüsamettin Ertürk, Sultan Abdülaziz'i ondan önceki Abdülmecit'i, 5. Murat'ı, 2. Abdülhamit'i, Sultan Reşat ve Padişah Vahdettin dönemini yaşamış, son üç padişah döneminde görev yapmıştır.

-40 yıl kadar sıcak cephelerde savaşmış büyük Türk Askeri.

İlk kitabı Osmanlı yazısıyla yazılmış, 1926-Vatan Hainlerinin Ömrü. Her Daim Felaketle Biter", bana dedemden kalmış bir kitap. Birinci ve ikinci kitapları, son yayınladığı "İki Devrin Perde Arkası" adlı kitabına kısmen yerleştirilmiş gibi.

Öyle sanıyorum ki, Hüsamettin Ertürk'ü okuyup incelemeden bu günleri de anlayamayız.

Hainlerden, döneklerden öyle çekmişler ki okurken adeta kahramanların çektikleri acıları sizlerde yaşıyorsunuz. Umarım birileri son kitabını yeniden basar.

DÖNEKLERİN SEFALETİ VE ACI SONLARI.

Hüsamettin Ertürk'ün yaşayarak gördüklerine göre; (s.375-381)

Osmanlı İmparatorluğunun son Padişahı Vahdettin ile onun düşmanla işbirliği yapan hain hükümetinin başında bulunan sadrazam Damat Ferit Paşa'nın yegane ümidi, gönüllü olarak teşkil edilen ve Halife orduları adını alan Kuvay-ı İnzibatiye'nin, Kuvay-ı Milliye üzerine yapacağı taarruzlardı. İşin hazin tarafı, Hilafet ordusu da denilen bu gönüllü alayların içine, Birinci Cihan Harbinde bilhassa doğu cephesinde savaşmış Teşkilat-ı Mahsusacılar da vardı. Gizli teşkilatımız bu döneklerin isimlerini tespit etmişti. İlk tespitlerimize göre gönüllü alaylarının başına Gönenli Çerkez Bekir Sıtkı Bey ile piyade Kaymakamı Esat Bey getirilmişti.

İşin gülünç tarafı, bu alayların geçit ve nişan törenlerine İngiliz işgal güçleri komutanları ve komiserleri nezaret ediyordu. Padişah Vahdettin ve Damat Ferit Paşa, döneklere uyduruk liyakat nişanları takarak İngilizlere karşı "size hizmet edecek güçlü bir ordumuz var" der gibi bir görüntü vermeye çalışıyorlardı. Askerleri berduşlardan toplanmış alaylardı. Hilafet ordusu ne zaman ki Geyve Boğazı'na doğru, güya Ankara'yı ele geçirmek için harekete geçti, Milli Kuvvetler Komutanı Ali Fuat Paşa demir ve çelik gibi bir iradeyle savaşan askerleriyle bu sergüzeşti(berduş) kalabalığına muhteşem bir darbe indirdi. Hilafet ordusunun paniği müthişti. Silahını atan kaçıyor, soluğu Gölcük sahillerinde alıyorlardı.

Bu başıbozuk orduyu zapt ve rapt edecek tek bir kumandan da yoktu. Bozulmuş ordunun kumandan ve askerleri Gölcükte

İngilizler adına çalışan motorlara binerek kaçıyorlardı. Fakat asıl felaket onları İstanbul'da bekliyordu. Yanaştıkları iskelelerde kalabalıklar birikmiş, onlara taş atıyor, sopayla, kürekle "vurun hainlere, Allah aşkına!" çığlıklarıyla linç etmeye kalkışıyorlardı. Motorlar, ihanet içindeki bu askerleri tahliye edecek iskele bulamıyorlar, Çekmece taraflarında ıssız yerlere gidiyorlardı.

Bu halleri haber alınınca işgal ordularının başkumandanı General Harrington bizzat padişah Vahdettin'in huzuruna çıkmış, adeta azarlayarak:

-Şunu esefle arz etmek isteriz ki, bizim ve sizin bunca emek ve masraf mukabili meydana getirdiğimiz bu alaylar, bizi fena halde aldatmış bulunuyor, bu duruma İngiliz hükümeti adına teessürlerimi bildiririm..." demişti. Sonuç olarak vatan hainliğini de yüzlerine gözlerine bulaştırmışlardı.

TARİHİN SAYFALARINDA GİZLİ KALMIŞ VATAN HAİNİ DÖNEKLER?

Gazi Albay Hüsamettin Ertürk der ki:

—Şimdi tarihin nazarında gizli kalmış Teşkilat-ı Mahsusa dönekleri ve hainleri kimlerdi? Onları açıklamak lazım geliyor ki, genç nesiller büyük davaların nasıl sabote edildiğini anlamak fırsatını bulmuş olsunlar. Benimle birlikte çok sayıda arkadaşım, eski Teşkilat-ı Mahsusa mensubu iken M.M. Teşkilatını kurarak, Türk İstiklal Savaşına zafere kadar hizmet ettik, Türkiye Cumhuriyeti Devletinin kuruluşuna çalıştık. Kimileri buna bakarak "Cumhuriyeti, Teşkilat-ı Mahsusa kurdu..." demişlerdir. Hayır, Cumhuriyetin kuruluşu için çalışan gizli teşkilatımız M.M. (Milli Mücadele) teşkilatıydı. İki teşkilat arasında çok farklı durumlar vardı:

1-Teşkilat-ı Mahsusa milli değil, ümmi bir teşkilattı. Yani Türk değildi. M.M. Teşkilatı tamamen bir Türk teşkilatıydı ve Türk İstiklal Savaşını hazırlamıştır.

2-Teşkilat-ı Mahsusa'nın bünyesinde Siyonist-Masonlar vardı. Milli Mücadele teşkilatında benim bildiğim tek Mason yoktu. Mustafa Kemal ve silah arkadaşları ile Kuvay-ı Milliye kumandanları arasında tek bir mason yoktur.

Sultan Abdülhamit, 1913 yılında sürgünden döndükten sonra, Enver paşayı görüşmeye davet eder. Bu görüşmede Enver Paşa'ya "oğlum" diye hitab ederek:

-Gizli teşkilatlar kurdunuz, hepsinden haberim vardı. Ne yaptınız, ettiniz, Siyonist masonları aranıza almayacaktınız. Şayet Masonları aranızdan atmazsanız, hem sizin, hem milletin, hem de devletin felaketi olacaktır... diye nasihat eder. Enver Paşa ve arkadaşları bu nasihate hiç kulak asmadı. Talat paşa, Bahaddin Şakir gibi pek çoğunu Ermeni katilleri şehit ettiler; kendi mason arkadaşları, katilleri hapislerden çıkardılar. Onlarla işleri bitmişti. Çok yüksek vatanseverlik hasletleri de heba oldu. Onların ve Osmanlı Devleti'nin ve tabii Milletimizin başına gelen bu felaketlerden sonra biz bu nasihati tutmuştuk...

-Anlamayana soralım? Ne sanıyorsunuz, Mustafa Kemal ve silah arkadaşları niçin mason olmadılar?.

Bir daha Allah göstermesin, teşkilatımız Türk olmayanların eline geçmesin!.. Bu ocak Milet'in mukaddes ocağıdır. Şayet Teşkilat-ı Mahsusa'da olduğu gibi, Mason -Siyonist sızmaları olursa, işte o zaman Milletimizin ocağına incir ağacı dikilecektir. Milyonca şehidimizin canı bahasına kurulan devletimizin şüheda topraklarında Siyonist-Masonlardan okullarınızdaki çocuklarınıza sadaka alacak kadar alçalacak, Masonlar birinci sınıf, siz ise aşağı tabakalarda kalacaksınızdır. Vatan evlatları şehit olacaklar, Siyonist-Masonlar sefasını süreceklerdir...

-Tutmayın, tutmayın. Ne Abdülhamit'in nasihatlerini tutun, ne de Mustafa Kemal Atatürk ve silah arkadaşlarının icraatlarını tutun. Ateşe giden böcekler gibi uçun!...Abdülhamit'e sövün, gavur tarikatları kurun Atatürk'e saldırın... Sonuç?... Sultan Abdülhamit söylemişti...

-Enver Paşa ve arkadaşları nasihatleri tutmadılar, ne oldu?...

TAPINAK ŞÖVALYELERİ KİMDİR?...

-Başbakan Adnan Menderes ve Bakan arkadaşları Fatin Rüş-tü Zorlu ile Hasan Polatkan da nasihatleri dinlemediler, ne ol-du?... Onlar ipe giderken Mason abileri nasıl ipten sıyırmışlar, kefeni yırtmışlardı?...

Tapınak Şövalyeleri emir verdi Başbakan astılar... İmralı ada-sında (!)

Tapınak Şövalyeleri "asmayın!", dedi bir teröristi asamadı-lar... Yine aynı yerde.

Sonunda bu hallere düştüler. Daha düşerler mi?... Daha aşa-ğısı varsa...

artık onları kimse tutamaz... Türk Milleti yükseklerde seyre-diyor.

Tapınak Şövalyelerine uşak olanlar daha da alçalacaklar, çu-kur olacaklardır!..

TEŞKILAT-I MAHSUSA DÖNEKLERİ VATANSIZ KALDILAR.

Onları açıklamak lazım geliyor ki, genç nesiller, Milli davala-rın nasıl sabote edildiğini anlamak fırsatını bulmuş olsunlar. Bu hainler ne oldu?... Yakalananlar idam edildi, kaçanlar düşmana sığındılar...

1-NEMRUT MUSTAFA PAŞA/KÜRT MUSTAFA:

Aslen Şeyh Sait'in yakın akrabası, her ikisi de Bedirhani Aşi-reti'nin önde gelen lideri, işgal güçleri işbirlikçisi siyasiler.

İngiliz Divanı Harp Reisi Kürt Nemrut Mustafa Paşa, Umu-mi Harp senelerinde Teşkilat-ı Mahsusa'ya dahil olmuş ve Har-biye Nezareti tarafından doğu vilayetlerinde görevlendirilmiştir. Devletten maaş ve rütbe alarak, devlete değil işgal güçlerine sin-si sinsi çalışarak, çok önceleri ihanet planlarını yapmıştır. Milli Mücadele senelerinde İngiliz işgal kuvvetlerinin emirleriyle çalışmış, İngilizlerin emriyle ünlü Nemrut Mustafa Divanını kurmuş, bir çok vatanperveri İngilizlerin emriyle idama mahkum etmiş, güya bu emirleri mahkeme kararı olarak uygulamıştır. Türk Kurtuluş Ordusu İzmit'e konuçlandığı günlerde, Ali Kemal'in linç edilmesini duyar duymaz İngilizlere sığınarak Bağdat'a kaçmış, Sait Molla'nın yaptığı gibi İngiliz ajanı olarak çalışmaya devam etmiş, bir ara Diyarbakır'a gizlice gelmiş, Şeyh Sait isyanının hazırlanmasında önemli çalışmaları olmuştur.

İngiliz Harp Divanının ilk başkanı Hayret paşa idi. Ermeni Patriği Zaven Efendi idam listelerini bizzat hazırlamış, İngiliz işgal güçlerinin emri ile Damat Ferit Paşa'ya verilmiş listelerdeki şahısların mahkeme tarafından tek celsede idam edilmesi istenmişti. Bunu kabul etmeyen Hayret paşa görevinden çekilmiştir. Fakat Nemrut Mustafa ben bu işi yaparım..." diyerek, büyük bir hevesle Nemrut Mustafa Paşa Divanını kurmuştur. (1.65 cm. boyunda bir Nemrut olmuştur.)

Papazlar-patrikler idam listeleri vermiş, Nemrut Mustafa infaz etmiştir. İstanbul Üniversitesinin önünde kurulan idam sehpalarında haksız yere nice vatanseverler asılmıştır. Kimi çevrelerde idam sayısının üç yüz kadar olduğu ifade ediliyordu. Fakat Nemrut Mustafa kaçarken karar defterlerini yok ettiği için idam-infaz sayısını tam olarak bilemiyoruz.

Van'da gizlice silahlanmış olan Ermeniler bir gece ansızın ayaklanarak toplam 60 bin Türk'ü öldürmüşlerdi. Kazım Özalp o günlerde Van'da jandarma yüzbaşısı olarak görevli idi. Sabaha kadar Kazım Özalp'i arayan Ermeni katiller onu bulamamıştı ama birliğindeki askerlerin çoğunu şehit etmişlerdi.

Nemrut Mustafa, Van katliamını yapan Ermeni çete başlarını yargılamamıştır ama sırf orada görevli olduğu için, Albay Kazım Özalp'i gıyabında mahkum etmiştir.

(Zamanın Ermeni Patriği Zaven Efendi, Nemrut Mustafa'nın mensup olduğu Bedirhan Aşireti için "Onlar aslında bizdendirler." demiştir. Yani Kürt değil, Ermeni...)

81

2000'Lİ YILLARDA
NEMRUT MUSTAFA DİVANI YİNE İŞBAŞINDA

2005 yılı/Van'da, Hakkari'de olaylar oluyor. Eski günlerde jandarma yüzbaşısı Kazım Özalp sadece orada görevli olduğu için Nemrut Mustafa Divanında suçlu bulunmuştu. Bu gün başka bir jandarma yüzbaşısı, veya komiser, Hakkari Mutasarrıfı, hatta tüm kolluk kuvvetleri orada bulunmaktan dolayı "NEMRUT MEDYA MUSTAFA DİVANI" tarafından yargılanıyorlar.

NEMRUT MUSTAFA DİVANI MEDYA'DA KURULMUŞTUR / UYANMADINIZ MI?!!!

Bak! Nemrut Medya Mustafa Divanı soruyor. Türk askerlerinin Hakkari'de ne işi vardı(!)

-Türk bayrakları yakılıyor. Nemrut Medya Mustafa divanında ses yok.

-Görevli polis ve askerlerin evleri basılıyor. Sizin evinizin kapısı önüne katil sürüsü geldi mi hiç? Ve çocuklarınız evinizde yapayalnızken, üstelik siz Millet için dışarıda görevde iken, Haçlı emperyalistlerinin silahlı köpekleri kapınızı kırdılar mı? NEMRUT MEDYA MUSTAFA DİVANI BUNLARI GÖRMEZ!!!

-Atatürk büstleri ve heykellerine neler yapıldı?

NEMRUT MEDYA MUSTAFA DİVANI Atatürk'e yapılanları da görmez. Çünkü

Babaları NEMRUT MUSTAFA,1920 yılında ATATÜRK'Ü idama mahkum etmişti...

Mütareke ve işgal yıllarında olduğu gibi, Nemrut Mustafa paşa Divanı Medya'da kurulmuştur. Siyonist-Haçlı işgal güçleri adına yargısız infazlarına devam etmektedir. Yeni adı, NEMRUT MEDYA MUSTAFA PAŞA DİVANI 'dır. Divan başkanı, "Genel Yayın Yönetmeni..." gibi gözükse de, aslında NEMRUT MUSTAFA Medya patronunun ta kendisidir. Genel yayın yönetmeni milletine yabancılaşmış, başka ülkelere sırtını dayamış. Belli ki "yabancı işgal güçlerinin Medya generali gibi..." Küffara hayırlı uğurlu olsunlar!...

Eski Mütareke ve işgal günlerinde bile bu kadar yılan yoktu. Avrupa Birliği bir süt tası gibi sunuldu... Bütün yılanlar deliklerinden çıktılar...

Süt tasına doğru yılanlar gibi sürünüyorlar. Geriye dönecekler bir gün;fakat delikleri tıkanmış olacak...

Nereye gidecekler? Yılanlar ortada kalacak. Biz bu kadar yılan olduğunu bilmiyorduk; öğrendik.

İşgal günlerinde olduğu gibi, sonunda yılanlar ortada kalacak.

Nemrut Mustafa Paşa da yılan gibiydi, sonra girecek delik bulamadı, kaçtı, gitti Şeyh Sait'in kanına girerek Bedirhan aşiretini Diyarbakır'da zehirledi. Torunları ne kadar mutlu, Diyarbakır'da zehirlendik diye...

Kaldıkları yerden devam ediyorlar...

Bu nasıl iştir?...

Zehirleme Medyası yeniden iş başında, oralarda açık açık.

Bu nasıl bir iştir? Bilen var mıdır?..

NEMRUD MEDYA MUSTAFA DİVANI, şimdilerde Siyonist-Haçlı işgal güçleri ajanlık merkezi gibi çalışan vakıf mekteplerinde divan kuruyor. Yeni Nemrud Paşa Divanında bir tane Türk yok, tamamı dönme-devşirme. Göğsünü gere gere, Türk Ermenisi Levon gibi, Dikran usta gibi, "ben Ermeniyim..." diyemiyecek kadar alçaklar.

Patronları, Nemrut Medya Mustafa Paşa da...

Bu işin tadı kaçtı, suyu çıktı artık! Vukuatlı nüfus kayıtları yüksek kaldırıma kadar düştü.

Yazıklar olsun!..

Birinci mütareke dönemimde, Patrik Zaven Efendi'nin listesinde kimler yoktu ki, Boğazlıyan kaymakamı Kemal Bey, Urfa mutasarrıfı Nusret Bey, Milli Mücadele için Anadolu'ya geçen vatan evlatları. Başta Mustafa Kemal, Rauf Orbay, Kazım Karabekir, Kazım Özalp ve onlarcası...

Patrik Zaven Efendinin idam listesindeydi. Onların da hakkında gıyaben, "İdama mahkum edilmiştir," diye mahkeme kararları çıkarttılar. Yeniden bir devlet kurulmasını istemiyorlardı...

-Şimdikiler de yıkılmasını istiyorlar, demokrasi bahane, o zamanlarda da "fikir özgürlüğü adına..." katliamlar yapıyorlardı. Şimdi de Emperyalist uşağı PKK'ya yaptırıyorlar. Fikir özgürlüğü diye diye...

Patrik Zaven Efendi, İngiliz işgal güçleri, Damat Ferit Paşa, Kürt Mustafa Nemrut Paşa, hep birlikte nerede ise "Ben Türk'üm..." diyen herkesi idama gönderecek kadar gözleri dönmüştü. İdam ettikleri arasında bir tane Ermeni katil, Rum çete başı yoktu. Ama Urfa Mutasarrıfı Nusret Bey bir celsede idama mahkum edildi. Büyük bir vatansever olduğu için ipe gönderiliyordu. Diğer yandan, 570 bin Türk'ü katledenlerden hiç birisi Nemrut Mustafa Divanında yargılanmamıştır.

Halk, Urfa mutasarrıfı'nın idam edilebileceğine inanmıyordu, ama öyle olmadı. Bir sabah, henüz şafak sökmeden, üstünde melanet hırkası idam gömleği giydirilmiş olarak, süngü takmış jandarmaların ortasında Urfa mutasarrıfı Nusret Bey, Beyazıt meydanında gözükür. Yüzü sapsarı, gözleri dehşet içinde. Harbiye nezaretinin kapısı önünde günlerdir hiç kaldırılmamış olan, hemen hemen her gün idamların infaz edildiği idam sehpasının altına getirdiler.

Çingene cellatlar Nusret Bey'e yaklaştılar. İpin ilmiğini boynuna geçirdiler. Kaderine boyun eğmiş bir insanın sükuneti içinde canını teslim etti. Ortalık aydınlanıyor, uzaktan bakınca, darağacında ipe asılmış beyaz bir çamaşır gibi gözüküyordu. Yıllarca vatanına canı pahasına hizmet etmiş namuslu bir insanın, bir vatan evladının cesedi, en feci bir ölümün kurbanı olarak, rüzgarın salladığı bir salıncak gibi gidip geliyordu. Etraftan hıçkırık sesleri duyuluyor, göz yaşları sel oluyordu. Günün ışıkları arttıkça meydanı dolduran kalabalıklar da çoğalmıştı. Herkesin beyninde feci ihtimaller vardı. Acaba Patrik Zaven Efendinin kafasında daha kimlerin isimleri vardı?..

Halk, Urfa mutasarrıfı Nusret Bey merhumun suçlu olduğuna inanmamış, onun hakkında verilen hükmü, adaletim tecellisi değil, zulmün ta kendisi olduğunu kabul etmiş, Nemrut Mustafa'ya ve Sadrazam Damat Ferit'e lanetler okumuştu.

Nusret Bey'in acısı geçmeden, bir kaç gün sonra da Boğazlıyan kaymakamı Kemal Bey aynı yerde boğazlanmıştır...

BOĞAZLIYAN KAYMAKAMI KEMAL BEY'İN İDAMI

İşgal günlerinde ve mütareke yıllarında Türk halkını kalbinden yaralamış, sonsuz bir ıstıraba sokmuş hadiselerden biri de Boğazlıyan Kaymakamı Kemal Bey'in idam edilmesiydi. Mesleğe genç ve idealist bir vatansever olarak başlayan Kemal Bey, bir çok değerli hizmetler yaptıktan sonra Cihan Harbinin son yıllarında Boğazlıyan Kaymakamı ve aynı zamanda Yozgat Mutasarrıflığına vekaleten bakıyordu. Tam o sıralarda Dahiliye Nezaretinden şöyle bir şifreli emir almıştı:

"Kazanız dahilinde bulunan bilumum Ermenileri 24 saat zarfında yola çıkaracaksınız. Bunların yola çıkarılacağı istikamet Suriye'dir. Şifrenin alındığının acele bildirilmesi..."

Elbete ki Kemal Bey emri yerine getirmek zorundaydı. Şifrenin alındığını Dahiliye Nezaretine bildirmiş, jandarma kumandanını yanına alarak tahliyenin yapılmasına nezaret etmişti. Yapacak bir şey yoktu. Emir büyük yerden, ta İttihat ve Terakki Fırkasının genel merkezinden geliyordu, bunun önüne hiç kimse geçemezdi. Göç mecburen yola çıkmıştı. Yalnız bu göçmenler bilseydi ki, başlarına gelen bu felakette İttihat ve Terakki fırkasından ziyade, kendi Taşnak ve Hınçak komitelerinin sebep olduğunu bilseler, daha önceden bu katilleri beslemeseler, bu acılarla kimseler karşılaşmamış olacaktı. Hınçak ve Taşnak komitacıları 570 bin Türk'ü katletmişlerdi. Yabancı devletlerden Rusya, İngiltere, Fransa gibi emperyalist devletlerin destekleriyle bin yıllık komşularına durup dururken saldırmışlardı. Kendilerini oyuna getirenlerden hesap sormaları gerekmez miydi?...

Hayır, öyle yapmadılar, hem katletmişlerdi, hem de katlettikleri milletin çocuklarından hesap soruyorlar, görevliler için Nemrut Mustafa Divanından idam kararları çıkartıyorlardı.

İngilizleri, Rusları, Fransızları arkasına alan Ermeni çetelerinin yaptığı katliamların bir karşılığı olacaktır. İttihat ve Terakki hükümeti de bir karşılık vermeyi emretmişti. Küçük bir kasabanın kaymakamı bu emre nasıl karşı durabilir, hükümetin talimatını nasıl ihlal edebilirdi. İşte Boğazlıyan Kaymakamının suçu bu idi, emre itaat etmesi. Şimdi de bunun cezası olarak idam edilecekti. Kürt Mustafa Paşa Divanındaki ifadesinde Kaymakam Kemal Bey şöyle demişti:

-Ben verilen emri uyguladım. Bir memur aldığı emre itaatle mükelleftir. Sürgün olarak kasabadan çıkarılanlara insani harekette bulundum, insanca hareket ettim. Nitekim şimdi de hiç bir vicdan azabı duymuyorum...

Kürt Mustafa oturduğu yerden ayağa kalkarak, intikam duygularıyla bağırmış çağırmış ve şöyle demiştir:

-Biz de senin için idam kararına varmıştık...

Kürt Nemrut Mustafa Paşa Divanı, Boğazlıyan Kaymakamı Kemal Bey'i böylece idama mahkum etmişti.

Günlerden beri halk bu mahkemenin ne karar vereceğini konuşuyor, Kemal Bey'in suçsuz olduğuna inanıyordu.

Boğazlıyan Kaymakamı Kemal Bey için idam sehpasının kurulduğu gün, Sevr Antlaşmasını imzalamak üzere gidecek heyeti götürmek için, Damat Ferit'in adamlarını almaya gelen Fransız savaş gemisi, "Demokrasi" adındaki bir muhrip; limana demirlemişti. Az ilerde, Bayezid Meydanında ise bu Haçlıların demokrasiden ne anladıklarını gösteren idam sehpaları vardı.

O gün, Sevr Antlaşmasını imzalamaya giden gafillerden Rıza Tevfik Bölükbaşı, Bağdatlı Hadi Paşa, Müsteşar Reşat Hikmet, süslü İngiliz muhafızlarıyla birlikte, bir İngiliz otomobiliyle Galata köprüsünden Tophane Rıhtımına doğru giderken, halk tersine yönde, Bayezid Meydanına doğru akıyordu.

İşte bu Fransız "Demokrasi(!)" gemisinin hareketinden 12 saat önce bir akşam üzeri İstanbul halkı akın akın Bayezid meydanında toplanmağa başlamıştı. Kemal Bey'in idam kararının alındığı gündü... Teşkilatı Mahsusa'nın eski adamlarından M.M. gurubuna geçenlerde Bayezid meydanında buluşmuşlardı.

-Albay Hüsamettin Ertürk de M.M. gizli teşkilatının başkanı olarak oradaydı, anlatıyor ki:

"Ben de halkın arasına karışarak bu feci manzarayı görmeye gitmiştim. Halk birbirine soruyordu, "Kemal Bey'in mahkemesini niçin böyle karanlığa bıraktılar?.."

-İşlerine öyle geliyor da onun için, işi karanlıkta bitirecekler. Halkın tepkisinden korkuyorlar. Bu nedenle ve tek celsede idam kararı verilir.

Daha doğrusu, patrik Zaven Efendinin peşinen verdiği idam kararı Mahkeme kararı gibi Nemrut Mustafa tarafından onaylanır.

Meydanı dolduran insan kalabalığını on binlerin üstünde buluyordum. Akşam beş-altı saatleri arasındaydı. Yollar, meydanlar, damlar mahşeri bir kalabalık halinde dolmuştu. Şimdiki üniversitenin Rektörlük dairesinin önündeki çınarın altında üç ayaklı bir idam sehpası kurulmuştu. Bu dar ağacının etrafı jandarma ve polis tarafından kordon altına alınmıştı. Binanın önünde İngiliz, Fransız işgal güçlerinin muhafız askerleri tam techizatlı olarak Nemrut Mustafa'yı koruma altına almışlardı. Kürt Mustafa Paşa Divanının kimlerden emir aldığını gösteren delillerin inkar edilemez bir manzarasıydı. Halk bir deniz gibi dalgalanıyordu. Güneş Süleymaniye arkasından sessizce batıyor, ortalığa pembe bir akşam rengi sinmiş bulunuyordu. Bu uğultulu kalabalığın bir anda sustuğu görüldü. Kimse nefes bile almıyordu. Üstünde "Dairey-i Umuru Askeriye..." yazılı ve bir zafer takı gibi süslü Harbiye Nezareti kapısından (İstanbul Üniversitesi kapısı) çıkan süngü takmış bir müfreze askerin ortasında, yüzü gözü solmuş, üstünde melanet hırkası, beyaz bir gömlek bulunan, takriben 35 yaşlarında, mazlum ve mağdur Boğazlıyan

Kaymakamı Kemal Bey görünmüştü. Mahkemeden çıkalı yarım saat olmuştu. Onu, hiç beklemeden, gecenin sabahını bile görmeden, neden bu kadar çabuk boğazlayacaklardı?...İşte bütün mesele burada(!)

Kaymakam Kemal Bey yavaş yavaş yürüyor, şimdiki Rektörlüğün önündeki darağacına yaklaşıyordu. Oldukça metin ve sakindi. Mukadderatına kendisini teslim etmiş gibiydi. Son sözünün olup olmadığı sorulunca, o halka hitap etmişti:

-Sevgili vatandaşlarım, ben bir Türk memuruyum. Aldığım emri yerine getirdim. Vazifemi yaptığıma vicdanım emindir. Sizlere yemin ederim ki ben masumum, son sözüm bu gün de budur, yarın da budur.

-İşgalci Avrupalı Haçlı güçlerine yaranmak için beni asıyorlar. Eğer buna "Adalet" diyorlarsa, kahrolsun böyle adalet!...

Bu ses sanki uzak dağlara gitmiş, çarpmış ve oradan aynen geri gelmiş gibi, halkım dilinde tekrar edilmişti;

-Kahrolsun böyle adalet!...

Kemal Bey sözüne devam ederek, "çocuklarımı asil Türk milletine emanet ediyorum. Bu kahraman millet, elbette onlara bakaca... tır. Vatan uğruna cephede ölen insan gibi şehit gidiyorum. Allah vatana ve millete zeval vermesin..." Bu sözleri üzerine kalabalıklar çok yüksek bir sesle, hep birlikte haykırdı;

Amin!..

O sırada, şimdiki Rektörlük binasının penceresinden bakan, İngiliz Muhibleri Cemiyeti Başkanı ve Adliye Müsteşarı SAİT MOLLA, süslü İngiliz askerlerinin verdiği güvenle, cellatlara hiddetlenerek, şiddetle bağırdı:

-Söyletmeyin bu alçak herifi. Hemen asın bu köpeği... Ne duruyorsunuz it oğlu itler!..

Bunun üzerine çingeneler derhal darağacında sallanan ipin ilmiğini Kemal Bey'in boğazına geçirdiler. Bu sırada halk hıçkıra hıçkıra ağlıyordu. Kemal Bey'i bir sandalyenin üzerine çıkardılar ve bir kaç saniye içinde ipi çekerek sandalyeyi bir tekme ile devirdiler, sonra ipi biraz daha yukarı çektiler. Havanın karardığı sırada bir kağıt uçurtma gibi, bir süre havada salandı, onun için kısa ama bizim için uzun bir zaman gibi gelen bir süre çırpınarak canını vatanı için teslim etti..."

(...) 2005 yılında, kendileri için canını verdiği Yozgat/Boğazlıyan mebusları, Şehit Kemal Bey'in anma toplantısına katılmamışlardı. Hala Nemrut Mustafa Divanı korkusu taşıdıkları için mi acaba!!!

Türk milletinin kahraman bir evladı, Haçlı işgal güçlerinin bir kurbanı olarak ipe çekilmiş, fakat hatırası bu milletin kalbinde ebediyen yasayacaktır, yaşatılmalıdır!..

O akşam İngiliz ve Fransız askerleri ile onlara bağlı Kuvay-i İnzibatiye askerleri ve polis, halkı güçlükle dağıtmıştı. Köşe başlarında İngiliz ve Fransız askerleri de makineli tüfekleriyle her an tetikte bekliyordu. O gece, cansız bedeni Bayezid camiinin gasilhanesine bırakılan Kemal Beyin talihsiz çocukları ertesi sabah erkenden, idamdan habersiz olarak temiz çamaşır ve yiyecek getirirken babalarının cenazesiyle karşılaşmışlardı. Cenazesi büyük bir halk kitlesinin katıldığı törenle, göz yaşı selleriyle Kadıköy'de toprağa verilmişti.

Şehit Kemal Bey'in vasiyeti:

"Merhum, sevgili oğlum Adnan'ın medfun bulunduğu Kadıköy Kuşdili çayırındaki kabristanda yavrumun yanına gömülmeyi diliyorum.

Teyzem ve kardeşim Kadıköy'ünde otururlar. Teyzemin adresi-Muhürdar caddesinde 67 numaralı hanede, İsmet Hanım'dır. Defin masrafı teyzeme tevdi buyurulmalıdır. Kabir taşım, hamiyetli Türk ve Müslüman kardeşlerim tarafından dikilmeli ve üstüne şöyle yazılmalıdır. 'MİLLET VE MEMLEKETİ UĞRUNA ŞEHİD OLAN BOĞAZLIYAN KAYMAKAMI KEMAL'İN RUHUNA FATİHA...'

Perişan zevcem Hatice'ye, yavrularım Müzehher ve Müşerref'e muavenet edilmesini, yavrularımın tahsil ve terbiyesine ihtimam buyurulmasını vatandaşlarımdan beklerim.

Babam, Karamürsel aşar memuru sabıkı Arif Bey de acizdir. Kardeşim Münir de kimsesizdir, bunlara da muavenet olunursa memnun olurum.

TÜRK MİLLETİ EBEDİYEN YAŞAYACAK-Müslümanlık asla zeval bulmayacaktır. ALLAH MİLLETE VE MEMLEKETE ZEVAL VERMESİN, fertler ölür, millet yaşar. İnşallah TÜRK MİLLETİ EBEDİYETE KADAR YAŞAYACAKTIR..."

30 Mart 1335 (1919)
Boğazlıyan Kaymakam-ı Sabıkı
KEMAL

2005 yılında, Boğazlıyan Kaymakamı Kemal Beyin anısına, Boğazlıyan'da yapılan anıt törenine hiç bir milletvekili katılmadı.

- Eski Ermeni Patriği Zaven Efendi'den kocaman bir AFERİN...(!)

Patrik Zaven Efendi'nin de ruhu şad olmuş, mutluluktan istavrozu kalkmıştır(!)

YOZGAT MİLLETVEKİLLERİNİN
ÇİFTE SKANDALI/ YIL 2005

Gözcü Gazetesi-20 Eylül 2005, Pazartesi/Haber-yorum;

Saygı Öztürk, adı gibi saygın vatan evladı bir yazar, şöyle bir tahlil yaptı:

- Ermeni tehciri döneminde Yozgat'ın Boğazlıyan ilçesinde kaymakamlık görevinde bulunan Kemal Bey, "yolsuzca uygulamalarda bulunduğu" gerekçesiyle, İngilizlerin baskısı sonucu 1919 yılında idam edildi. TBMM ise 14 Ekim 1922 yılında, iade-i itibarda bulundu ve çıkarılan özel bir kanunla Kaymakam Kemal Bey "Milli Şehit" ilan edildi.

2005 yılında Kemal Bey'in anısına bir heykel yaptırıldı. Heykelde, Kemal Bey'in elinden tuttuğu kız çocuğuyla yürüyüşü "geleceği"; arkasında Türk bayrağıyla "bağımsızlığı", elinde bir demet çiçekle yürüyen genç bayan da "sevgi ve kardeşliği" simgeliyordu.

Sıra heykellerin açılışına geldi. Davetiyeler bastırıldı. Bu davetiyeler milletvekillerinin yanı sıra il yöneticilerine de gönderildi. Yozgat Milletvekilleri, milli şehit Kaymakam Kemal Bey'in heykellerinin açılış törenlerinde yoktu. İlginçtir, Yozgat il yöneticileri de bu törenlere katılmadı."

Saygı Öztürk tarafından merakla soruluyor:

"Aynı günde Yozgat'ın ünlü halk müziği sanatçısı Nida Tüfekçinin heykelinin açılışı ve Nida Tüfekçinin öğrencileri ünlü sanatçılar, Arif Sağ, İzzet Altınmeşe, Gülsen Kutlu, Selahattin Alpay'dan oluşan dev bir kadro günün şerefine muhteşem bir konser vermişler. Yöneticiler ve milletvekilleri onları da izlemeye gitmedi. Sadece Belediye Başkanı Yusuf Başer, törenlere ve konsere katıldı."

Haber bu kadar ama Saygı Öztürk ısrarla soruyor:

"Peki Yozgat bürokrasisi bu törenlere niçin katılmadı?..."

Davet sahibinin şu olduğu, bu olduğu... Hayır, Sayın Öztürk öyle değil.

Siyasi çekişmeler nedeniyle olduğu... Hayır, Sayın Öztürk yanılıyorsunuz.

Son paragrafında Saygı Öztürk kesin olarak soruyor:

"Türkiye için, Yozgat için son derece anlamlı olan bu açılış törenlerini önce milletvekillerinin gelecek hesapları için boykot etmesi, Yozgat bürokrasisinin de bu törenlere katılmaması üzüntü yarattı.

Aslında bu konuyu ilgili ve yetkililerden dinlemek gerekecek..." diyor.

Çok beklersiniz Sevgili Vatan Evladı Saygı Öztürk. Bir cevap gelse de, size ve millete doğru cevabı hiç birisi veremeyecektir.

Ben, şehit ve gazi torunu Abdül Nedim Çakmak, size doğru cevabı veriyorum;

Onlar, Boğazlıyan Kaymakamı Şehit Kemal Bey'in anıtının açılış törenlerinde görülmekten korktukları için gelmediler. Milli davaların mazereti asla olamaz. Hele dedikodular; sen-ben spekülasyonlarının milli şehitlerle aramızda hiç bir yeri olamaz... Bu arada ünlü sanatçıların konserleri de "şehit Kemal Bey'le birlikte görülme" korkusundan kaynamıştır. Yoksa aynı zevat, söz konusu ünlü sanatçıların başka yerlerdeki konserlerine mutlaka gitmiştir.

10 Nisan geliyor, sayın Öztürk...

Yozgat milletvekilleri için çok önemli bir gün. Tabii il yöneticileri için de... 10 Nisan Boğazlıyan Kaymakamı Milli Şehit Kemal Bey'in boğazlandığı günün yıl dönümü.

Peki, pek sayın Yozgat milletvekilleri 10 Nisan günü, İstanbul Üniversitesinin girişindeki, Rektörlük binasının önündeki ağacın altına gelerek, Şehit Kemal Bey'in boğazlandığı yerde anma toplantısı yapabilirler mi?...

Hayır, yapamazlar...

Yozgat'taki yanlışı telafi edebilirler mi?... Göreceğiz...

Yozgat milletvekilleri ve il yöneticileri çok iyi biliyorlar ki, Şehit Kemal Bey vatanı için canını feda ederek çocuklarını yetim bırakmasaydı, onların yerinde şimdi kim olacaktı?... Patrik Zaven Efendi'nin katil sürüleri Yozgat milletvekili ve Yozgat il yönecisi olacaklardı. O zaman görecektik, onlar ne biçim(!) anma törenleri yapacaklar, bu günkü muhterem zevat ise sokağa bile çıkamayacaklardı... Bırakınız Yozgat milletvekili olmayı(!)

Bakınız, Türk Milleti nasıl bir millet imiş; Milli Mücadele Teşkilatı kurucusu ve Başkanı Albay Hüsamettin Ertürk anlatıyor:

"Boğazlıyan Kaymakamı Kemal Bey, İngiliz işgal güçlerinin emri ile haksız yere idam edildikten sonra, her köşe başında işgal güçleri askerlerinin mitralyöz ateşi tehdidine rağmen, Şehit Kemal Bey'in cenazesini ihtilafle (büyük ilgi ve saygı ile) kaldıran bilumum şeyhler, cenaze namazına katılan imamlar tutuklanınca halk milli bir galeyan halinde sokaklara dökülmüştü. Bu karmaşada yüzlerce vatansever tutuklanmış bulunuyordu. Mevkuflar içinde Doktor Çerkez Reşit Bey idama mahkum olduğunu anlayınca, Bekirağa bölüğü mahpushanesinden firar etmiştir. Fransız işgal gücü askerleri, yerli işbirlikçi zaptiyelerin rehberliği ile Çerkez Reşit Bey'in izini sürmüş, Teşvikiye üzerinden Beşiktaş Ihlamur deresine doğru kaçarken kıstırılmış olan Çerkez Reşit Bey, sağ olarak ele geçmemek için kendi silahıyla intihar etmiştir.

Türk Milleti işgal altındaki İstanbul'da dahi, şehir nüfusunun yarısı gayrı Müslim olduğu halde, Şehit Kemal Bey'e işte böyle sahip çıkmıştır...

2005 yılına gelmişiz, patrik Zaven Efendi'nin torunları Ermeni Hınçak ve Taşnak komitelerini masum göstererek aklamak-paklamak için, şehitlerimizin kanı üzerinde kurulmuş olan misyoner ünivesitelerinde konferanslar verecek kadar pervasızlaşıyorlar ve arsızlaşıyorlarsa...

Onlar Zaven Efendi'nin torunlarıysa biz kimin torunları oluyoruz?

İşgal altındaki dedelerimizden daha mı kötü bir durumdayız? Ya da vatanımız yeniden işgal edildi de, haberimiz olmadı mı?... Gizli bir işgal altında mıyız?

Nedir bu çekingenlik, nedir bu korkaklık?... Nedir bu kudurganlık?

Bunların bir cevabı var, mutlaka bir cevabı olmalı...

İşte cevabı:

Şehitlerimizin katilleri sinsi sinisi geldiler, "sivil toplum kuruluşu" adıyla, aslında "sivil ihanet" örgütleriyle geldiler, kendi Medya'larını kurdular. Artık bu şehitler diyarında, Türk oğlu Türk Medyasının yanında, birde Bizans/Mütareke ve işgal güçleri Medya'sı da var. Aksini söyleyebilecek kimse var mıdır?... Bu zengin, paralı Medya'da Nemrut Mustafa Paşa Divanı resmen iş başında, her gün tek taraflı yargısız infazlar yapmaya devam ediyor, şehitlerimize dil uzatıyorlar, milli kahramanlarımıza saldırıyorlar....

... Ve, varlığını ve mevkiini Boğazlıyan Kaymakamı Kemal Bey gibi şehitlerimize borçlu olanlar, Milli Şehidimizin anma törenlerini dahi yüzlerine gözlerine bulaştırıyorlar. Neden?

Korkudan...

Nemrut Mustafa Divanı yeniden kuruldu, hem de MEDYA'da...

NEMRUT MEDYA MUSTAFA PAŞA DİVANI iş başında.

Mütareke Basını, Nemrut Medya Mustafa Divani onlara bir takarsa, bir daha vekil falan olamayacaklarını sanıyorlar.

Nemrut Medya Mustafa'dan korkuyorlar. Nemrut Mustafa Medya patronu(!)

Bunlara bakarak suçun kimde olduğunu görüyoruz?... Suç şehitlerimizde, kimin için canlarını vereceklerini bilememişler. Bakınız, resim A, resim B...

Orhan mı, Ohannes Pamuk mu, nedir? Bırakınız şu zavallıyı. Pamukgiller familyasının arkasındaki asıl patron "NEMRUT MEDYA MUSTAFA'YA" bakın...

DİN HARCI, TEŞKİLAT-I MAHSUSA'YI İHANET YUVASINA ÇEVİRMİŞTİ

Yukarıda ki sayfalarda Teşkilat-ı Mahsusa döneklerinden sadece biri, Nemrut Mustafa Paşa'yı incelemiş bulunuyoruz. Ya diğerleri?...

2) REŞİD PAŞA, Osmanlı yanlısı ve çöllerin padişahı olarak tanınan İbnür Reşid kuvvetlerine yardım etmek için, takviye maksatlı büyük bir cephane ve topçu bataryası ile yola çıkmıştır. Fakat Reşit Paşa, İngiliz yanlısı hükümdar İbnissüud'un tarafına geçerek Osmanlı'nın Yemendeki felaketine sebep olmuştur. Teşkilat-ı Mahsusa mensubu olan Reşit Paşa bu işi kasten yapmıştır. Huş cebellerinde arkadan vurulan Osmanlı askerleri kalleşçe şehit edilmiş, adeta imha edilmiştir. Milletimiz, "giden gelmiyor, acep ne iştir?..." diyerek ağıtlar yakmış, ama bir paşanın ihaneti işte böyle bir iştir, diyecek bilgiye ulaşamamıştır. Şarkının aslı da şöyledir: "Orası Huş'dur, yolu yokuştur..."

Ara notu: Vatanseverliğinden ve kahramanlığından hiç şüphe duymadığımız Enver Paşa ve arkadaşları Semerkant/Buhara'ya gittiklerinde sık sık "İslam alemini kurtarmak için savaştıklarını..." bildirmişlerdir. Teşkilat-ı Mahsusa'nın kurucularından olan Enver Paşa ile birlikte savaşan Buhara savaşçıları ümmi, yani dini bir mücadeleden bahsediyorlardı. Onlar din uğruna şehit olurlarken, pek çok arkadaşları da din uğruna İngiliz Şeriatına tabi olmuşlardı. "Şeriat isteriz..." diye bağıra bağıra İngiliz şeriatına tabi oluyorlardı.

-2000'li yıllarda "Şeriat isteriz..." diye yırtınanlar mütareke yıllarından çok daha renkli şeriat çeşitlemesi sergilemişlerdir. Ünlü 28 Şubat ürkütmesinden sonra, tavuklar gibi ürkmüşler, Alman beslemesi şeriatçılar Almanya'ya kaçarak Alman şeriatına sığınmışlar, Amerikan beslemesi şeriatçılar Amerikan şeriatına sığınmışlar, İngiliz beslemesi şeriatçılar İngiliz şeriatına sığınmışlardı. Biz de onları İslam şeriatçısı sanarak İran/Bandar Abbas'da yer ayırtmış, boşu boşuna günlerce beklemiştik. Bekle...

Bekle... Hala gelecekler. Meğer İslamcıyız diyerek, bize istavroz çekmişlerdi. Sonra 28 Şubatçıların da Amerikan şeriatçısı oldukları anlaşılınca güven içinde yurda dönmüşler, görevlerini yerine getirmenin huzuru ile Irak'ta Müslüman çocukların katledilmesini sessizce izlemişlerdi. Müslümanlar öldürülürken, onlar için şeriatçılık bitmişti.(!!!)

Vatansız/Haymatlos kalarak, ölümlerinden sonra cesetleri maşatlıklara atılan vatan hainleri ve dönekler:

3) MAHUT ANZAVUR, Teşkilat-ı Mahsusa mensubu iken döneklik ederek, işgal günlerinde İngilizlerin emrine girmiş, bütün gücüyle milli kuvvetlere karşı savaşmıştır. Anzavur emekli jandarma binbaşısıydı. En büyük ihaneti, Akbaş cephaneliğini tümüyle Anadolu'ya kaçıran kahraman Hamdi Bey'i pusuya düşürerek şehit ettirmesidir.

4) SÜLEYMAN ŞEFİK PAŞA, Teşkilat-ı Mahsusa'da çalışmış, fakat işgal günlerinde İngilizlerin emriyle kurulan Kuvay-ı İnzibatiye kumandanı olarak Kuvay-ı Milliye'ye karşı savaşmıştır.

5) KARA SAİD PAŞA, İngilizlerin siyasetine uyarak, İstanbul hükümetinde bir müddet Harbiye Nazırlığı, daha sonra Bahriye Nazırlığı yapmıştır. Enver Paşa'ya doğrudan müracaat ederek Teşkilat-ı Mahsusa'da görev almıştı(!)

6) Gönenli Çerkez BEKİR SITKI BEY, Teşkilat-ı Mahsusa'ya girerek Kafkasya'da savaşan Osmancık gönüllü alayında görev almış, Milli Mücadele yıllarında döneklik ederek Damat Ferit Paşa'nın gizli teşkilatında çalışmıştır.

7) Erkanıharp miralayı YANYALI TAHİR BEY, Teşkilat-ı Mahsusa'nın üst yöneticilerinden biriyken, Milli Mücadele yıllarında döneklik ederek, Kuvay-ı İnzibatiyenin erkanı harp reisi olmuş, sonradan hatasını anlayarak istifa etmiştir.

8) Jandarma binbaşısı Düzceli Çerkez ALİ MAAN BEY, döneklik ederek ihanet etmiş, işgal güçlerine karşı savaşan pek çok yurtseverin kanını dökmüştür.

A. NEDİM ÇAKMAK

9) Çerkez ETHEM ve kardeşleri REŞİT ve TEVFİK Beyler de Teşkilat-ı Mahsusa mensubuydular. Zafere az bir zaman kala Yunanlıların safına geçtiler.

10) Piyade yüzbaşısı Trablusgarb'lı SEYYİD HASAN BEY, Teşkilat-ı Mahsusa emrinde iken Trablusgarb'da savaşmış, sonra Anadolu'ya geçmek için İstanbul'a gelmiş, fakat döneklik ederek işgal güçlerine katılmıştır.

11) Piyade yüzbaşısı Sudanlı TARIK BEY, Teşkilat-ı Mahsusa'da bir çok hizmetleri olmasına rağmen Milli Kurtuluş cephesinin karşısında yer almıştır.

l2) Trablusgarb'lı yüzbaşı TARIK BEY, Afrika Teşkilat-ı Mahsusa grubunda çalışmış ve pek çok yararlı hizmetleri görülmüş olmasına rağmen Milli Mücadele yıllarında bize döneklik ederek Kuvay-ı İnzibatiye saflarında milletimize karşı savaşmıştır.

13) Piyade yüzbaşısı YOZGATLI REMZİ BEY, seferberlik yıllarında Teşkilat-ı Mahsusa'da çalıştığı halde Milli Mücadelede millete hıyanet etmiştir.

14) İstanbullu Çerkez yüzbaşı SADETTİN BEY, seferberlik yıllarında Teşkilat-ı Mahsusa'ya girmiş, fakat daha sonra Milli Mücadeleye ihanet etmiştir.

15) Gönenli Çerkez AHMET BEY, seferberlik yıllarında Teşkilat-ı Mahsusaya girmiş, önceleri Salihli cephesinde Milli Mücâdeleye de katılmış, fakat sonraları döneklik ederek Yunanlıların safına geçerek Yunanla omuz omuza milli kuvvetlere kurşun atmıştır,sonumda yakalanarak hesabı sorulmuştur.

l6) Gönenli ÇAKIR EFE, Teşkilat-ı Mahsusa mensubu olarak Enver Paşa'nın otomobilinde silahlı muhafızlarından biriydi. Fakat işgal yıllarında milli cepheye karşı savaşmıştır.

17) Piyade binbaşısı Tophaneli ÇERKEZ HÜSEYİN BEY, Teşkilat-ı Mahsusa mensuplarından olduğu halde, işgal yıllarında Trakya'da, İngilizlerin hesabına çalışmıştır.

18) Kadıköylü ÇERKEZ AGAH BEY, Teşkilat-ı Mahsusa mensubu olduğu halde, işgal günlerinde döneklik ederek Milli Mücadeleye karşı savaşmıştır.

19) Piyade zabiti Amasyalı HİLMİ BEY, Trablusgarp savaşında iken mücahitlere gönderilen silahları ve cephaneyi satarak ihanet etmiştir.

20) Piyade yüzbaşısı DARENDELİ İSMET BEY, Trablusgap'taki başarılı hizmetlerinden dolayı Teşkilat-ı Mahsusa'ya alınmış, kurtuluş savaşı yıllarında Milli Mücadeleye karşı savaşırken yakalanmış, istiklal mahkemesi kararıyla idam edilmiştir.

21) Trablusgarplı piyade üsteğmeni NACİ BEY, Teşkilat-ı Mahsusa mensubu olarak Bingazi'de büyük yararlılıklar gösterdiği halde, İstanbul'a geldiğinde döneklik ederek işgal güçleri hesabına Kuvay-ı İnzibatiye'de çalışarak Milli Cepheye ihanet etmiştir.

22) Trablusgarp'lı mitralyöz zabiti NURİ EFENDİ, önce Teşkilat-ı Mahsusa mensubu iken, sonradan Gizli Milli Mücadele teşkilatına da alınmış, fakat Anadolu'da İngilizlerin hesabına bilgi toplarken yakalanmış, İngilizlerin elindeki Kuvay-ı Milliyeci esirlerle mübadele edilerek İstanbul'a gönderilmiştir.

23) Jandarma yüzbaşısı ETEM BEY, Teşkilat-ı Mahsusa mensubu iken İran' da Ateşe Militer olarak çalışmış, İstanbul'a dönünce işgal güçleri hesabına çalışarak milli hükümete karşı bir takım isyanları teşvik etmiştir.

24) Gönenli ÇERKEZ AHMET, Balkan savaşının sonunda Teşkilat-ı Mahsusaya girmiş, seferberlikte yararlı hizmetlerde bulunmuş, fakat işgal günlerinde döneklik ederek Çerkez Anzavur'un kumandasına girmiş, bir çok Müslüman köyünü yakıp yıkmış, milli mücadele yanlısı bir çok kahramanın kanını akıtmıştır. Sonradan Ankara'da yakalanmış, mahkum edilmiş, fakat bir kargaşalıktan yararlanarak İstanbul'a firar etmiş, Padişah Vahdettin bu ihanetlerinden dolayı kendisini taltif ederek, Çerkez muhafız alayı kumandanlığına tayin etmiş, Lozan antlaşmasından sonra bir daha izine rastlanmamıştır.

25) Piyade üsteğmeni RIFAT BEY, güzel arapça bildiği için Teşkilat-ı Mahsusa mensubu iken Şam valisi Mahmut Nedim Bey'in himayesine mazhar olmuş, kendisine verilen emanetleri ve altınları İstanbul'a getirip teslim etmiştir. Fakat işgal günlerinde döneklik ederek İngilizler hesabına casusluk yaparken Ankara'da yakalanmış, mahkeme kararıyla Anadolu'dan sürgün edilmiştir.

26) Beyrutlu MAHMUT BEY, Teşkilat-ı Mahsusa mensubu olarak, İstanbul'da Arapça basılan El'adil gazetesinde yazarlık yapmış, fakat işgal günlerinde İngiliz casusu olarak çalışmıştır.

27) Piyade yüzbaşısı KALKANDELENLİ ŞERİF BEY,

28) Piyade yüzbaşısı HİLMİ BEY,

Teşkilat-ı Mahsusa'da çalışan yabancılardan:

29) Hind'li NİZAMEDDİN,

30) Hind'li GULAM RESUL da ihanet etmişlerdir.

31) Ve hatta, ve hatta...Teşkilat—ı Mahsusanın baş kurucusu EŞREF KUŞÇUBAŞI Milli Mücadelenin son yılında, ihtimal, Çerkez Ethem ve kardeşlerinin etkisinde kalarak Yunanlılar tarafına geçmiş, sonra yurt dışına kaçmış, 150'lik vatan hainleri listesinin birinci sırasında yer almıştır.

Fakat EŞREF KUŞÇUBAŞI'nın Milli Mücadele yıllarında ilk önceleri Alaşehir, Salihli Uşak cephelerinde düşmana karşı verdiği direnişleri göz önüne alınarak Cumhuriyet Hükümeti tarafından Öncelikle affedilmiş ve erkenden yurda dönmüştür.(M.M. Başkanı Hüsamettin Ertürk'e göre.)

32) Teşkilat-ı Mahsusanın silahşörlerinden ŞAH İSMAİL, seferberlik zamanında askerden firar etmiş, İzmir'in dağlarında eşkiyalık yaparak zaman geçirmiş, İzmir'in Yunanlılar tarafından işgal edilmesinden sonra Çerkez Ethem ve kardeşlerine katılarak önce Yunanlılara karşı savaşmış, bir müddet sonra Çerkez Ethem grubundan ayrılarak Anzavur çetesine katılmış, pek çok masum Türk'ün kanını dökmüştü. Şah İsmail, Kuvay-ı Milliye savaşçılarının eline geçeceğini anlayınca, soygunlardan elde et-

tiği bohçalar dolusu servetiyle ve karısını da yanına alarak kendisini Bandırma limanına atmış ve Yunan donanmasına sığınarak İstanbul'a gelmişti.

Şah İsmail, kayın biraderi Çerkez Miralay Zeki Bey'i görmek üzere Yıldız sarayına gitmiş, Sultan Vahdettin'in saray muhafızı olan Miralay Zeki Bey de onu Sultan Vahdettin'e takdim etmiş, zatı şahaneleri de Şah İsmail'in Anadolu'da yaptığı eşkiyalıklardan dolayı taltif ederek kendisini Çerkez kıtalarından birine kumandan tayin ederek mükafatlandırmıştır ama olay bitmemiş, Şah İsmail'in Anadolu'da masum kanı döktüğü ve şehit ettiği kimselerden birinin biraderi olan muallim Şevket Bey İstanbul adliyesinde cinayet davası açar. İngiliz Muhibleri Cemiyeti Başkanı Sait Molla'nın Adliye bakanı olduğu bu yıllarda böyle bir dava çabuk biter mi?... Dava uzadıkça uzamış, Şah İsmail işgal güçlerinin ve Sait Mollanın desteğini arkasına alarak beraat etmek üzereyken Şevket Bey durumu anlamış, adaletin tecellisini bizzat yerine getirmeye karar vererek hakimler heyeti huzurunda silahını çekmiş Şah İsmail'in kafasına, gözüne, kalbine isabet ettirerek ihanetlerinin ve cinayetlerinin cezasını infaz etmiştir.

Ben ihaneti gördüm.

Ben ihaneti gördüm!...Onu yedi dağın arkasında olsa da sezerim, Ben ihaneti gördüm, başka isim ve mevkilerde olsa da, İhaneti ufkun ötesinden görür gözlerim...

SAYIN ECEVİT, NEDEN "VAHDETTİN VATAN HAİNİ DEĞİLDİR..." DEDİ.

Sayın Ecevit neden "Abdülhamit vatan haini değildir" demedi de, "Vahdettin vatan haini değildir..." dedi.(?...)

Sultan Abdülhamit, İngilizlerle veya Siyonistlerle herhangi bir gizli antlaşma yapmadığı için tahtından indirilerek sürgüne gönderildi.

Vahdettin ise, Vahdettin-İngiliz gizli antlaşmasını yaparak sonuçta vatanını terk ederek kaçmak zorunda kalmıştır.

Biri sürgün edilmiş, diğeri ise kaçkındır. Vatan hainliği veya vatanseverliğin tescil edilmiş durumunun neyini tartışıyorlar?...

Vatan hainidir veya değildir, kolaycılığı bırakarak, adam gibi konuşalım:

Padişah Vahdettin, 17 Kasım 1922'de bir cuma günü bir İngiliz savaş gemisiyle canını kurtarmak için kaçmıştı. Vahdettin kaçmasaydı elbette ki Ali Kemal gibi linç edilecekti. Ekim 1922, Türk Kurtuluş Ordusu İzmit'e yerleşmiş, binlerce Türk askeri sivil kıyafetle İstanbul'a gönderilmişti. Bu askerlerin içinde elbette ki Yahya Kaptan'ın yakınları, İngiliz/Hilafet ordusu mensupları tarafından, dolayısı ile Vahdettin'in emri ile yapılan katliamlardan ve tecavüzlerden payını alanların yakınları İstanbul'a sel gibi akıyordu. O günlerde İstanbul'daki faili meçhul intikam infazlarının sayısını bilmeden ne konuşabiliriz?...

İngiliz gemilerine sığınan kaçkınların sayısı nedir?... Üç yüz, beş yüz değil... Binlerce. Vahdettin kaçmasaydı, tarih linç edilmiş son Osmanlı Padişahını yazacaktı. Bunlar ne konuşuyorlar?

Padişah Vahdettin'le birlikte kaçanların gemi yolcu listeleri arşivlerde ziyaretçilerini bekliyor, giden yok, bakan yok! Biz 2800'e kadar saydık, birazını da "Vahdettin vatan haini değildir..." diyerek ucuz konuşanlar saysın. Peki, bu kaçkınlar listesinde Rum, Ermeni ve Yahudilerden oluşan gayrimüslimler var mıdır? Yok, yok... Ne gariptir ki bu kaçkınlar listeleri müslim kişilerden, yani işbirlikçilerden oluşuyordu. Ne yaptılar ki hesap vermekten kaçıyorlardı?,..

-Haydi Sn. Ecevit'in gönlü olsun! Padişah Vahdettin'le birlikte işgal güçlerine sığınarak kaçanlar vatan haini değil, çok vatansever kişilerdi, vatan aşkı başlarına vurmuştu(!) onun için kaçıyorlardı...

Gönlünüz olsun!...

Şimdi dönelim, geçen sayfalardan Vahdettin-İngiliz gizli antlaşmasını yeniden okuyalım. Sonra dönelim, Başbakan Ecevit'in yetkili bakanı Kemal Derwish'in ABD ve AB ile yaptığı açık-gizli antlaşmalara bakalım: Sn. Başbakan'ın imzaladığı antlaşmaların Vahdettin antlaşmalarından fazlası vardır, eksiği yoktur.

Osmanlı Devleti, iki Balkan savaşı, Çanakkale savaşları, Yemen, Kafkasya... Kısaca büyük bir dünya savaşından maalesef yenik çıktıktan sonra, nihayet Vahdettin, bir antlaşma ile hem kendinin hem de milletin kaderini batılı emperyalistlere bağlamak gafletini yaşamıştır...

Ya siz sayın Cumhuriyet çocukları! Siz hangi dünya savaşından yenik çıktınız da yeniden Duyunu Umumiye/İMF anlaşmaları imzalıyorsunuz; batılı emperyalistlerle; şehitlerimizin katillerini affetme sözleşmeleri yapıyorsunuz; siyaset yapabilmek için ta Amerika'ya gidip icazet alıyorsunuz!!!

Bunların padişah Vahdettin'i bildiği falan yok. Sadece Vahdettin'i aklayarak, kendilerini de aklamak-paklamak için, aklanmış bir Padişah Vahdettin'den kerteriz alıyorlar...

-Bak Vahdettin bile hain değilmiş (!)

-Biz de...

Bu muhterem zevat, Sultan Abdülhamit'ten kerteriz alırsa çarpılır(!) Abdülhamit'in mekteplerinde yetişmiş olan Mustafa Kemal Atatürk ve silah arkadaşlarının verdiği, dünya tarihinin en muhteşem kurtuluş savaşının mirasına konmuş olanlar, atalarının katillerinden "bravo" almak için yarışıyorlar, onlardan şeref (sizlik) madalyası alarak Çanakkale şehitlerinin kemiklerini sızlatıyorlardı.

Sakın bunlar CUMHURİYET çocukları olmasın!!!

Solcu olarak, milletimizin geçmişine saldıranlar,

Sağcı olarak Türk Milletline devlet kuran kahramanlarına ve milletin geleceğine saldıranlar, aynı merkezden kumanda edilerek maymuna döndürülmüşlerdi. Eğer bir gün.,.

Kuvay-ı Milliye ruhu biterse, bu millet kendi vatanında köle olacaktır.

Bu vatanın, bu toprakların düşmanı çoktur. Buraları vatan tutabilmek için Kuvay-ı Milliye ateşini hiç söndürmeden yaşatmak zorunda mıyız, değil miyiz?... Bunun yanıtı nedir?...

KENDİ SARAYINDA İNGİLİZLER TARAFINDAN ESİR EDİLMİŞ PADİŞAH VAHDETTİN, VATAN HAİNİ OLSA BİLE HIRSIZ DEĞİLDİ, YA ŞİMDİKİLER(!)

Kaşıkçı Elması, Topkapı hazineleri kimin zimmetindeydi?... Elbette ki Padişahın. İşgal altındaki bir başkent; İstanbul'da millet adına padişaha emanet edilen Topkapı Sarayındaki hazineler nasıl korunabilmiştir, yıkılan bir imparatorluktan bize nasıl intikal etmiştir? Bizim beyinlerimiz çalınmadıysa düşünebiliriz...

Bir bozgun ortamında, zimmetindeki Kaşıkçı Elması, son elli yılın muhteşem(!) siyasilerinin eline geçmiş olsaydı ne olurdu?...

Son elli yıl içinde yetişmiş olan üniformalı üniformasız bir kısım zevata, farz edelim ki vatanını terk ederken, "bu Kaşıkçı Elmasını, milletin emanetidir" diyerek teslim etmiş olsaydık... Yeter! Bu kadarı anlaşılmıştır.

Cumhuriyetin yetiştirdiği bir kısım siyasiler elli yıl içinde hem "vatana ihanet yasasını kaldırdılar, hem de 300 milyar dolar çaldılar!.." Çaldıkları 300 milyar doları da borç olarak milletin hesabına yazdılar... Bunun kamulatif toplamı ise bir trilyon dolar eder.

On sekiz-yirmi, bilemedin elli dönme-devşirme ailenin taktığı borç 300 milyar dolar, ödesin Türk Milleti(!)

Bir millet kendi vatanında işte böyle köleleştirilir...

Siyasi liderler bunun baş sorumlusu değil midir?...

Şimdi bu siyasiler kirli ellerini tarihimize uzatmışlar, tarihimizi de kirletmeye çalışıyorlar. Bir zahmet Topkapı Sarayı hazinesinin zabıt varakalarını bir inceleseler de ondan sonra konuşsalar. Tabii tapınak şövalyelerinin bekçilerini aşabilirlerse (!)

Nasıl Olmuş da onlarca mücevher kakmalı şemsiye sapı, özel olarak yapılmış sandıkların içinde, sayım ve dökümü yapılarak, dip koçan defterine kaydedilerek, zabıt varakaları kopya edilmiş olarak, Osmanlı Devletin'den Cumhuriyet Devletine intikal ettirilmiştir?...

Şemsiyelere ne olmuştu ki yalnız sapları kalmıştır?...

Saray mensubu erkekler evlenirken, düğün hediyesi olarak padişah tarafından gelinlere şemsiye hediye edilirdi. Ama bu şemsiyeler yalnız güneşlik olarak değil, aynı zamanda özel bezemeleri ve mücevher kakmalı saplarıyla o kadının saray gelini olduğunu belirtirdi. Saray gelini şemsiyesi taşıyan kadınları rahatsız etmeye kimse kolay kolay cesaret edemezdi.

Günlerden bir gün padişah, damatları toplayarak; "Düğün hediyesi olarak verdiğim şemsiyeleri iade edin..." der. Bir çok gelin, şemsiyelerin iade edilmesine karşı çıkarak, "nasıl olur, bu şemsiyeler bizim düğün hediyemiz değil midir" diyerek, şemsiyeleri vermek istemezler. Bir çok damat elleri boş dönerek, hanımlarının şikayetlerini naklederler. Bunun üzerine padişah:

-Peki anladım, hanımlarınız haklıdır, şemsiyelerini iade edeceğim, diyerek şemsiyeleri toplar. Çilingir başını çağırttırır, şemsiyelerin saplarını kestirerek yerine estetik kemik saplar taktırır, damatları çağırtır ve şöyle konuşur:

-Hanımlarınız haklıydı şemsiyelerinizi iade ediyorum, ancak saplarındaki mücevherler milletin malıdır, mücevher kakmalı şemsiye saplarını hazineye intikal ettirdim...

Tabii ki olay tek taraflı incelenemez, padişahın has damadı, Damat Ferit Paşa'nın hanımı ne yaptı bilemiyoruz ama kendisi yüklü bir servetle yurt dışına kaçmıştı.

Padişah Vahdettin ise Kaşıkçı Elmasını cebine atmadan gitmişti.

Vahdettin bir vatan hainiydi, ama hırsız değildi!..

Bülent Ecevit, 6 Ağustos 2005 günü, "Vahdettin vatan haini değildir" demiş.

Padişah Vahdettin keşke sadece bir vatan haini olarak kalsaydı da...

Bir de Ecevit'in diline düşmeseydi!.. Ne de olsa Vahdettin bir Siyonist yuvası-Amerikan misyonerlik mektebinde eğitim görmemişti(!)

A. NEDİM ÇAKMAK

a)Siyonist-Haçlı emperyalistlerinden emir ve icazet almadığı için Padişah Abdülhamit'i tahtından indirerek Selanik'e sürgüne gönderdiler.

b)Siyonist-Haçlı emperyalistlerinden emir ve icazet alan Padişah Vahdettin'i sonuna kadar kullanmışlar, bitip tükendikten sonra da kaçırıp bir kenara atmışlardı.

Şimdilerde Amerika'dan icazet alanlar tarihe düşülecek nottan paniklemiş gibiler:

"Vatan hainiydiler, hem de vatanını soymuş hırsızlar!..."

"Haçlı emperyalistlerinden icazet alan Haçlı Müslümanları!..."

"Müslüman vatanı Türkiye'yi, Siyonistlerin emri ile Müslümanları bombalatmak için üs olarak kullanıma açan Siyonist Müslümanlar!...".

"Padişah Vahdettini'de geçmişlerdi..."

GAZ TENEKECİLERİ DERNEĞİ, ALİ KEMAL İÇİN "ŞEHİT" DEMİŞ(!)

Efendim, 2005 yılında bir gaz tenekecileri derneği varmış, bazıları ise onlara "gazeteciler derneği" yakıştırması yaparak iftira atmışlar. Bu çocuklar çok gürültü çıkarsın diye, boş gaz tenekelerini davul gibi çalarak memleketi ayağa kaldırmak için kuru gürültü çıkarırlarmış. Boş teneke çalan bu gaz tenekecileri derneğinin yöneticileri içinde bir tane gazeteci olsa, merhum Ali Kemal'in vatan haini olduğunu bilmez mi?...

Ya bilgi sahibi olarak bu işi yapmışlarsa...

O zaman sadede gelelim!

Belki onlar da Ali Kemal gibi, "vatan işgal edilmiştir, biz ne yapsak yeridir..." düşüncesi ile pervasızlaşmışlardır.

Diğer yandan, bu gaz tenekecilerinin zırtobozluk yaptıkları, adı Türk, aslında (CIA-TÜRK, SİYON-TÜRK, HAÇLI-TÜRK, MOSSAD-TÜRK,..) gibi tv'leri de var. Gerçekte, TÜRK OĞLU TÜRK-MÜSLÜMAN TÜRK TV kanallarını izleyince gaz tenekecilerinin ne mal olduğunu halkımız anlıyor.

Son zamanlarda CIA-TÜRK kanallarında, nereden buluyorlarsa hep 150'lik vatan hainlerinin çocuklarını çıkarıyorlar, ilk soruları şu:

-Dedeniz vatan haini değildi, değil mi?

-Evet, siz de vatan haini sayılmayacaksınız, çünkü Ali Kemal'lere, Sait Molla'lara, Nemrut Mustafa'ya benziyorsunuz....Sevgili gaz tenekecileri (!) Milletin eğlencesi oldunuz, ama ihanetten gözleriniz kör olmuş ki görmüyorsunuz, sayın gaz tenekecileri(!)

KAPTANIN ACEMİSİ GEZEGENİ YILDIZ SANARAK KERTERİZİ ŞAŞIRIR...

VATAN HAİNLERİ İSE ALİ KEMALLERDEN KERTERİZ ALIR(!)

Denizcilikte "kerteriz alma-mevki koyma..." diye teknik bir iş vardır. Kocaman bir okyanusta dalgalarla boğuşurken, rotanız kaymış, pruvanız şaşmış, koordinatlarınızı kaybetmişseniz, pruvanızın kaç derece olacağını bilemezsiniz. Bu durumda ne yapmanız gerekir?

Sekstant aletini elinize alarak, geminin ya sancak kırlangıcına, ya da iskele kırlangıcına çıkarsınız. Gündüzleri güneşten, geceleri Kutup Yıldızı'ndan veya başka bir yıldızdan kerteriz alarak mevki koyarsınız ve pruvanızın kuzeye göre kaç derece olacağını tayin edersiniz. Böylece varacağınız hedef limanın, tam üstüne düşeceksinizdir; hiç şaşmaz...

Nereye gideceğinizi bilmek için, önce nerede olduğunuzu, yani koordinatlarınızı bilmeniz gerekir ki buna mevki koyma denir.

Sonra yıldızdan kerteriz alarak nereye gideceğinizi bulursunuz. Kaptanın şaşkını, parlak bir gezegeni yıldız sanarak, kerteriz alırsa, limana gitmek yerine kayalara bindirecektir.

Hainlerin kerteriz aldıkları yer yine hainlerdir. Çünkü ihanet limanına varacaklardır. Bu nedenle son günlerde Vahdettin'den, Ali Kemal'den, kısaca eski vatan haini 150'liklerden kerteriz alan yeni 150'likre Medya'da ve siyasette çok sık rastlıyoruz.

Dileriz Allahtan, sonumuz hayırlı olsun!...

BURASI ANADOLU-HİTİTLERDEN
BERİ HAİNLERİN SONU
-HAİN-

Çiçeron ne demişti?...

Roma Devleti'nin en güçlü olduğu günlerde, Roma'nın en güçlü hatibi ve düşünürü Çiçeron, devletin karşılaşacağı tehlikeleri sayarken, bu tehlikelerin en başında "hain gelir..." demiştir. Hainlerin tehlikesi, düşman tehlikesinden önce gelir. Çünkü düşmanın kim olduğu, yeri ve bayrağı biliniyor. Hainlerin nerelere sinsice sokulduğunu bilemezsiniz, yeri ve bayrağı belli değildir.

Hain, sizin bayrağınızın altında yaşar, sizin mabedlerinizde ibadet eder, sizin gibi konuşan, sizin yaşadığınız gibi yaşayan, içinizden biridir. Hain, devletin bütün nimetlerinden yararlanır, fakat düşman adına devletine ve milletine karşı savaşır.

...Ve Çiçeron, M.Ö. 43 yılında hainler tarafından katledilir.

Hainler, Sezar'ı senatus toplantısında öldürmeyi planlamışlardı. Böylece M.Ö. 15 Mart 44 tarihinde Senatus, Mars meydanındaki Pompeius tiyatrosu salonunda toplantı halindeyken, içeriye giren Caesar daha koltuğuna oturmadan, komployu hazırlayanlar bir şey sormak bahanesiyle Caesar'ın etrafını sarmış ve onu 23 yerinden hançerleyerek öldürmüşlerdir. Caesar son bir gayretle arkasına baktığında Brütüs'ü görünce şaşırır ve son sözü, "sen de mi Brütüs?..." olur.

Caesar şaşırmıştı, çünkü Brütüs devletin içinde ve devlet olanaklarından en çok yararlanmış olan bir hain idi. Caesar katilleri içinde yine devletten beslenmiş olan G. Trebonius, P. Servilius ve C. Servilius da vardı. Katiller Roma'nın dışına kaçarak, işbirlikçilik yaptıkları doğudaki şehir devletlerine sığınırlar.

Caesar'ın beş-on kişilik hain grubu devletten beslenmişti...

Peki, T.C. Devletinden yıllardır beslenen, devletten maaş ve mevki aldığı halde yabancı güçlere hizmet eden hainlerin sayısı (...)

T.C. Devletinden maaş aldığı halde, kendi devletine saldırarak, Devleti arkadan hançerleyenlerin sayısı (...)

Biz bildik bileli buralarda hainler devletten besleniyor. Roma tarihi yaklaşık 1800 yılı kapsar. Batılılar Roma tarihini daha İlköğretim düzeyindeyken çocuklarına iyi öğretirler, zavallı bizler ise kendi tarihimizi dahi öğretemiyorsak, daha çook hainler çıkacağı muhakkak gibi gözükmektedir.

Roma tarihini iyi bildikleri için batılı emperyalistler kendi hainlerini derhal yok ederler. Bizim hainlerimizi cezalandırmamız söz konusu olunca müdahale ederler. Hainlerimize ödüller, madalyalar vererek onlara sahip çıkarlar. Fakat bir hesap hatası yapıyorlar:

-Burası Anadolu, burası Anadolu!!!

Ön Türkler (Hititler) den beri hainlerin sonu çok feci olmuştur.

Hainlerin ruhu ihanetle beslendiği için, ihanet onların gözlerini kör etmiş, kalplerini karartmış, kulaklarını sağır etmiştir. Camız gibi çamura yatarak mutlu olurlar, camız kültürü ile yaşarlar, kendilerine "aydın" diyerek kamuflaj yaparlar. Artık ne söyleseniz camız gibi bakacaklar, camız gibi çamura yatacaklardır.

Kuvay-ı Milliye Gazisi parti Pehlivan, işbirlikçi hainler hakkında konuşurken şunları anlatmıştı:

-İşgal güçlerine karşı Milli Mücadeleye katılmak için, altmış bin kişinin yaşadığı şehirden sadece on beş kişiyle yola çıktık. İşbirlikçilerin sayısı binleri buluyordu. Bir de işbirlikçilerin işbirlikçisi sessiz bir çoğunluk vardı. Onlar da ay doğunca aya, güneş doğunca güneşe tapan, Allah'ını şaşırmış kalabalıklar. Son günlere kadar işbirlikçi hainlere haber gönderdik: "yapmayın, etmeyin, ayıptır-gayıptır..." dedik, ama hiç bir şey anlatamadık. Hatta işgal ordusu bozulmuş, askerleri serseri kaçkınlar halinde yollara düşmüşlerdi. İşbirlikçiler ise hala bunun bir oyun olduğunu sanıyorlardı. Son gün, düşmana "bizi de götürün!.." diye yalvarmışlardı, ama düşman kaçarken onların yalnız güzel kadınlarını ve kızlarını götürmüş, gittikleri yerde maalesef onları "sermaye" olarak çalıştırıyorlardı. Tuttuğumuz hainlere sorduk:

-Şimdi anladınız mı?...

......

SİYONİST-MASON MİLLİ SİYASET BELGESİ/GİZLİ ANAYASASI-TÜRKİYE'DE NASIL UYGULANDI?..

ERİVAN MİLLİ SİYASET BELGESİ/GİZLİ ANAYASASI-TÜRKİYE'DE NASIL UYGULANDI?...

TÜRK MİLLİ SİYASET BELGESİ/GİZLİ ANAYASASI –TÜRKİYE'DE NASIL Ki UYGULANMADI (...)

Albay Hüsamettin Ertürk, Teşkilat-ı Mahsusa'nın kurucularından sonra, işgal günlerinde Mim.Mim. Milli Mücadele gizli teşkilatı, dolayısı ile Türk Milli İstihbarat Teskilatı'nda kurucusu ve ilk başkanı, kahraman gazi diyor ki:

-Ben Teşkilat-ı Mahsusa'da çalışırken, dünyaya hakim olmak isteyen milletlerarası Siyonist-Mason Teşkilatının elimize geçen 22 maddelik düsturları vardır ki, ne kadar manalıdır?...

Bu gizli evrak münderecatı; (50)/not. Orijinal dili ile,1918

l) Genç nesillerini, mugayiri ahlak telkinlerle ifsad etmeli.

2) Aile hayatlarını yıkmalı,

3) İnsanlara aşağı sınıflardan yöneticilerle tahakküm etmeli.

4) Sanatı zayıflatarak, edebiyatı müstehcen ve şehvetli bir hale sokmalı,

5) Mukaddesatlarına hürmeti yıkmalı, hürmetle anılan kimseler hakkında rezilhane vakalar uydurmalı.

6) Hudutsuz bir lüks, baş döndürücü modalar icat etmeli.

7) Kalabalıkların vakitleri eğlencelerle, oyunlarla oyalanmalı, herkes düşünmekten alıkonulmalıdır.

8) Müfrid nazariyelerle fikirleri zehirlenmeli, gürültü ve kargaşalıklar yaratılmalı, içtimai sınıflar arasına nifak sokulmalı,

9)............................... okunamadı (!)

10) Aristokratlara müthiş vergiler koyarak, onları bunaltmalı, aralarına kin ve nifak sokmalı,

11) Mal sahipleriyle işçilerin arasını bozmalı, grevler, sabotajlar tertip ettirilmeli.

12) Her çareye başvurarak, yüksek tabakanın manevi değerlerini yok etmeli.

13) Sanayi'nin ziraatı ezmesine fırsat vermeli, böylece köylü sınıfı ortadan kaldırılarak zırai üretim engellenmeli. (En son bu maddenin uygulanmasına sıra gelmiştir, 2006 yılında hızla uygulanacağı, işgal güçleri-yeni mütareke basını tarafından sevinçle duyuruluyor(!)

14) Saçma-sapan nazariyeleri ortaya atarak, halk gayrı kabili tatbik fikirlerle dolambaçlı yollara sevk edilmeli.

15) Hayat pahalılığı körüklenmeli, ücretleri arttırılmalı.

16) Beymelmilel meseleler ihdas edilerek milletlerarası kin ve nefret tohumları serpmeli. (Sahte Ermeni sorunu, azınlık sorunu...)

17) Milletin mukadderatını tahsil ve terbiyeden mahrum kimselerin ellerine tevdi ettirmeli. (İyi ki Tophane berduşunu partinin başına getireceksiniz dememiş (!)

18) Bütün hükümet şekillerini değiştirmeli,bir çok sırları ifşa edilmeli.

19) Meşru hükümet tarzlarından mutlak bir istibdada gitmeli. (Siyasi fırkalar içinde lider sultası kurulmalı)- Sık sık darbeler yaptırılmalı.(!)

20) Siyasi ve iktisadi buhranlar yaratılmalı, servetleri mahfedilmeli.

21) Mali istikrarı bozmalı, iktisadi krizleri çoğaltmalı, spekülasyonlara, enflasyonlara yol açmalı, altın mahdut ellerde toplanmalı, muazzam sermayeleri felce uğratılmalı.

22) Hükümetlerin ölümlerini hazırlamalı, insanları elem, ızdırab ve yoksulluk içine atmalı...

1918 yılında, en yüksek mevkilerinde yazılmış bir Siyonist-Mason Milli siyaset belgesi/Gizli anayasasını virgülüne dokunmadan yazmış bulunuyoruz.

Bu gizli Siyonist anayasası elbette ki 1918 yılındaki haliyle kalmadı. Güncelleşmiş maddelerinden sadece birkaçını da biz verelim:

-Milli Kurtuluş savaşını unutturacaksınız, milli kurtuluş savaşı vermiş milletin yerine Lazları, Çerkezleri, Abazaları, Gürcüleri, Boşnak, Pomak, Arnavut, Kürt, Zaza, Alevi, Sünni, Dadaş, Yörük, Avşar, Türkmen, hatta Karakaçanları, Çingeneleri de sayacaksınız, sonra aşiretleri, gavur tarikatlarını, cemaatleri de unutmayacaksınız ve sonunda "sizin maymundan bir farkınız kalmadı..." diyerek, hepsini maymunlar sınıfına yazacaksınız.

Yeter ki orada Milli Kurtuluş savaşı vermiş olan Türk Milleti'nin adını anmasınlar, işte o zaman, bir milletin adının söylenmediği topraklar kolayca işgal edilecektir...

-Halkı işsiz bırakacaksınız, bir lokma ekmeğe, bir tas çorbaya, bir torba kömüre muhtaç edeceksiniz, sonra onlara sadaka dağıtarak ilahlaşacaksınız. Aç bıraktığınız çocukları okullarında dilenci yerine koyarak, defter kalem dağıtırken, eğlence olsun diye fotoğraf çekeceksiniz, kameraya alacaksınız. Aç ve işsiz bıraktığınız insanlara yemek çadırları kurarak, Atalarının yaptığı gibi gizlice değil, herkesin gördüğü yerlerde yemek vererek, tarihlerinde görülmemiş bir şekilde tahkir edeceksiniz, bak bu yemekleri size ben verdim diyerek, iftar çadırlarını alenen ziyaret ederek, bir de fotoğraf çektirecek, kameraya alacaksınız ki, böylece Fatih Sultan Mehmet'in, Sultan Abdülhamit'in ve nihayet Osmanlı'nın yetiştirdiği MUSTAFA KEMAL ATATÜRK'ÜN ve bin yıllık bir devletin son neslini ne hallere düşürdüğünüzü ispat edeceksiniz (!)

Bütün bu işleri başarmak için Uyuz Aslanlar Derneğinizin sevimli, ama vampir suratlı üyeleri canla-başla çalışacaklardır...

HİÇ DEĞİLSE, LEVON PANOS DABAĞYAN KADAR TÜRK OLUN, YA DA UTANIN!!!

Levon Panos Dabağyan bir Anadolu çocuğu, Türk Ermenisi, 23 Aralık 2005 tarihinde Samsun İlkadım Belediyesinin düzenlediği bir konferansta neler söyledi?... Kendi sesinden:

"Atatürk, İngilizleri çok güzel kullanmış. Yani Türk Devletini kurtarabilmek için büyük düşüncelerle hareket edip İngilizleri çok güzel kullanmıştır. İngilizler bunu hazmedememiş. Ben öldürüldüğünden şüpheliyim. Çünkü son döneminde bir Fransız doktor çağırılmış ve Fransız doktor bakmış ve muayene etmiş ve ; 'siz çok geç kalmışsınız, on senedir aklınız neredeydi,' demiştir. Evet on senedir hasta ama maalesef bizim doktorlarımız 'paşam hiç merak etme yirmi yaşındaki genç kadar kuvvetli ciğeriniz var' demiştir. Atatürk'e yirmi yaşındaki genç kadar kuvvetli kalbiniz var, diyorlar. Kaşıntıları var vücudunda, 'tahta kurularından ileri geliyor' diyorlar, DDT püskürtüyorlar yattığı yere. Yani böyle saçma tedbirlerle Atatürk'e yardım ediyorlar. Çünkü İngiliz onun varlığını istemiyor...

Benim haklı olduğumu gösteren noktalar var: İngilizler Atatürk'ten bahsedilmesini istemiyor, 'Efendim portrelerini indirelim, indirin şu Atatürk portrelerini artık.' diyenler var. Acaba kraliçenin portreleri inmiş midir onların devlet dairelerinden, hiç sanmam!

Beni dinlerken, bir Ermeni'yi değil, kendinizden birisini dinler gibi dinleyin. Soykırım diye bir şey yoktur, ama tehcir vardır. Zoruma giden şudur, ben sizler gibi bir Türk vatandaşıyım, aynı hisleri taşıyorum. Bu vatan benimdir, çok zoruma gidiyor efendim.

Avrupa birliği, Ermeni soykırım meselesi üzerinde duruyor, eğer onu kabul edersek, bizi Avrupa birliğine alacaklarmış, Kıbrıs mevzuunda eğer taviz verirsek alacaklar, almasınlar istemiyoruz. Her işimize burunlarını sokuyorlar ve bizimkiler kalkıp demiyorlar ki, 'ne karışıyorsunuz?..

Amerika'da Ermeni grubu var. Senato'ya soykırımı kabul ettirdi, diyorsun. Peki benim parlamentomda Amerika'ya karşı hiç bir kuruluş yok."

Levon Yurttaş devam ediyor:

"Bizde sana karşı bir parlamenter grubu yok, niye senin parlamentonda bize karşı grup meydana geliyor? Amerikalı 'hayır, onlar Ermenidir' diyor. Hayır diyorum, onlar Amerikan vatandaşı!.. Niye onları susturmuyorsun, demiyoruz!

Nasıl, 'benim iç işlerime niye burnunu sokuyorsun?' diyemiyoruz... Gittikçe de diyemiyeçeğiz galiba, olmaz. Bu yanlıştır. Fransa için de aynıdır, başka ülkeler için de aynı. Devamlı taviz vereceğiz, vermenin sonu yoktur, şantajın sonu olmaz... İstedikçe ister, bizim topraklarımızı istiyorlar... Bunu bilin, hedef topraklarımız.

Büyük Ermenistan kurulması isteniyor, diyorlar. YALANDIR, BÜYÜK İSRAİL KURULACAK.

Biz soğan ekmek yiyelim ama bu topraklar bizim olsun.

Türk insanı Ermeni öldürmemiştir. Türk insanı öldürmeyi sevmez. Soykırım Avrupalıların uydurdukları bir kelimedir..."

Ruhen Türk olduğunu söyleyen, Ermeni asıllı tarihçi-yazar Levon Panos Dabağyan, kitaplarında ve başka konuşmaların da daha geniş açıklamalar yapmıştır.

Levon bir Emeni tarihçidir, yüreği Atatürk sevgisiyle doludur...

Tarih bölümünde okurken ve daha sonraları pek çok Türktarihçi gördük ki içinde profösör olanı da var. Türk Milletine devlet kuran Mustafa Kemal Atatürk'e ve silah arkadaşlarına açık açık karşı çıkıyordu. Bir Türk nasıl bu hale getirilmiştir? Siyonist-Mason siyaset belgesini dikkatli okursak, onların nasıl böyle kötü yola(!) düşürüldüklerini kolayca anlarız.

Şimdi kendi yaşadıklarım:

Doksanlı yılların başında Amerika, Philadelphia'da George Washington kilisesi, Protestan papazı Bob ve sonra kızı Jane ile çok yakın dostluklar kurduk. Bir Türk'ü ilk defa yakından tanıyorlardı. Onların diplomatik misafirlerine Philadelphia Arkeoloji müzesinde özel izinle mihmandarlık yapıyordum. Bob çok yetkili yerlerde, kızı lobilerde (Ermeni, Rum- Yahudi) özel işlerde çalışıyordu. Müzedeki eserlerin yüzde sekseni Türkiye'den gitme. Oradaki eserleri görünce çocuğumu görür gibi oldum. Onları anlatırken yıllardır orada yaşayan biri gibi olmuştum...

Bir-iki yıl sonra büyük misyoner papaz Bob ve kızı, göstermiş olduğum kültürel etkinliğin karşısına tatlı bir eziklikle, altta kalmamaya çalışıyorlardı. Jane, bir gün heyecanla; "Olamaz! Bir milletin kaderiyle bu kadar oynanamaz" diyerek tepki gösterdi ve Türkiye'nin iller haritasını masanın üzerine serdi. Jane, lobilerden aldığı Türkiye haritası üzerinde, daha doğrusu, bir kopya grafik haritası üzerinde, işaretlenmiş illeri gösteriyordu. Ben bir şey anlamadım. Papaz Bob söze girdi ; "Bak Sir:

Amerika'yı George Washington kurmuştur. Her hangi bir siyasi aktivite, herhangi bir tarikat veya bir kimse göremezsin ki Amerikanın kurucusu George Washington'a kötü bir şey söylesin. Kendine devlet kuran liderine sövenleri deli diye tımarhaneye kapatırız. Öyle bir hürriyet yoktur, onu yok ederiz."

Jane'nin anlattıklarından anladım ki, Lobiler içimizi dışımızı bizden iyi biliyorlar.

"Bu işaretlenmiş iller nedir? Diye sordum.

Haritanın dipnotunda aynen şöyle yazıyordu; "............." yazamadım.

Çok bozulmuştum, çünkü birisi benim büyüdüğüm il'di. Fakat hiç yanılmamışlardı. Ege gibi yerde üç il, lobiler için takdire şayan yerlerdi... Bırakın Hakkari'yi, Şemdinli'yi(!)

Papaz Bob'a çok şey borçluyum, Bob anlattı ; "Bak Sir, iyi dinle:

Bir devleti yok etmek istiyorsan, önce kurucu önderini yok edeceksin. Bu bir misyonerlik kuralıdır. Burada işaretlenen yerlerde siyaset yapanlar kurucu öndere açıkça sahip çıkarlarsa oy alamazlar. Bu iller Ermeni-Rum-Yahudi lobileri için kazanılmış illerdir."

Ege'de üç il, birisi benim büyüdüğüm ilim...

Mustafa Kemal Atatürk'ün Yunan tecavüzlerinden kurtardığı iller.

Jane söylenip duruyordu; "Bir milletin kaderiyle bu kadar oynanamaz!"

Jane, benim ilimdeki yeni işbirlikçileri benden iyi biliyor, Jane Türkleşti, bizimkiler direniyor!..

SİYONİST-MASONLAR, ATATÜRK'Ü ÖLÜME GÖTÜRDÜ, YERİNE GELENLER ÖRT-BAS ETTİLER(!)

Atatürk Masonluğu yasaklayan kanunu çıkardıktan sonra, Masonlar ona düşman kesilmişlerdi. Şimdi iki yüzlülük yapıyorlar.

Masonların itirafları,"Atatürk'ün Ölümündeki Sır Perdesi..." başlıklı makale, Cevat Rıfat Atilhan Paşa tarafından yabancı kaynaklardan alınarak çevrilmiş, gazeteci Ogün Deli tarafından yazılmış olan "Agoni" isimli derlemeyi mutlaka okuyalım:

-1 AĞUSTOS 1948, Yunan Komünist Halk Cumhuriyeti (SLD)'nin resmi gazetesi, "Layki Foni" (layki, laykos-halk) yani Halkın Sesi gazetesinin 685'inci sayısında, Bulgar Yahudilerinden 33. dereceden Farmason (büyük mason) Avram Beneraoysan'ın yazısı ve itirafı:

"Mefkuremize imha edici darbe vuranların akıbeti, feci şartlar altında ölümdür..."

"Mustafa Kemal Atatürk, 10.10.1935 tarihinde Ankara'da, Çankaya Köşkünde doktor Mim Kemal Öke'ye hitaben, 'Mason cemiyetinin faaliyetlerini inkılaplarıma muarız gördüğüm için kapatılmasını elzem gördüm. Bu dakikadan itibaren bu cemiyeti ölmüş biliniz ve bir daha diriltmeye teşebbüs etmeyiniz' demiştir."

Not: Mim Kemal Öke bir farmasondu ve elli yıl sonra dahi bir torunu bir Türk ünivesitesinde sözde tarih anlatarak, bilgi kirliliği yaratmış ve Atatürk'ten intikam almaya devam etmiştir.

Farmason Avram'ın yazısına devam edelim:

"Atatürk zannetti ki; bütün muhalif ve muarrızlarını tasfiye ve bertaraf ettiği gibi, masonları da tasfiyeye tabi tutmaya muaffak olacaktır.

Fakat asla!

Türkiye'deki mason cemiyetinin Kemal Atatürk tarafından kapatılarak faaliyetinin durdurulduğunu, Moskova'da tarihi bir yerde yoldaşlar arasında yapılan bir toplantıda işittiğim zaman, beynimden vurulmuş gibi sersemledim. Heyecandan şaşırmış bir halde, oradakilere haykırdım:

O sarı lider, suret-i katiyetle ortadan kaldırılacaktır!

Atatürk'ün ani bir dönüşle mason cemiyetini kapatması bizi pek derin bir düşünceye sevk etmişti. İlk anlarda Kemal Atatürk'ü silahla ortadan kaldırmayı düşündük. Çünkü o, felsefemizin Türkiye'de yerleşme imkânlarını ortadan kaldırmıştı. Bu sebeple kendisinin de ortadan kaldırılması son derece elzemdi."

Mason localarını kapattığı için "Atatürk'ü ortadan kaldırma" planı yapan komünist-mason şer cephesi, silahla öldürmenin riskli ve başarı şansının çok zayıf olduğu düşüncesiyle şu kararı alırlar: "Onun ölümü esrarengiz olacaktır."

Avram Benaroysan: (Büyük Mason) devam ediyor:

"Mason cemiyeti Atatürk tarafından kapatıldıktan sonra, mason biraderler, cemiyet sanki kapatılmamış ve Atatürk'le aralarında hiç bir ihtilaf yokmuş gibi vaziyet aldılar. İmkân buldukça onun her hareketini alkışladılar ve zamanla onun etrafında bir çember meydana getirdiler ki; Sarı lider Mustafa Kemal kendiliğinden bu çemberin içine girip hayatını bize teslim etti....

"Doktorlarımız Atatürk'ün ölümünün ani oluşunu tehlikeli gördüklerinden, 1937 ortalarında, ismini açıklayamayacağım bir doktor, bazı zaaflarına dayanarak Atatürk'e ilk darbeyi sinir organlarını zaafa düşürmek suretiyle indirdi..."

Uyarı: Harbiye'de öğrenci yoklaması yapılırken, Mustafa Kemal'in adı ve numarası okunduğunda tüm harbiyeliler hep bir ağızdan "İÇİMİZDESİN!... " diye haykırıyorlarsa, her asker bir Mustafa Kemal olmakla yükümlüdür.

Emekli olsun, muvazzaf olsun, ayrıntıları Lazer Yayınları arasında çıkan

"AGONİ" ve Yunanistan'da yayınlanmış olan 1 Ağustos 1948 tarih ve 685 sayılı "Layki Foni" gazetesinde, büyük komünist-mason Avram Benaroysan'ın yazılarına ulaşmadılar ise, büyük asker Cevat Rıfat Atilhan Paşa'nın emeklerini görmemişlerse.....Bir şey söylemeye gerek var mı?!..

Eğer bu yazılanlar doğru ise, bu ayıp hepimize yeter, bu vatan bize haram olur. Hiç kimsenin şüphesi olmasın!

Ya Atatürk'ün ölümünden sonra (...)

Bu belgelere göre, dünya tarihinin en büyük kurtuluş savaşının lideri Atatürk, üç çeyrek zibidi masonun elinde can çekişe çekişe can vermiş, ama onun canını alanlardan hesap sorulmamış, üstelik ört-bas edilmiştir. Kim, neden böyle yapmıştır?.. Olayların akışı kuşkuya yer bırakmıyor:

-1947 yılı sonunda, mason olduğu söylenen Şemsettin Günaltay, İsmet İnönü tarafından başbakan olarak atanır ve...

1948 yılında İnönü'nün emri ve Celal Bayar'ın da tensipleriyle Masonlar, Halkevlerine devredilmiş olan mallarını da geri alarak tekrar faaliyete geçerler. Missouri zırhlısı, ikinci mütareke dönemini başlatmak üzere Atatürk'ün kovmuş olduğu emperyalistler adına Çanakkale'yi geçerek, bir ölüyü getirme bahanesiyle İstanbul Limanına gelir ve inadına, Atatürk'ün ruhunu teslim ettiği Dolmabahçe Sarayı'nın önüne demirler. Bu kez gitmediler. Geldikleri gibi gitmediler, geliş o geliş...

Başbakan Şemsettin Günaltay, masonlar için çok takdire şayan bir adamdı ama halk onu tutmuyordu.

1950 seçimlerinde bir yanlışlık oldu, mason olmayan Adnan Menderes Başbakan oldu. Enver Paşa'ya ne yaptılarsa ona da...

Adnan Menderes, Enver Paşa gibi düşünüyordu; kendileri mason değildiler ama masonluğu tehlikeli görmemişlerdi. Enver Paşa ve arkadaşları ölüme giderken mason arkadaşları nanik yapıyorlar, yeni kurbanlarının kim olacağını düşünüyorlardı. Araya Atatürk ve silah arkadaşları girince; 1922 yılından 1948 yılına kadar vampir gibi mezarlarında saklanmışlardı. 1948 yılında yeniden canlandılar. 27 Mayıs 1960 gecesi saat 00.01'de Aga marka radyomdan darbe anonslarını dinliyordum:

"Sakın yanlış anlaşılmasın, biz Amerika'ya, Nato'ya, Cento'ya gönülden (göbekten) bağlıyız.!..." Atatürkçüler seviniyordu; bak, Atatürkçü darbe bu!

Eyvah ki eyvah, Adnan Menderes ve iki arkadaşı, demek oluyor ki Amerika'ya gönülden bağlı değillermiş(!) ve onları idam ettiler...

Bu olay neydi? Hiç kimse çıkıp da doğru dürüst bir yorum getirmedi, çoktan unutuldu gitti.

27 Mayıs 1960 gecesi, 00.01'de "Biz Amerika'ya gönülden bağlıyız!.." diye haykıranlarda iyi çocuklardı ama, Tapınak Şövalyelerinin vampirleri tarafından şah damarlarından dişlendiklerini bilmiyorlardı.

Vampirler 1948 yılında mezarlarından çıkmışlar, 1960 yılında şahlanmışlardı, artık Türkiye'de mutlaka mason başbakan olmalıydı.

1961 yılı kış aylarında Yassıada mahkemelerinde mahkeme başkanı Salim Başol, her celsenin açılışında hep aynı ses ve aynı tonlamayla başlıyordu;

"Sanıklar getirildiler, bağlı olmayarak yerlerini aldılar... Müdafiiler haaazır(!)"

Bir gün Adnan Menderes savunma yapar gibi oldu; başkan Salim Başol bu duruma öyle kızdı ki işaret parmağını Menderesin yüzüne tutarak, yerinden fırlayacakmış gibi bir hiddetle bağırdı:

"Sen ne dersen de!... Seni buraya tıkan kuvvet (Tapınak Şövalyeleri) öyle istiyor..."

Karar: İdam...

Birçok kişiye idam cezası verilmişti ama yalnız mason olmayan üçü, Adnan Menderes, Hasan Polatkan, Fatin Rüştü Zorlu idam edilmişlerdi...

Bir yıl önce istifa ettiklerinde, onların mason arkadaşları, "olamaz, mezara kadar birlikte olacağız!..." demişlerdi. Fakat onlar ipe giderken nanik yaparak kendilerini ipten sıyırmışlardı. Kim bilir yine, yeni kurbanlarını mı bekliyeceklerdi(!)

Öğle üzeri okuldan çıkmıştım, bir baktım erken baskı Akşam gazetesi, Adnan Menderes'in idam sehpasındaki resmi. Babam, Demokrat Partinin önemli bir adamıydı, bes belli çok üzülecek. Akşam oldu, bütün komşular toplandı. İçlerinden en akıllısı konuşuyordu:

"Yalan resim bu, uyduruk bir görüntü!... Adnan Menderes'i İsviçre'de görmüşler, beyaz bir at üzerinde!..."

En akıllı adam desteksiz atıyordu, toplum ise hipnotize olmuş gibi, kafalarını, hep birlikte sallayarak "eveet, doğruuu!..." diyordu.

Ömrümde,o gün tiksindiğim kadar hiçbir şeyden tiksinmemiştim.

Biraz zaman geçti, idamın gerçek olduğu anlaşılmıştı. İçime o kadar oturmuştu ki, bir gün babam dahi oradayken hepsine birden sordum:

"Hani siz, daha bir yıl önce bu meydanda Adnan Menderes'e "ölürüz senin için!..." diye bağırıyordunuz ya...

Ne oldu şimdi hasta bile olmadınız? Haa, ne oldu?..." Demiştim.

Bu arada,Adnan Menderes'in Kıbrıs sorunu için Londra'ya giderek yapmış olduğu, Garantörlük Antlaşması'nın da intikamı alınmış oldu. Aradan kırk beş yıl geçtikten sonra, birisi çıkar da "Garantörlük Antlaşmasını yırtarım, AB'ye girerim, bu işi ben çözerim," diyorsa... Bilirim ki o da vampirler tarafından en az on beş defa dişlenmiştir(!)

Üç defa okuduktan sonra... "Allah bunlara akıl fikir versin de akılsız kalmasınlar." derim...

SAKIN KİMSE YANLIŞ ANLAMASIN, KİMSEYE AKIL VERMEK İÇİN YAZMIYORUZ, SADECE FOTOĞRAF ÇEKİYORUZ!!!

27 Mayıs 1960 darbesinden sonra okullarımıza askerlik dersi için subaylar geliyordu. Üsteğmen, yüzbaşı, hatta bir albay gelmişti. İsimlerini bile hala hatırlıyorum.

Ne anlatıyorlardı?.. Kore kahramanları...

-Bizim kahramanlar olmasa Amerikalılar mahfolacakmış(!)

-Türk İstiklal Savaşı kahramanları... yok kardeşim yok.

-Sakarya Savaşı kahramanları... yok kardeşim yok.

-Sarıkamış şehitleri... yok kardeşim, kayıtta öyle bir şey yok.

Bir arkadaşımız sordu; albay rütbeli hocaya:

-Hocam Kore'de kaç kişi ölmüştü?...

-Yedi yüz otuz kişi...

-Ama hocam, Çanakkale'de 250.000 şehit vardı. Sus oğlum!..

-Çanakkale'nin sırası mı şimdi;

-Kore'de Albay Tahsin Yazıcıoğlu'nun, yüzbaşı olan oğlu Yazıcıoğlu vardı. El bombasını nasıl attığını biliyor musun?... O kendini feda etti, ama yanındaki Amerikalıları kurtardı.

Yaz geldi, Hisar camiinde yatılı sözde Kuran kursuna gidiyoruz.

Hoca Efendi Hazretleri çok derin bir alim: İlkokul üçten çıkma.

Devrimci subaylardan yırttık, bu kez düştük hoca efendinin eline. İstiklal Savaşı'nı anlatıyordu: Bize acıyarak bakarak, gözleri ağlamaklı:

"Siz Müslüman çocuklarısınız, okullarda anlatılanlara inanmayın! Bizi düşmandan Kemal'in ordusu değil, yeşil sarıklılar kurtardı. Yeşil sarıklılar beyaz atlar üzerinde, ellerinde kılıçlar vardı. Kılıcını salladığında kâfirin kırkını birden keserdi; atlar yetiştiği kâfiri yutardı. Şeriat ordusunun o yeşil sarıklıları bize görünmezdi (işi garantiye alarak) yalnız kafirlere gözükürdü. (İşi sağlama bağlamak için) Yunan askerleri anlatıyorlar: "Ah! O yeşil sarıklılar yok muydu, bizi onlar mahvetti, diyorlar!.."

Yaz bitti okula döndük. Albay Hoca askerlik dersine yeniden başladı:

Devrimci darbe subaylarının muhayyilesinde sanki Amerikan üniformalı bir Atatürk vardı. Bir gün albay hocaya yaz kursunda Hoca Efendi Hazretlerinin ne biçim İstiklal Savaşı anlattığını açıklayacak oldum, "olur oğlum, oralarda öyle olur..." dedi.

.....

İyi çocuklar, gittiler-geldiler Atatürkçü darbe yaptılar. Abone olmuşlardı sanki; yaklaşık on yılda bir Atatürkçü darbe yapıyorlardı. Nasıl bir şeydi bilemiyoruz; ne hikmet ise,"bir önceki darbecilerden hiç bir şekilde hesap sormuyorlardı. Her darbe gecesi amcalarına sesleniyorlardı. Sakın yanlış anlaşılmasın, Amerika'ya gönülden bağlıyız..." (Son darbecilerin uzun bacaklı çocuğu, Tapınak Şövalyelerinin vampirleri tarafından öyle acımasızca dişlenmişti ki, çocuk hala İsrail yollarında sürünüyor.)

PKK'da gönülden göbekten Amerika'ya bağlı.

Ne olacak şimdi?...

Geçmiş zamanlarda, 730 kişi kaybettiğimiz Kore savaşlarını anlatan askerlik dersi hocaları vardı. Geldik 2005 yılına:

Amerikan askeri PKK'lılar, ABD'nin paramiliter gücü değilmidir?... Amerika'nın verdiği destekle biti kanlanan PKK kaç askerimizi şehit etmiştir? Anlatsanıza!...

Devletin resmi kayıtlarına göre, 3832 asker, 247 polis, 1248 korucu olmak üzere, toplam 5327 güvenlik görevlisi şehit, 25000 sivil masum vatandaşımız canından oldu. Kıvırmadan konuşun!!! Dersinizde anlatınız lütfen...

Bu iş Amerika'nın emriyle oldu.

Amerika emretmişti: 30 bin kişinin katilini asamadılar, İmralı'da...

Amerika emretmişti: Başbakan astılar yine aynı yerde,İmralı'da...

Amerika'nın verdiği şeref madalyalarını göğsünde taşıyanlara ithaf olunur. Elbette Amerika'dan almış oldukları bu şeref (!) madalyaları bir gün müzelerde sergilenecektir ve altında şöyle yazacaktır;

"Kafalarına çuval geçirenlerden aldıkları şeref (!) madalyaları...

Atatürk'ün vasiyeti ve kanunu:

"Türk Milleti'nin askeri yalnız kendi milletinden şeref madalyası alır, yabancı güçlerden şeref madalyası almayı yasakladım..."

Alman emperyalist Şansölyelerinden şeref madalyası alan Enver paşa ve arkadaşları da iyi çocuklardı, ama yabancılardan şeref madalyası almak, onların kötü sonlarını hazırlamıştı, tabii milletin de...

Türk Milli Kurtuluş savaşı komutanlarının hiç birisi yabancılardan şeref madalyası almadı. 1951 yılında yabancılardan şeref madalyası alma dönemi yeniden açılmıştır. Bu ne anlama gelmektedir?...

SİYONİSTLER SONUÇTA MASON BİR BAŞBAKAN BULABİLDİLER Mİ?...

Olaylara dikkatli bakarsak yorum yapmaya gerek olmayacaktır.

1963 yılı 21 Mayıs gecesi bir yazlık sinemadan döndükten sonra gece saat 00.01'de yine darbe anonsları başlamıştı. Talat Aydemir ve Fethi Gürcan komutanların sıkıyönetim bildirisi okunuyordu. Fakat onların bildirileri arasında, "sakın yanlış anlaşılmasın, Amerika'ya gönülden bağlıyız..." gibi anonslar verilmiyordu. Başlarına iş açmışlardı. Amerika'da CIA merkezinde soruyorlar:

"Bunlar kimin çocukları?..."

"21 Mayısçılar Türkçü darbe yapmışlar, onlar bizim çocuklar değil!"

Sonra duyduk ki, kendi arkadaşlarından birisi ve bir Amerikan milliyetçisi Türkçü(!) tarafından ispiyonlanmışlardı.

Türkiye'de Türkçü darbenin cezası kesilmişti. Albay Talat Aydemir ve Fethi Gürcan, acımadan yağlı ipe gönderilerek asılmıştı. Bu olay bahanesiyle Harbiye'den yüzlerce öğrenci atılmış, bir kısım asker tipli komutanlar da ordudan çıkarılmıştı.

Artık meydan onların çocuklarına mı kalmıştır. Olur mu kardeşim, Türkiye'de Türkçü darbe yapılır mı?...

Onların çocukları üç darbe daha yaptılar ama bir daha başbakan veya komutan falan asmadılar. Adam asmanın şart olduğu durumlarda ise 18 yaşındaki çocukları idam ederek durumu idare ettiler, ama başbakanı kurtarmak için üç defa darbe yaptılar(!)

Aradıkları başbakanı bulmuşlar mıdır?...

Halâ bilemiyoruz(!)

Darbeciler, "Cumhuriyeti koruma ve kollama görevini yapmak için darbe yaptıklarını..." söylediklerinden, kırk yıldan beri Cumhuriyet Savcıları işsiz kalmışlardı. Oysa, "Cumhuriyeti koruma ve kollama görevi," birinci öncelikle Cumhuriyet Savcılarına verilmişti. İşsiz kalan Cumhuriyet Savcıları da başka işlere baktılar. Sonuçta onlara "neden Cumhuriyet Savcısı" denildiği de sorgulanırken...

Cumhuriyet sahipsiz kalmıştı(!)

TAPINAK ŞÖVALYELERİ GERÇEK BİR VAMPİRDİR

Vampir, sadece filmlerde ve romanlarda anlatılan bir fantezi kurgu değildir. Gerçek vampirler tapınak şövalyeleridir.

Vampir kimin şah damarına dişlerini geçirirse veya kime tecavüz ederse onu vampirleştirir.

Vampirin dişlediği kişi ne iyi çocuktur,ne güler yüzlü ve yakışıklı bir adam, veya dünyalar güzeli bir genç kızdır ama artık kişiliği değişmiştir. Vampirin tecavüz ettiği kişi artık bizden biri değildir; vampirden yana olmak, ya da bizden yana olmak gibi, iki seçenek arasında kalarak bunalım geçirmektedir.

On milyon şehidimizin kanları ve canları bahasına kazandığımız Türkiye hıyabanında işte bu vampirden başka sorun yoktur?... Vampir vatanımıza sinsice sokulmuş şehitlerimizin kanlarını koklamaktadır...

Vampir, bir Yunan generalini dişleseydi, Yunan generali: "Kıbrıs'ın stratejik değeri yoktuuur!.." diye ciyaklayacaktı. Nerede kıstırdıysa Vampir geldi bizim generali dişledi, bizimki sayıklamaya başladı;

"Kıbrıs'ın stratejik değeri yoktur!..."

"Zaten geri gelmek için Kıbrıs'a çıkmıştık..."

Evvelden bu çocuklar da iyi çocuklardı, erken davranırsak onları Vampirin zulmünden kurtarabiliriz. Aslında adam gibi adam, asker gibi asker ne paşalarımız, ne komutanlarımız var, vampirin gözü dönmüş olduğu için onları görmüyor(!) Ne kazıklı paşalar var, Vampir avcısı...

Yunanistan'da, Yunan Sanayici ve İş Adamları derneği var, YUSİAD(!) YUSİAD yöneticileri son derece Yunan milliyetçisidirler. Kıbrıs davasında Rum lideri Papadapulos'un arkasında duruyorlar. Türk kahramanı Rauf Denktaş'a karşı çıkıyorlar. İsrail İş Adamları Derneği İSİAD yöneticileri de son derece İsrail milliyetçisidirler...

...Eyvah; Vampir gelmiş bizimkileri dişlemiş, fiili livata etmiş ki, onlarla birlikte Türk Kahramanı Rauf Denktaş'a saldırıyorlar, yüksek ateş içinde sayıklıyorlar:

"Türk'üm demeyin" diyorlar.

Yunan için, İsrail için milliyetçilik şart olmuştur ama "bize gelince, sakın ha: "Ermeniler, Yahudiler milliyetçilik yapsın."

"Siz Türkiye'de milliyetçilik, ulusalcılık yapmayın!.."

-Fonlanmış ve satılmış vakıfları araştırma yapıyor: Türkiye'de otuz çeşit millet çıkıyor, Türk çıkmıyor(!)

Ey vampir suratlılar!!!

"Bu milletin yıllarca kanını emdiniz, bu milletin sırtından zengin oldunuz, hiç değilse Yunan iş adamları,İsrail iş adamları kadar milletinizi düşünün; sizde hiç utanma duygusu yok mu?.." desek!..Çok mu geç kalınmıştır; acaba hastalıkları kuluçka dönemini aşmış mıdır? Yahu, bu ne iştir, ne bilinmez bir felakettir?...

Bunlar bilmezler mi ki:

-Haçlı orduları Çanakkale'de, bunların saydıkları boyların hepsinin atalarını "Türk" oldukları için şehit etmişti... Şimdi mi Kürt oldular.

-Doğuda Orhan Pamuk'un ataları, Ermeni Taşnak çeteleri, daha doksan yıl önce 320.000 Kürt'ü "Türk" diyerek şehit etmişlerdi...

-Hatay'da, Mardin'de yaşayan Türk Araplarını "Türk" diyerek şehit etmişlerdi... Kürtlerin yarısını yok edenler şimdi "Kürt sorunu var..." diyor!!!

Daha dünkü gün, Yugoslavya'da modern Haçlı çeteleri, 300.000 Müslüman'ı "Türk" diyerek katletmişlerdi. Haçlı çetelerinin kendi ağızlarından dinledik; "Yugoslavya'da Türk'lerin işini bitirdik(!)" diyorlardı...

-Balkan savaşlarından sonra milyonlarca insanı,"siz Türksünüz" diyerek katlettiler, kalanları Avrupa'dan sürerek Türkiye'ye gönderdiler; onlar Türkiye'ye geldikten sonra mı Türk'lükten çıktılar?...

Osmanlı Devleti çökerken, "Türkleri keseceğiz, kalanları da Orta Asya'ya süreceğiz!..." çığlıklarıyla yurdumuzu işgal ettiler. Edirne'den Van'a kadar, Kars'a, Hakkari'ye kadar şehit ettiklerine "Türk" diyorlardı...

1922 yılında verilen savaşın adı TÜRK KURTULUŞ SAVAŞIDIR...

Kurtuluş savaşını vermiş bir milletin alt kimliği, üst kimliği olmaz, olamaz; Türk Milleti'ni tartışmaya açanlar, Haçlı işgal güçlerinin tohumları değilseler (!) kim olduklarını aziz milletimize açıklamak zorundadırlar. Bu işin çirkefini çıkardılar...

Çirkefleştiler!

Vampir karanlıkları sever, üstüne güneş doğarken iskeleti kalacaktır. Şimdilik karartma işini Vampir Medyası'na yaptırıyorlar.

Bu Vampirleme işinin elbette sonu çok yakındır. Cadıcı Murat ormana gitmiş, günlerdir ormanda kazık kesiyormuş(!)

Vampir kazıktan anlar!..

(••••)

SİYONİST VAMPİRLER SAĞCI OLDULAR, SOLCU OLDULAR, YALNIZ ABDÜLHAMİT'E VE MUSTAFA KEMAL ATATÜRK'E SALDIRDILAR, NEDEN?...

Sultan Abdülhamit Han Selanik sürgününden 1913 yılında İstanbul'a gelerek, 1918 yılında ölünceye kadar Beylerbeyi sarayında zorunlu ikamete mecbur tutulur. Bir gün, Beylerbeyi sarayına Enver Paşa'yı davet eder.(51) Yıl 1914 başı. Enver Paşa Alman emperyalistleriyle çok içli dışlı bir durumdadır. Dünya savaşı çıkmak üzere...

Sultan Abdülhamit, Enver Paşa'ya tüm madalyalarını gösterir. Bu madalyaların içinde bir tane yabancı şeref nişanı olup-olmadığını sorar. Enver paşa:

"Hayır efendim göremedim..." der. Bunun üzerine Abdülhamit, Enver paşa'ya "oğlum" diye hitap ederek:

"Oğlum Enver, kendi milletine hizmet edenlere ecnebiler şeref nişanı vermezler, ecnebilerden şeref nişanı alanlar ecnebilerin boyunduruğu altına girerler, onlar çok iyi niyetli olsalar da, artık kendi milletinin haklarını müdafa etmekten aciz kalırlar.

Oğlum Enver, İttihat ve Terakki Fırkasını kurduğunuzda her gidişatınızdan haberim vardı. Gizli teşkilatlar kurdunuz, yaptınız ne yaptınız ama Siyonist Masonları aranıza alarak, onları yetkili yerlere getirmeniz çok yanlış olmuştur. Masonları derhal aranızdan atınız. Aksi takdirde yalnız sizin değil, milletin de felaketine sebep olacaksınız!..."

Sultan Abdülhamit devam ederek:

"Oğlum Enver, en çok ne gücüme gitti biliyor musun?...

Beni en çok üzen şey, huzurumdan kovduğum bir Siyonist-Mason Emamuel Karasu'yu beni tahtımdan indirmeye gelen heyete katmanız olmuştur. Aynı Yahudi'yi ne diye karşıma çıkardınız? Bir Mason locasının üstadı azamı olan bu zat eliyle, Hz. Peygamberden beri el üstünde tutula gelen hilâfet, bir Mason'un tebligatı ile Osman oğulları'nın bir varisinden müh'rün alınması üzüntü vermiştir... Onun yerine bir Müslüman bulamadınız mı?...

İftihar ediniz!!!

Lakin bu tıynetiniz, ati de felâketiniz olacaktır!.."

Sonra ne olduğunu tarih yazmıştır...

Atatürk ve Masonlar konusunu da önceki sayfalarda ayrıntılı bir şekilde incelemiştik.

Atatürk 1935 yılında büyük Mason Dr. Mim Kemal Öke'ye "bu derneklerinizi derhal kapatınız," emrini vermişti. Bu olaydan tam elli yıl sonra, Mim Kemal Öke'nin tarihçi bir torunu, haçlı işgal güçlerinin ajanlık merkezi gibi çalışan bir üniversitede, Türk milli (inkilâp) tarih dersleri verirken, Drakula suratıyla utanmadan, sıkılmadan şöyle diyordu: "Kurtuluş savaşını yapmak için Mustafa Kemal'i Anadolu'ya Padişah Vahdettin gönderdi, masrafları için para da verdi..." / Bilgi kirliliği.

Mustafa Kemal, koskoca 9. ordu müfettişi olarak, yanında on beş kişilik bir ekiple birlikte 60 bin lira harcırah almıştı. Bunu söyleyen Mason tarihçi, İngiliz Muhibleri Cemiyetinin ne mal olduğunu hiç anlatmıyor, isyanlar için verilen paralardan hiç söz etmiyordu.

İngilizler Dahiliye nazırı Adil Bey'e, bir başına 150 bin lira vermişlerdi. (31)

İsyan için Konya Valisi, işbirlikçi Cemal Bey'e 200 bin lira,(47)

Şeyhülislam Dürrizade'ye bir defada 40 bin lira,(32)

Kürt Teali Cemiyetine, doğuda isyan çıkarması için 750 bin lira...

Diğer isyanlar için gönderilen torbalar dolusu İngiliz altınlarından, Said Molla'nın aldığı işbirlikçi rüşvetlerini anlatmayan Mason tarihçi, yıllarca devletten maaş alarak ihanetini sürdürmüş, sonradan Vampir TV kanallarının baş tacı olmuştur. Elbette başkaları da var.

Sonuç olarak görüyoruz ki, sağcı olsalar da, solcu olsalar da sonuçta, ya Abdülhamit'e ya da Mustafa Kemal Atatürk'e saldırmışlar. Atatürk'e "burjuva Kemal," Abdülhamit'e "Kızıl Sultan" gibi yakıştırmalarla, sağcılara geleceğimizi kararttırmışlar, solculara da geçmişimizi kararttırmışlardır. Vahdettin ve Turgut Özal gibiler ise her iki siyasetin de baş tacı olmuştur. Bu bir Siyonist oyunudur!..

SAĞCILIK, SİYONİZİM SİYASETİDİR-SOLCULUK, SİYONİZMİN DIŞ GEBELİĞİDİR. CAMİNİN MİHRABI NEDEN ORTADADIR?...

Türkiye'de sağcı olduğunu söyleyen zavallı Müslümanlar, caminin mi yoksa sinagogun mu emrinde olduklarını bilemezler. Caminin mihrabını sağa kaydırırsan sinagog olur. İsrail milliyetçileri sağcıdırlar, bizim sağcılar da bildik bileli Siyonizm'e karşı çıkmazlar. Bu ne güzel bir beyin yıkama operasyonudur?.,.

Siyonizm'in, yani İsrail milliyetçiliğinin hizmetindeki sağcı İslamcı tarikatlar Masonların emrinde olmadılar mı?

Ya Türk Milliyetçileri sağcı olmakla kime hizmet ettiler?..

İsrail için kızıl elma, vaad edilmiş topraklardır. Vaad edilmiş toprakların büyük bir kısmı milli sınırlarımız içindedir.

Yunanistan için kızıl elma, Megalo İdea'dır, Megalo İdea'nın sınırları da Türkiye'nin öbür yarısından geçer.

Sağcı Siyonist-Haçlı siyaseti bize vatan bırakmıyor!...

Bizim sağcı siyasetçilerimiz de Siyonist-Haçlı siyasetinin emrinde... Utanmadan, sıkılmadan Siyonist-Haçlılar gibi sağcı oluyorlar. Misak-ı Milli'yi unutturuyorlar...

Ya bizim Kızıl Elma'ya ne oldu?...

Dünyada sadece on milyon Yahudi var. Buna rağmen sanırsınız ki, dünyada Yahudilerden başka kimse yok. Bu durumun ne olduğunu anlamayan kaldı mı? On milyon Yahudi'nin de yalnız küçük bir grubu Siyonist olduğu halde, sanki dünyayı alt-üst etmeye yemin etmişlerdir. Üç yüz milyon Türk nerede?...

Bir milyar Çinli nerede?... Hintli, Arap v.s. yok, yalnız Yahudiler var, dünyaya don biçiyorlar. Bu hasta ırkın sonu ne olacak? İntihar ederken bütün bir mahalleyi yakan, bir paranoid-şizofren deprasyonu geçirmiyorlar mı?...

Ya bizim orta sağ partileri, yakın sağ partileri, ne sosyal ne demokrat partileri, ne Türk ne İslâm sentezcileri ve de Türkiye'deki Amerikan milliyetçileri, dünyanın bu paranoid-şizofren delisinin eline benzin dolu/bidon vermiyorlar mı?...

Ya solcu-komünistler?... Onlar zaten Siyonizmin dış gebelik ürünü olarak görevlerini yaptılar ve sonunda akrep gibi kendilerini sokarak intihar ettiler(!) Sıra, Siyonist uşağı sağcı partilerdedir.

Hiç akıllarına gelmedi ki, vatanlarını kendilerine bağışlayan Kuvay-ı Milliye solcu muydu, sağcı mıydı; **hiç sormadılar ki, caminin mihrabı neden ortadaydı(!)**

Hani, Amerika'da düşünce (think-tank) kuruluşları varmış ya... Bizde yüz yıl önce düşünce kuruluşları vardı, bilen var mıdır?...

İşte bir Osmanlı düşünce kitabı; Necat ül Mümin'in 1890 yılında basılmış, Osmanlı Türkçesi bir kitap. Daha 1890 yılında varsayımlarda bulunuyor:

"Lanetlenmiş ırkın üç felâketini yaşayacaksınız.

-Birincisinde dünya çok karışacak, çok insan ölecek. (Birinci dünya savaşı patlar, 14 milyon insan ölür...)

-Bu ırkın sebep olacağı ikinci bir felaket yaşanacak, birincisinden daha çok insan ölecektir.(ikinci dünya savaşı patlar, 60 milyon insan ölür...)

-Ahir (son) zamanda bu lanetlenmiş kavim iyice azıtacak, bütün dünyayı kana bulayacaklar, kandırılmış başka Müslüman kavimlerini de yanlarına çekecekler, adı Müslüman olan münafıklarla birlikte iyice sapıklaşacaklar ama sonunda doğudan gelen mümin orduları tarafından, münafıklarla birlikte yok edileceklerdir."

Olur mu böyle şey?... İlk ikisi olmuş, üçüncüsünü bilemeyiz(!)

Gerisini münafıklar ve Peşmergeler düşünsün...

Yalnız çok dikkate değer bir şey daha söylüyor:

"Atalarımızdan büyük bir Hakan tarafından esaretten kurtarılan, kendilerine yer ve yurt sağlanarak ölümden kurtarılan Yahudiler, vatanımıza göz dikecekler, bizi pişman edeceklerdir.

Atalarımız o yanlışı bir daha yaptılar. Fransızlar, Flemenkler, Belçikalılar, ikinci dünya savaşı sırasında Yahudilerin yerlerini göstermek için Alman işgal güçlerinden çok iyi paralar alıyorlardı. Onları ispiyonluyorlardı. Oysa bizim atalarımız kurtarabildiği kadarını getirerek başımızın tacı yapmış, hatta üniversitelerimizi dahi onlara teslim etmişti. Peki Siyonistler, atalarımızın onca iyiliklerine karşı ne yapıyorlar?

Yahudi Milli Siyaset belgesi/Gizli anayasasını İsrail'den Türkiye'ye taşıyarak, on milyon şehidimizin kanları üzerinde Siyonist bir gizli imparatorluk kurmaya çalışıyorlar:

-Siyasi partilerimizi kontrol ediyorlar. Kendilerine benzetiyorlar.

-Holding medyaları kurarak milletimizin beyinlerini çalıyorlar.

-Kendilerinden olan on sekiz aileyi getirip tepemize oturttular, buna demokrasi diyorlar.

-Gavur tarikatlarını kullanarak dinimizi çaldılar, yerine başka bir din getirdiler.

Bu millet büyük bir millettir. Her şeyin fakındadır. Yürekleri yetiyorsa Türk Milleti'ne yaptıkları anketleri yayınlasınlar. Nedir bu anket sonuçları?... Cevap:

-Yahudi'ye duyulan nefret yüzde doksan dokuz...

-Yahudilerin peşine takılarak dünyamızı karartan stratejik düşmanımız olan ABD'ye Türk Milletinin duyduğu nefret yüzde doksan bir.

Haydi Siyonist Müslümanlar, münafıklar! Yine ABD'ye gidin icazet alın, Sam amcanıza tekmil vererek siyasete devam edin bakalım.

Onlarla birlikte, Türk milletinin nefret denizinde boğulacaksınız.

HUKUK SİSTEMİNİ FELÇ EDECEKSİNİZ, ADALET DUYGULARINI YOK EDECEKSİNİZ.

Türk hakimleri karar verirken ne derdi? "Türk Milleti adına..."

Küffarda adalet, hukuk, hakim nedir bilinmezken, Bizans çevresinde henüz Türklerin eline geçmemiş olan komşu yerlerden, adalet aramak için Türk hakimlerine başvuruyorlardı. Bunu bilmeyenler bugün içine düştüğümüz zilleti anlayamazlar.

Beş yüzyıl önce Türk adaletine gönüllü olarak sığınan gayrimüslimler. Beş yüzyıl sonra, soykırım kasapları, Avrupalı sömürgeci Haçlı birliğinin "hayvani haklar mahkemesine sığınan..." beyinsizler.

Biz bu durumlara nasıl düşürüldük?...

Hakimlerimiz, "biz adalet dağıtamadık, sömürgeci-empeyalist Avrupa hayvani haklar mahkemesi, bizim veremediğimiz adaleti versin..." anlamına gelecek onayları verirken... Bu zillete katlanarak kendilerini inkâr etmiş olmuyorlar mı?

Bir gün gelecek, "yerli hakimler zabıt kâtibi olarak çalışsınlar, kararları biz verelim" diyeceklerdir, hiç kimsenin şüphesi olmasın!...

Adalete inancı felç etmek için sık sık af çıkarılması emrini kimler verdi? Sık sık af çıkaran siyasetçilerin bazılarının Tapınak Şövalyelerinin kölesi olduklarını bilmeyenler ne cevap verecek-lerdir?...

Bir öğretmen düşünelim ki, verdiği diplomalar sık sık iptal ediliyor. Bu durumda ne olur?.. Verdiği diplomalar iptal edilen öğretmenin, öğretmenliğinin saygınlığı kalır mı?

Daha başka; onun öğretmenliği kalır mı?...

Verdiği diplomaları iptal edilen öğretmeni, "adam yerine" koyarlar mı?..

Halbuki, yıllardır kasıtlı olarak sık sık aflar çıkarttırılıyor. Hakimlerimiz tatillerinde dahi evlerine dosya götürdüler, çalış-tılar, uğraştılar, sosyal yaşamlarını da kısıtladılar, dosyaları kara-ra bağladılar... Sonra peş peşe aflar, bir değil, iki değil, üç değil... Hakim kararları iptal edilir.

Sonuç: Diplomaları iptal edilmiş olan öğretmen gibi, kararları iptal edilmiş olan hakimlerimiz... Bu duruma nasıl dayanılır ki?

En iyisi Sn. Bülent Arınç'ın deyimiyle konuşalım:

"Şeyini şey ettiğimin!..." çulsuzları. Siz, Türk hakimlerini "konu mankeni mi," sandınız?...

"Maaşlar devam ediyor canım, ne önemi var?..." şeklinde düşünen varsa, o zaman durum değişir.

Eğer, Cumhuriyet Savcıları, "Cumhuriyeti koruma ve kolla-ma..." görevini yapmamakta inat ederler veya bu asli görevle-ni başkalarına bırakmaya devam ederlerse... Bu günkü maaşları-nı bırakalım, emekli maaşlarını alacakları devleti de bulamaya-caklardır!..

Yugoslavya'da olduğu gibi...

İşte o zaman, herkes müstahakını bulmuş olacaktır.

(•••••)

Buraya kadar özetle, "Siyonist-Mason milli siyaset belge-si/Gizli anayasası" maddelerini ve İsrail'den daha çok Türki-ye'de nasıl uygulandığını, sadece tepe noktalarına değerek geç-miş bulunuyoruz...

Ya, Erivan Milli Siyaset Belgesi... Ona da biraz dokunalım, bakalım.

Ne kadar işbirlikçi, dönek, satılmış, liboş varsa... Böyle durumlarda hemen atılırlar, "hani nerde, ihanetin belgesi nerde?..." diye karambol yaparlar. Cevap:

-Ulan p...venkler, yaşanmış ihanetlerin belgesi mi sorulurmuş?...

Biz burada yaşanmış ihanetleri yazıyoruz.

Karar:

Ya, "Ne mutlu Türk'üm diyene" ya da "Ne mutlu Mason'um diyene." Birinin yaşadığı yerde diğeri yok olmaya mahkumdur. İkisi birden yaşayamaz, asla bırakmazlar... Ya onlar bizi(!) ya da biz onları... Dünyanın en muhteşem bağımsızlık savaşını veren bir milletin evlatlarının efendisi siyonist-masonlar, kendileri ise parya oldularsa...

Sonuç: Türk Devletinde Siyonist Masonlar Türkler'den daha mutlu duruma geldiyse... Ruhunuza el Fatiha (!!!)

ERİVAN MİLLİ SİYASET BELGESİ-ERİVAN GİZLİ ANAYASASI TÜRKİYE'DE NASIL UYGULANDI?

Erivanın gizli amaçları, aslında basın yoluyla açık açık Türkiye'de yaşama geçirilmiştir. Bu propaganda yöntemleri konusunda İsrail'in yaptıklarını kopyalamışlardır.

İsrail'in kurulduğu gün, tesadüfen Türkiye'de "Hürriyet" adındaki bir gazete yayına başlar. O zamanki Hürriyet gazetesinin, şimdiki gibi sol köşesinde "Türkiye Türklerindir" gibi bir kamuflaj anteti de yoktur. 1948 yılında İsrail Devleti kuruldu. Yahudilerin en çok korktukları millet Araplar değil, Türk Milletinin tepkileriydi.

O zaman bir çok söylentiler çıktı. Yok, sahipleri Siyonist-Masonmuş, İsrail-Yahudi propagandalarına hizmet ediyorlarmış gibi söylentiler (!) Ama biz bu söylentilere asla inanmıyorduk. Ben Hürriyet gazetesi okuyordum, 1967 Arap-İsrail savaşında Yahudi yanlısı olmuştum. Yalnız ben mi?... Söylentiler bir tarafta kalsın.

Hürriyet Gazetesi görevini yapmıştı. Arap-İsrail savaşlarında çoğunluk Yahudi zaferinden yana olmuştu. Bazıları Yahudilerin zafer kazanması için dua ediyordu. Yahudi milli siyaseti Türkiye'de yerleşmişti.

Hürriyet Gazetesi'nin sahipleri sonradan değişti. (Bakarsınız yeni sahipleri, Türk propagandaları için İsrail'de de bir Hürriyet gazetesi çıkarırlar!)

Veya Erivan'a giderek bir Hürriyet gazetesi de orada çıkarırlar, sırtından zengin oldukları Türk Milleti'ni oralarda savunurlar ki böylece ödeşmiş oluruz. Orhan Pamuk çocuğu alır Erivan'a götürür, doksan yıl önce Doğu Anadolu'da Taşnak Ermeni çetelerinin,"üç yüz yirmi bin Kürt öldürdüklerini..." söyletirler. Kürtlere yaptıkları tecavüzleri, katliamları, her türlü vahşeti anlattırırlar! Gazetenin sahipleri değişti; köşesinde "Türkiye Türklerindir..." yazıyor. Türklüğe hizmet için bekliyoruz!...

Orhan Pamuk ve arkasındaki vampirler, "fikir özgürlüğü" palavrası ile Türk Milletine savaş ilan etmişlerdir, savaşı resmen başlatmışlardır...

A. NEDİM ÇAKMAK

Orhan pamuk ve arkasındaki vampirler, Erivan'a giderek "Ermeni Taşnak çetelerinin 320.000 Kürt'ü nasıl vahşice katlettiklerini söylemedikçe, bu savaş hali devam edecektir. Kimse kendini ve başkasını kandırmaya kalkmasın. Savaşı onlar başlatmışlardır.Fikir özgürlüğü palavradır, onlar bu fikirlerini halkın içine çıkarak bir söylesinler de görelim. Öyle, sırça köşkün gazete köşelerinde tam siper yatarak, karanlıkta kalleşçe kurşun atmanın bir hesabı olacaktır...

Şimdi gelelim MIGIRDIÇ ŞELLEFYAN'A

1948 yılında Erivan'da bir şeyler olmuştur. Ermenistan o zaman komünist bir devlet olduğu halde, Fransız, Amerikan ve İngiliz Emperyalist ve kapitalist ülkelerinden bir takım delegeler rahatlıkla Erivan'a girerek, 1948 Ermeni ulusal kararlarını alırlar. Ermenistan millî siyaset belgesi/Gizli anayasası yazılır. Bunun da adı gizlidir; nasıl oluyorsa, Ermenistan'da bir çay ocağında bile dinleyebileceğiniz gizli(!) kararlar...

Erivan milli siyaset belgesi Ermenistan'da uygulanacak değildi ya...

Erivan milli çıkarlarını izleyecek ve Türkiye'de yaşama geçirecek yöntemler tartışılırken, Eski Hürriyet gazetesi'nin, İsrail propagandaları için 1948 yılında Türkiye'de yayın hayatına girişini örnek alarak, Erivan milli siyaset belgesini Türkiye'de yaşama geçirmesi için bir gazete çıkarılması kararı alırlar. Elbette ki gazete Türkçe olacaktır.

Zafer Gazetesi imtiyaz sahibi Mıgırdıç Şellefyan, gazetenin gücüyle Demokrat parti'den milletvekili bile olur. Hepsi iyi güzel de, yediği çanağa pisleyerek ihanet etmek niye?... Hep öyle yapmadılar mı?...

Mıgırdıç Şellefyan'ın Zafer Gazetesi, aynı zamanda Demokrat partinin resmi gazetesi gibi yayın yapmaktadır. Ama Mıgırdıç Şellefyan, milletvekili dokunulmazlığından yararlanarak akla hayale gelmedik ihanetler sergiliyordu. Sonunda, "teneke yolsuzluğu" adıyla anılan, büyük bir hayali ihracat vurgunu yaparak İsviçre'ye kaçmış, ileriki yıllarda Türkiye'de kalmış olan yeğenlerine hayali ihracatı öğreterek, İsviçre'de sahip çıkmış, onlara kol kanat germiştir. Bu öyle basit bir tezgah değildi...

Onlar kimin yeğenleriydi?...

Sonra Turgut Özal ve bir çocuğu, sonra Mıgırdıç Şellefyan'ın çocuklarıyla Mesut Yılmaz'ın İsviçre muhabbetleri, her halde milli davalarımızı görüşmek için devam etmişti(!) Neydi bu milli davalar?.

Mıgırdıç Şellefyan'ı sevdikleri kadar neden Atatürk'ü sevmemişlerdi?...

1954 yılında Zafer gazetesi, tefrika halinde Garp Cephesi Komutanı İsmet İnönü'ye hakaretler dolu uyduruk fantaziler üretmeye başlar:

"Bir gün rakı sofrasında Atatürk, İsmet İnönü'ye çok kızmıştır; Mareşal Fevzi Çakmak'ı çağırtarak çok önemli bir emir verir:

-Git şu İsmet'i kes, kanlı gömleğini bana getir" der(!)

Uyduruk hikayeye göre:

-Mareşal Fevzi Çakmak, İsmet İnönü'ye kıyamaz, bir tavuk keserek kanını bir gömleğe bulaştırır ve sabah olunca kanlı gömleği Atatürk'ün önüne atar. Bunu gören Atatürk çok bozulur, verdiği emri inkar edemez ama "İsmet İnönü'yü keşke öldürmeseydin, akşam sarhoştum ne dediğimi bilmiyordum..." diyerek, Mareşal Fevzi Paşa'ya üzüntülerini söyler...

Bunun üzerine Fevzi Paşa Atatürk'e;

"Biliyorum paşam, Akşam sarhoştunuz, ne dediğinizi bilmiyordunuz, ben zaten bir tavuk kesmiştim..." der... Atatürk, emrinin uygulamadığına çok sevinerek, Fevzi Çakmak Paşa'ya teşekkür eder.

Bu hikayeler Mıgırdıç Şellefyan'ın gazetesinde tefrika ediliyor, biz okurken dinleyenler ise...

Ne diyordu?

-Sağır domuzu keşke kesse imiş(!)

A. NEDİM ÇAKMAK

Bir millet bu hale böyle getirilmişti; daha o zamanlar ölmüştük de ağlayanımız yoktu. Bakmayın siz Nemrut suratlı koca koca adamların yüksek makamlarda su aygırı gibi durduklarına. Elli yıldan beri su aygırı gibi çamura yattılar, ne milletten aldıkları maaşlara, ne de o yüksek makamlara lâyık oldular. Çünkü bu yazılanların tümü onların da önüne konuluyordu.

Şellefyan'ın gazetesinden okuduklarımızla, İsmet İnönü'nün asker kaçağı olduğunu öğrenmiştik. Bir gün Trabzon'da; seçim propagandası döneminde bir Demokrat parti milletvekili kahvehane önünde nutuk atarken (adını yazmaya utanıyorum) Garp Cephesi Komutanı İsmet İnönü'ye yüklenirken alkışların arttığını gördükçe coşar ve "Sevgili hemşerilerum, İnönü asker kaçağıdur, biley misunuz da!.." der demez bir alkış tufanı kopar. Biz bunları Mığırdıç Şellefyan'ın ve aynı zamanda Demokrat parti'nin resmi yayın organı Zafer gazetesinden okuyorduk. Sözü edilen milletvekilinin böyle bir şey söylediği gerçek midir, değil midir? Bilemiyoruz(!)

Mığırdıç Şellefyan, Türk Milli Kurtuluş Savaşı kahramanlarından ne istiyordu?

Böyle durumlarda, "zıtların doğruluğu teorisi" ile gerçeklere kesinlikle ulaşabiliriz. Olayı tersinden ele alalım:

-Bizdeki Ermeni, Yahudi ajanı gazetecileri, Ermenistan'a ve ya İsrail'e gönderelim, aynı yazıları Ermenistan'ın ve İsrail'in devlet kurucu kahramanlarına yöneltelim, onların kahramanlarına sövsünler!...

Ne olur?...

Geçenlerde İnönü'nün oğlu, Erdal İnönü'yü, babasına sövenlerin konferansına giderken yumurta yağmuruna tutulduğunu görünce, kendisine atılan çürük yumurtalara acıdım, çünkü çürük yumurtalar ondan değerliydi!..

Mığırdıç Şellefyan;1948 yılında Erivan Ulusal Konseyi, Erivan Milli Siyaset Belgesinin karar ve emirlerinden birini uygulamıştır. O karar nedir?..

"Türklere devlet kuranları ve milli kahramanlarını gözden düşürteceksiniz…"

Adamlar bizim vatanımızda Atatürk'ü ne yaptığını bilmeyen sarhoş yapıyor,İsmet İnönü'yü, tavuk gibi kesilecek bir asker kaçağı yapıyor, Mareşal Fevzi Çakmak'ı tavuk kesen bir madrabaz yapıyor!...

Ötekiler de bataklığa çevirdikleri yüksek makamlarından su aygırı gibi çamura gömülmüş, öylece bakıyorlardı....

Dünyada kendisine devlet kuran liderine sövülmesine izin veren, milli kahramanlarına hakaret edenlere kayıtsız kalan bir halk, makamlarını ve apoletlerini borçlu oldukları Mustafa Kemal Atatürk gibi bir öndere sahip çıkmayan başka tabansızların olup olmadığını anlamak için, dünyayı dolaştım ve bitirdim. Sonunda anladım ki:

-Atatürk yanlış yerde dünyaya gelmişti (!) Yalnız Atatürk mü?

On milyon şehit hayatlarından olmuş, on binlerce kahraman gençliklerini yasayamamış; Atatürk ve silah arkadaşları cephelerde koşmaktan kokteyllerde konuşmaya fırsat bulamamış, sonuçta kendinden sonrakilere bir vatan kurmuş... Ya emaneti alanlar ne yapmışlardı?...

Şehitlerinin katillerine vatanlarını açmışlar, onlara "stratejik ortak" demişlerdi.

Şu metinler kimin Milli Siyaset Belgesinde geçiyor?...

GİRİŞ:

Batılı dostlarımız, İngiltere, Amerika, Fransa, Lozan Konferansı toplanınca, Doğu Anadolu'da Büyük Ermenistan'ın kurulması kararını çıkartacaklarını vaad etmişlerdi. Fakat başaramadılar. Sonra söz verdiler ki, Atatürk'ün ölümünden sonra, "azınlıkların haklarını korumak için Türkiye yeniden işgal edilecekti!..." Atatürk'ün ölümünden hemen sonra, Adolf Hitler çıktı, vurdu İngiliz'e, vurdu Fransız'a, Amerika'nın başına bela oldu. Böylece Türkiye'nin yeniden işgal edilmesi ertelendi. İkinci Dünya savaşını fırsat bilen İsmet İnönü 1942-1943 yıllarında varlık vergisini koyunca, bizimkilerin de gücünü tamamen kırdı... Fakat henüz her şey bitmiş değildir.

ÇARELER VE YÖNTEMLER: İsmet İnönü'den bunun hesabı mutlaka sorulmalıdır, basını ele geçireceksiniz...

Yabancı ülkelerin milli kararlarından aldıklara emirlerle, basına da, Medya'yı da ele geçirirler.

Kırk yıl sonra millet ancak uyanmış, herkes soruyor?.,.

Yahu,Yunan Medyası Yunan milliyetçisidir. İsrail Medya'sı İsrail milliyetçisi-Siyonist oluyor da, Ermenistan'daki Medya Ermeni milliyetçisi oluyor da, Türk Medya'sı niçin Türk değildir? Hatta onların milliyetçisidir.

Hala soracak bir şey kalmış mıdır?... Suçüstü yakalandılar, suçüstü...

Adamlar sözde Kuvay-ı Milliye dizi filmi yaptılar. Türk Milleti'ni bir Rum kızı ile bir Yunan yüzbaşısı kurtarıyordu. Bizi zaten hep onlar kurtarırlar(!) Rum kızı Türk milli kuvvetlerine katılıyor, Türkler için Yunan işgal güçlerine kurşun atıyor, günlerce siperlerden çakmak çalıyordu...Türk kızı Gülsüm ise oturak alemlerinin yıldızıydı(!)

Lakin bu şerefsizler, Manisa-Gördes-Demirci dağlarında kar altında savaşarak şehit olan, şehit Makbule'yi anlatmıyorlardı. Kendi ırkından bir kızı hayali bir kahraman yapıyor, ama gerçek bir kahraman Türk kızını yok sayıyordu... Ulus Dağı'ndaki Türk akıncılarının filmini yaparlarsa, papaz onları aforoz eder...

Yunan yüzbaşısı, Türkleri kurtarmak için apoletlerini söküyor, harp divanında kurşuna dizilmeyi göze alıyordu... Biz, bu insancıl kafirleri kovarak hata etmişiz, geri çağıralım(!)

Bizi zaten hep onlar kurtarırlar(!!!)

Biz, Yunan işgal gücü komutanlarının, Yunan çetelerinin ve Yunan Harp dairesinin bütün hatıratını okuduk. Türkler için dövüşen, Türkler için apoletlerini söken birine rastlamadık.

Yunan kayıtlarının bunlardan daha dürüst olduklarını gördük.

Peki, bunlar neyin nesi? Nesi olacak?...

Bunlar, onların dönme/devşirmesi. Çaktırmadan kendi ırkına hizmet ediyorlar. İşte bu sendrom'a "dönme/devşirme sendromu" denir. Yılan gibi kıvrılırlar, sessizce sokulurlar, kalleşçe sokarlar...

Dönme-devşirmeler aslından çok daha tehlikelidirler. Bakınız; yalnız kendi fikirlerini savunanları toplayarak, kendi ajanlık merkezlerinde sözde Ermeni soykırım konferanslarının konuşmacılarına. Ne görüyoruz?... Hepsi de Türk(!) isimli, Taner Akçam da mı Türk?...

Ermeni ajanlık merkezi, bir vakıf üniversitesindeki sapık tarihçi, Türk ismiyle konuşuyor... Niçin Ermeni olduğunu saklıyor? Ayıp değil mi? Anadolu Ermeni'sine kurban olsunlar!.. Ermeni adını alsınlar, ondan sonra konuşsunlar. Saygı duyarız.

Dönme/devşirmeler, Siyonist-Haçlı şer güçlerine hizmet etmek için Ermenileri de dolmuşa bindiriyorlar, bizi de...

Şu milli kararlar hangi devletin, milli siyaset belgesi/Gizli anayasasında yer almıştır?..

"Zorla Müslüman yapılmış olanlar(dönmeler) aslında bizdendirler. Dönmeleri siyasette, ticarette, medya'da Enternasyonal güçlerle birlikte sonuna kadar destekleyeceksiniz, dönmelerle kamufle olacaksınız." Bakınız: Resim-A, resim-B, resim-C...

"Kürtler bizim arazilerimize el koydular, yanımızda maraba olan Kürtler, mallarımıza el koyduktan sonra ağa oldular. Şimdilik bu konuyu saklı tutarak Kürtleri kışkırtacaksınız..."

Bir avuç dönme/devşirme var, ama ortalığı kırıp geçiriyorlar, çünkü bunların "hetero ilişkileri" çok tehlikeli boyutlara varmıştır. Beyinleri ve ruhları ile travestidirler. Etinden travestiler bunların yanında(...)

Dönmelik ayıp değildir, bu yaptıkları ayıptır. Dönmelikle ve sinsice aslına rücu ederken ortalığı kırıp geçirmeleri, ayıptan da öteye... Resmen ihanettir!...

Not: Dönme/devşirme tehlikesini yazılarıyla dile getiren pek çok vatan evladı yazara, başta fikirlerine yüreğini de katarak yazan Sn. NECDET SEVİNÇ'e ve kahraman yazar ARSLAN BULUT'a milletimiz şükran borçludur.

İSMET İNÖNÜ'DEN VARLIK VERGİSİ İNTİKAMINI NASIL ALDILAR? Cumhurbaşkanı İsmet İnönü'nün 1942-1943 yıllarında azınlıklara uygulamış olduğu "varlık vergisi" kararından sonra, İstanbul'da Nişantaşı, Topağacı, Sirkeci, Sultanhamam, adalar v.s. bir gecede Müslümanların eline geçmişti. Lâkin aynı Müslümanlar, ölünceye kadar İsmet İnönü'ye sövmüşlerdi.(!)

Hatta 1950'li yıllarda İsmet İnönü'nün İstanbul ziyaretinde, Topkapı surlarının önünde, Garp Cephesi Komutanını nasıl taşladıklarını ballandıra ballandıra anlatıyorlardı... Karagümrük'te Doktor Ömer Faruk, taş toplama ekiplerini nasıl kurduğunu, İsmet İnönü'yü nasıl taşladıklarını, yıllar sonra Malatyalı Memed'in kahvesinde anlatırken, neyin intikamını aldıklarını sorduğumda ne diyeceğini bilememişti?... Sonuçta, Atatürk'ü bulamadıkları için, silah arkadaşı İsmet İnönü'yü taşlamışlardı. Bu durum, nasıl bir şeydi?...

Toplumu o derece cibilliyetsiz yapan gizli güç neydi?...

Satılmış basın, yeni mütareke basınından başka bir şey değildi.

......

Atatürk Hatay İli topraklarını yurdumuza katmak için, hasta haliyle Mersin'i de ziyaret ettiği gün, gördüğü güzel binaların, konakların ve zengin çiftliklerinin sahiplerini sorduğunda, hep gayrı müslimlerin adı söylenir. Bunun üzerine Atatürk, "zenginliklerin niçin Türklerde olmadığını", sorar. Atatürk'ü karşılamaya gelen Türkler, yarım çarıklarını ve yamalı pantolonlarını göstererek, yine de mağrur bir şekilde cevap verirler:

"Paşam, biz vatanı kurtarmak için cepheden cepheye koşarken, onlar zenginlediler... Vatanı biz kurtardık ama zenginlik onların oldu..."

O gün, Türk Milli Siyaset Belgesine, Atatürk tarafından bir madde yazılır: "Kayıplar telâfi edilecektir..." Ne yazık ki, Atatürk'ün aldığı kararı uygulamaya ömrü vefa etmez...

Müslüman Türklerin yakın tarihte birden bire fakirleşmelerinin sebepleri nelerdi?...

1856 Paris Konferansından sonra AB ülkeleri, insan hakları diye diye, 1876 ve 1908 meşrutiyet darbelerini yaptırmış, sonunda Türklerin ne insan hakları, ne de hürriyetleri kalmış, bütün hürriyetler gayrimüslimlerin olmuştur. Böylece Türkler kendi vatanında köleleşmişler, azınlıklar ise hem siyasetin, hem de ekonominin patronu olmuşlardır. Bu yetmiyormuş gibi, bir de savaşlar çıkmış, oğullarını sekiz-on yıl süreyle askere gönderen Türkler, kocasını askere gönderen kadınlar, çocuklarını beslemek için malını mülkünü yok pahasına satmak zorunda kalmışlardı. Bunu fırsat bilen Ermeni, Rum ve Yahudiler, tefecilik yaparak Türklerin mallarını ele geçirmişler, haksız bir şekilde çok zenginleşmişlerdi. Bu işleri yapmak, topraklarımızı, han-hamam, iş yeri, ne varsa ucuza kapatmak için, 2005 yılında olduğu gibi AB ülkeleri de devreye girmişti...

Tarih içindeki uygulamada ise:

Osmanlı Devleti Kapalı Çarşıyı dünya ticaret merkezi olarak kurmuş, vakıf senedine de gayrimüslimler, bu dükkanları mülk edinemez..." diye yazmıştı. "Açlık sofuluğu bozar" diyen bir deyim vardır ya, onun gibi bir şey olmuş, açlık ve kıtlık vakıf senedini bozdurmuştur. 1920 yılında kapalı çarşıda dükkânların nerede ise tamamı gayrimüslimlerin eline geçmiştir. Halbuki Osmanlı Devleti bir denge kurmuştu:

-Kapalı Çarşı Müslümanların,

-Mısır Çarşısı, Müslim-Gayrımüslim olarak, karma dükkanlar,

-Pera ise tamamen gayrimüslimlerindi.

İşgal günlerinde, bu sayılan mülklerin hepsi de gayrimüslimlerin olmuştu. Böyle adalet mi olur?...

Cumhurbaşkanı olarak İsmet İnönü, Türk Milli Siyaset Belgesinin bir kararını uygulamak için, 2. Dünya savaşı yıllarında konjöktürü yakalar ve azınlıklara varlık vergisi koyarak durumu dengeler. Ama ileriki yıllarda ne hikmetse, Ermenilerle birlikte Müslümanlar da İsmet İnönü'ye sürekli saldırıyorlardı. Hatta 2005 yılında, İnönü'ye sövenlerin düzenlemiş oldukları bir konferansa katılmak için, oğlu Erdal İnönü'yü "kafasına taş yemiş tavuk gibi giderken" görünce, sonun da anladım ki oğlunun dahi beynini çalmışlardı. Az kalsın ben de "böyle bir evlat yetiştirenin!..." diye başlayacaktım!..

....

Bir de, Atatürk'ün ölümünden sonra "azınlıkları koruma..." bahanesiyle Türkiye'nin yeniden işgal edilmesi..." kararı vardı. Kafir boş durur mu?...

Türk Milleti kurtuluş savaşı verdikten sonra azınlıklara iyi davranıyordu. İstanbul, Hatay, Mersin, İzmir, Mardin veya daha bir çok yerde Hıristiyan azınlıklar vardı. Azınlıkların hepsinin mülkiyet hakları, ibadet özgürlüğü, kiliseleri ve kendi dillerinde eğitim gördükleri okulları vardı ama Haçlılar için esas amaç bu değildi. Çünkü azınlıklar, Türkiye'yi yeniden işgal etmek için "bir bahane..." olarak stratejik yerini almış, Haçlı Emperyalistlerinin milli siyaset ilkeleri arasına girmişti. Bu durumda, olabildiğince azınlıkları dışarı atmak da, Türk Milli Siyaset Belgesinin stratejik bir kararı olması şart değil midir?...

İsmet İnönü, içimizdeki azınlıkların er veya geç, piyon olarak kullanılacağını çok iyi bildiği için, her fırsatta onları Haçlı patronlarının yanına yolluyordu. 1964 yılında onlar Kıbrıs'ı karıştırınca, İsmet İnönü bu kez Başbakan olarak derhal stratejisini uygulamış, bir gecede on bin Yunan uyruklu gayrimüslimi derhal sınır dışı etmişti...

...Ama üç ay sonra İsmet İnönü, Başbakan olarak resmi bir ziyaret için Amerika'ya gittiğinde, Başbakan yardımcısı Morison(!) Süleyman tarafından, Mecliste yapılan uyduruk bir güvensizlik oylamasıyla Başbakanlıktan düşürülmüş, İsmet İnönü Başbakan olarak gittiği Amerika'dan sade bir vatandaş olarak dönmüştü.

Morison(!) Süleyman, İsmet İnönü'yü yurt dışında resmi bir ziyaretteyken, arkadan vurarak neyin intikamını almıştır?...

Dünya tarihinde böyle bir siyasi kalleşlik örneği de hiç bir yerde görülmemiştir...

Ne tesadüftür ki, sonradan yapılan üç askeri darbe ise Morison Süleyman'a hayat vermiş, 85 yaşına gelmiş, halâ "bir bilen(!)" olarak, ince ince dalgasını geçmektedir.

Başbakan Adnan Menderes ise, Türk Milli Siyaset kararlarını, Kıbrıs'ta Garantörlük Antlaşması yaparak uygulamış, 6-7 Eylül olaylarının da yedi yıl sonra Yassı Ada mahkemelerinde hesabı sorulmuş, bu olaylar nedeniyle ayrıca cezalandırılmış, sonuçta yağlı ipe götürülerek idam edilmiştir....

Adnan Menderes, Atatürk'ün Milli Siyaset Kararları'ndan birkaçını uyguladığı için idam edilmiştir. Köpek davası, bebek davası palavradır!!! Köpek davası, Tapınak Şovalyelerinin emri ile idam kararı verenlerin kimlik sorunuydu(!)

İşin aslı şudur: ABD, bundan böyle Kore kahramanı(!) subaylarla işi götürme kararını uygulamıştır. (Eski darbelerin kadrolarına bakınız.)

Adnan Menderes ve arkadaşlarını idam ettiren Tapınak Şovalyeleri, ileriki yıllarda ise, başka uşaklarının propaganda malzemesi olarak, onların tabutlarını bile kullanmışlardı. Diğer yanda, iki oğul menderes de tüp gazı ve tampon darbesiyle faili meçhul olmuşlardı. Mezarların karıştığı söylendiği halde DNA testleri de yapılmamıştı; ama önemli değil(!) çünkü onlara içinde kim olduğu belli olmayan tabutlar lazımdı. Kısaca, önce dirisini, sonra ölüsünü kulladılar...

Vahh milletim, ahh vatanım!!!

Sonraki yıllarda Türkiye'de, ABD patronlarının "bizim çocuklar" dediklerinin yaptıkları darbelerle ve 1961 yılında AT (AB) birliğine girme kararının alınmasından sonra, artık Türk Milli Siyaset Belgesi Kararlarının uygulanması tehlikesi(!) ortadan kalkmış, Türk Milli Siyaset ilkelerinin yerini,AB ve ABD Milli Kararları (Türkiye'yi bölme ve parçalama, Türklüğü yok etme kararları) eksiksiz olarak uygulanmaktadır...

Bu nasıl bir şeydir?.,.

Büyük bir zevkle ateşe koşan böceklere, "yapmayın, yanarsınız!..." diyerek çırpınırsak, sonuç değişir mi?...

Uçun böcekler uçun(!)

Ateşe koşun!!!

2000'li yıllarda yeniden azınlık hakları, yeniden azınlıklar yaratma soytarılıklarının ne anlama geldiğini bilmeyecek kadar aptalız(!) ya, adamlar sicilli ajanlarını yeniden sahneye çıkardılar.

Baskınyadis ve Orangotanyadis tipindeki ajanlarını piyasaya sürerek, azınlık/ajanlık hakları cazgırları ile, prof. tasmalı filim adamlarını kullanarak, benim Kürt gelinimi ve Kürt damadımı ve torunumu, benden kopartacaklarmış; onlardan azınlık yapacaklarmış, sonra da azınlıkların varlığı nedeniyle, durumdan vazife çıkaracak olan Haçlı kasapları birliği AB ve katil ABD, çocuklarımın hakları için müdahil olacaklarmış(!!!)

İslâm'da nakli vacip diye, güzel bir kural vardır, yani hicret gibi. Yani yeri gelmiştir; Ermenistan'da, Yunanistan'da ve İsrail'de azınlık hakları hiç olmamıştır, şu Orangotanyadisleri oralara nakli vacipler yaparak, İsrail'de, Ermenistan'da ve Yunanistan'da azınlık/ajanlık hakları için üstün hizmet çalışmaları yapmalarını sağlarız, oralara gitsinler!

Cenabı Allah bize çok iyi bir işaret vermiştir, bu işaret nedir?

Tüm işbirlikçilerin, Tapınak Şövalyelerinin emrine girmiş olan vampirlerin, satılmışların ve hainlerin, ne kadar yakışıklı erkek ve ne kadar güzel bir kadın olsalar bile, vampir güzelliğini taşıyan yüzleri ve Drakula tipinde görüntüleri, ruhlarını çok iyi yansıtmaktadır. Orangotanyadislerin, vampir TV yapımcısının, vampir köşe yazarının bir araya gelerek cam ekranda vampir muhabbetleri yaparken ruhlarının ifadesi yüzlerinden belli değil midir?...

TÜRK MİLLİ SİYASET BELGESİ/GİZLİ ANAYASASİ, TÜRKİYE'DE NEDEN UYGULANMADI?... (SON KIRK YIL İÇİNDE...)

İsrail-Siyonist milli kararları, Erivan milli kararları, AB-ABD milli kararları Türkiye'ye taşınarak sıkı bir şekilde uygulandığı için, kendi milli karalarımızı uygulamaya yer kalmamıştır(!)

Ne diyelim?...

Biz de milli kararlarımızı onların ülkelerine taşıyalım(!!!)

................Meşru hükümet tarzından mutlak bir diktatörlüğe gitmeli/Darbeler yaptırılmalı: Siyonist-Mason gizli anayasası madde 19 ve onların, "bizim çocuklar" dedikleri, onların çocukları tarafından defalarca darbeler yapılır. Türk Milli Siyaset Belgesi Kararları onların siyasetine rucu eder! Peki, bizim çocuklar nerede?...

Bir milletin kaderiyle bu kadar oynanır mı?...

Gizli Ermeni milliyetçileri, gizli Yahudi milliyetçileri, Yunan Megalo İdeası yerli işbirlikçileri, Siyasette, Medya'da, çİŞ ADAMLARI(!) kuruluşunda, her yerde iktidar olmuşlar!

Bu milletin kaderiyle o kadar oynanmış ki! Halen...

Bizim de Milli Siyaset Belgemiz varmış(!)

Elli yıldan beri, siyasette onların milli kararları gereğince, bir avuç dönme/devşirmenin kontrol ettiği, "Türk'üm" diyemeyenlerin yönettiği Türkiye'de, bir de utanmadan halkı kışkırtarak:

"Bakın, Türkler sizi iyi yönetmedi!..." diyorlar.

Bir milletin kaderiyle bu kadar oynanır mı?...

Dünyada kaderiyle bu kadar oynanmış başka bir millet var mıdır?...

Hangi milletin hem geçmişine, hem de geleceğine sövdürülmüş, mukadderatına bu kadar el konulmuştur?... Bu soruya,"Osmanlı" diye cevap veriyorsanız:

-Alın Kenan Evrenleri;verin bize Osmanlının yetiştirdiği Mustafa Kemalleri!!!

-Alın Çevik bir-beşleri; verin bize Fahrettin Altayları, Osmanlının yetiştirdiği Ali Fuat Paşaları...

-Mığırdıç Şellefyan'ı, kendi milletinden çok sevmiş olan sadrazamlarınızı alın başınıza çalın!..

-Milli sınırlarımızı savunamayan meclis sizin olsun, verin bize Misak-ı Milli kararlarını alan" Meclis-i Mebusanı...

Sonunda cehennem çukurundan pislik hayatları, gayya kuyusundan kötü müstehakları onların olsun!...

Çocuklarımıza vatanımızı geri verin!...

Ya vatanımızı geri verin, ya da şehitlerimizi!!!

Yoksa, bu aziz milletin tek işaret parmağı kalsa da,

Mutlaka hainlerin gözlerini oyacaktır!!!

Elli yıl oynadınız!... Yeter artık!

Oyun bitti!...

İSLAM'I İSRAİL'E ISMARLADILAR-CAMİYİ HAVRAYA ÇEVİRDİLER...

Çağ değiştiren sultan, Fatih Sultan Mehmet Han kendi yaptırdığı camiye cuma namazına giderken, saraydan cami harimine kadar, yol boyunca "hünkârım çok yaşa" diye tezahüratlar yapılmıştır. Fakat Fatih Sultan Mehmet cami harimine girer girmez "çok yaşa" tezahüratları kesilmişti...

Neden?...

Çünkü İslâm'ın mabetleri kullara değil, Allah'a yönelme yeridir. Kul kişi padişah olsa da Allah'ın önüne geçemez, zaten padişah böyle densizliklere izin vermez, verse bile, imam müdahale ederdi. İmam padişahtan korkmadan ihtar ederdi. İmam bir yanlışı bildirmek için padişahtan korkmazdı, çünkü o zaman imamın Allah'ı vardı.

Sıkıysa, soytarılık yaparak cami avlusunda "padişahım çok yaşa" diye bir bağırsalardı. Bakalım ne olurdu?...

Fatih Sultan Mehmet, cami avlusunda soytarılık yapanların sesini ebediyen kesecekti!..

Fatih Sultan Mehmet bir gün, Tekfur sarayındaki Bizans krallarının portre resimlerini görünce; o resimlere içi geçerek bakar ve kendisinin ve hatta babası Sultan Murat'ın ve atalarının da böyle portre resimlerinin olması gerektiğini söyler. Artık koskoca bir imparatorluk sarayında çadır kültürü olamazdı; ceddinin suretleri gelecek nesle aktarılmalıydı. Müslüman ressamlar saraya çağırıldı, resimler yaptırıldı, ama resimler minyatür tarzda ve yüzleri boş olarak çıkmıştı. Fatih bu duruma çok kızarak, bir portre resmini göstermiş ve niçin böyle bir suret yapmadıklarını minyatür ressamlarına sormuştur. Minyatür ressamları:

-Hünkarım, biz o zenaattan anlamazık deyince...

Saraydan kovulmuşlardı.

Fatih Sultan Mehmet sorar soruşturur, İtalya'da C. Bellini'yi buldurur ve İstanbul'a getirtir. C. Bellini'nin yaptığı portre resimlerini çok beğenmiştir; yaşlıların tarifi ile,ölmüş olan atalarının resimlerini de yaptırır ve portre resimlerini saraya asar mutlu olur... Ertesi günü cuma namazına gider; hünkâr mahfilinde yerini alır, kafesin arkasında hutbe dinlemektedir. İmam aynı zamanda şeyhülislâm olduğundan fetva verme yetkisiyle zehir zemberek bir hutbe okur:

"İşittim ki, hünkârım suret yaptırmıştır, suret yaptırmak sureti katiyetle haramdır, fetva vermem, kafir olursunuz maazallah!..."

Koskoca Fatih Sultan Mehmet, hiç sesini çıkarmadan hutbeyi dinler, çünkü İslâm'ın mabedinde kulların padişahlığı olmazdı; orada kullar eşit mertebede Allah'ın huzuruna yönelmişlerdi. Padişah iyice içerlemiştir ama sessizce saraya döner, şeyhülislâmı huzura çağırtır ve orada hesabını görür...

İşte şu Topkapı sarayındaki padişah portreleri geleneğini bir Fatih Sultan Mehmet'e, bir C. Bellini'ye ve bir de şeyhülislâm kellesine borçluyuz...

Altı yüz yıllık bir uygulamada, cami avlusunda padişah dahi olsa herhangi bir Allah'ın kulu için asla tezahürat yapılmamıştır; çünkü İslam'ın mabedi Allah'a yönelme yeridir. Son yıllarda bu tezahüratlara izin verenler İslâm'ın mabetlerini kirletmişlerdir. **Allah'a tapınma yerinde kullara tapınmışlardı.**

Fatih Sultan Mehmet'ten beş yüz yıl sonra kendilerine cami avlusunda tezahürat yaptıranlar, gençlerimizi İslâm'dan soğutmuşlar, kendi çocuklarını küffara göndermişler, kendileri papazlara-patriklere iltifat etmişler, sonuçta bu başarılarından olsa gerek, Siyonist-Haçlılardan yüksek takdir görmüş, büyük cesaret ödülleri almışlardı(!)

Elbette İslam'ın mabetlerini havraya çevirmek için büyük cesaret gerekirdi...

Sonuçta ödüller yerini bulmuştu, çünkü...

İslâm'ın mabedi kirletilmişti.

Pek çok gafil de onları Müslüman sanarak, İslâm'a saldırmıştır. "Sonları iyi olur inşallah..." desek... Allah'ın gazabından kurtulabilecekler midir?... Göreceğiz...

İMAM HATİP OKULLARINDA YAPILAN DİNİ VE MİLLİ KATLİAMLAR(!)

İmam Hatip Okullarına yazdırdığımız çocuklarımıza Arapça dersi koymuşlar ama Arapça öğretir gibi yaparak, sekiz yıl içinde okur-yazar konuşur derecede Arapça öğretmeden başlarından savmayı başarmışlardır. İngilizce dersi koymuşlar, İngilizceyi de öğretmeden başlarından savmışlardır. Doğru dürüst Arapça öğretmedikleri imam okulunda bir de gâvurca dersinin ne işi vardı? Ne dersi koydularsa yarım yamalak bırakmışlar, öğretir gibi yaparak öğretmeden binlerce Türk çocuğunun yıllarını çalmışlardır.

Pekii: Amerikan kolejinde İngilizceyi okur-yazar-konuşur derecede öğretmeseler, Fransız lisesinde Fransızcayı, İtalyan lisesinde İtalyancayı öğretmeseler di ne olurdu? Önce veliler o okulları açanların ve yönetenlerin yakasına yapışırlar, dünyaya, başlarına geçirirlerdi.

Katolik papaz okulunda Lâtinceyi, Ortodoks-Rum papaz okulunda Arkea Hellenika'yı okur-yazar-konuşur derecede öğrenmeyen kimse papaz olamaz; ama sekiz yıl İmam Hatip okulunda okuduğu halde Arapça öğrenmeden çıkanlar çakı gibi(!) imam oluyorlardı. Efendim, Kuran'ı öğrettikleri de yalandı. Kuran'ı değil, fıkıh öğretiyoruz bahanesiyle Kuran'ın da aykırı yorumlarını öğretiyorlardı.

1981 yılında, 12 Eylül darbesinin en şiddetli günleriydi. İmam Hatip okullarını bitirecekler sanıyorduk. Aksine, İmam Hatip okullarının çoğaltılması talimatı gelmiş. Meğer 12 Eylül darbecileri ne Müslüman adamlarmış(!) Lakin İmam Hatip okullarında okur-yazar-konuşur derecede Arapça öğretim yapılması dileklerimize "hayır" demişlerdi... Neden?...

1988 yılında işimiz gereği S. Arabistan Ceddah (Cidde) şehrinde bulunuyorduk. Deniz acentemizle, şirketimizin deniz işletmesini görüştüğümüz günlerde, tesadüfen Başbakan Turgut Özal da S. Arabistan ziyaretine gelmisti. Cidde, seçkinlerin ikamet ettiği bir sayfiye şehriydi. Acente Mahmut, Kral'ın yeğenlerinden biri olduğundan üst makamlardan yetkililer sofrasından eksik olmuyordu. Orada tanıştığım Maarif Müsteşarı, Türk olduğumu öğrenince heyecanla anlatmaya başladı:

- Ya habibi... İşte bizim şu Mısırlı muallimlerle çok mesele çıktı, onlar Mısır milliyetçiliği yapıyorlar, çocuklarımızın kafalarını çeliyorlar, bu yüzden işlerine son vereceğiz...Türk Başbakanından öğretmen istedik(!)-Ne muallimi istediniz?

-Okuma yazma okulu, yani ilkokul öğretmenliği için İmam Hatip okulu mezunlarını istedik(...) Bir sessizlik oldu.

-Ya seydi(...) Akşam yediğin neydi?... Sen kendinde misin, imam Hatip mezunlarına Arapça okuma-yazma ve konuşmayı siz mi öğreteceksiniz?

Sonra bizim yetkililer onlara ne cevap verdi bilemiyoruz(!)

2500 dolar maaş vereceklerdi... Tabii binlerce gencimize iş bulunmuş olacak, daha da önemlisi dış dünyaya hep gavuristan üzerinden açılmak yerine bir de Arabistan üzerinden açılsak fena mı olacaktı?... Arabistan'a yalnız amele mi olacağız?

Şu İmam Hatip okullarını kim açmış, kim programlamıştı?... Kim(!)

İslâm dünyasına kapalı, Türk dünyasına kapalı (...) İmam Hatip okulları (...) Nasıl da başardılar?...

Elbette istisnalar kaideyi bozmaz ama:

-Siz hiç İmam Hatip gruplarını Haçlı bombardımanlarını protesto ederken gördünüz mü?...

Yunan papaz okulundan nasıl Yunan milliyetçisi çıkıyor?

Ermeni papazları milliyetçi...

Hahamlar beş yıldızlı milliyetçi...

İran imamlarının da hakkını yemeyelim (...)

Bizimkiler neci (!)

İmam Hatip okullarımızda hem dini, hem de milli katliam yapılmıştır(!!!) "Bunlara öyle bir okullar açacaksınız ki İslâm alemine uzak, kendi milliyetine tuzak olsunlar(!) "Emriniz uygulanıyor efendim...

Kim kumanda ediyor İmam Hatip okullarına kim(!)
Yunan papazları kadar milliyetçi değiller!...
Bazı merkezlerden de İmam Hatip okullarına çatıyorlar;
-Bakın Müslüman okulları arttı. Tehlike geliyor(!)
İslâm tehlikesi mi?...
Siyonist Müslüman tehlikesi mi (!)
Siyonist - Haçlı Müslümanı tehlikesi mi(!)

TARİHTEN DERS ALMAYANLARIN SONU...
TARİHTEN DERS ALALIM-FELAKETİ ÖNLEYELİM

Yüzbaşı olarak Sultan Abdülhamit'in yakın koruması, sonradan Milli Mücadeleye de katılmış olan yüzbaşı Zinnun anlatıyor;

-Siyonist Yahudiler, gizlice Ermenilerle birleşerek müşterek düşmanlığa başlamışlardı. Rusya'da özel yetiştirilmiş bir Yahudi ile suikast işlerinde tecrübesi olan bir Macar Yahudi ve Fransız Edward Jores, Ermeni komitacılarla birlikte bomba düzeneği kurarak Abdülhamit'e suikast yapmışlardı. Abdülhamit şans eseri bu suikasttan kurtulmuş, ama yakın çevresinden 36 kişi ölmüş, bir o kadarı da ağır yaralanmıştır.

Olayın failleri yakalanmıştır ama Avrupa'daki Siyonist merkezler devreye girerek, çeşitli baskılarla suçluların yargılanmasını önlemişlerdir.

-2005 yılında Siyonist bir Ohannes Pamuk hala Ermenileri kışkırtıyor, kışkırtmalarına Kürt akrabamızı da katıyor, Ohannes Pamuk ve işbirlikçi teröristlerin yargılanmasını Avrupa ve Amerika'daki Siyonist-Haçlı merkezleri önlüyor. Biz bu filmi kaçıncı kez izleyeceğiz?... Fikir özgürlüğü palavrasını da yerli işbirlikçi Medya destekliyor. Tabii ki öncekilerin sonu ne olduysa, bunlarınki de aynı olacaktır.

Suikast olayından sonra, Debreli Yüzbaşı Zinnun'un anlattığına göre Abdülhamit der ki:

"Bana en çok dokunan, 36 kişinin öldüğü suikastı yaptıktan sonra, saraya baskına gelir gibi giren Siyonist-Mason Teodor Hertzel ve Hahambaşı utanmadan bir de rüşvet teklif ettiler. Teodor Hertzel:

'Zatı Haşmetpenahilerine arz ederim ki, Kudüs için kaç milyon altın tensip buyurursanız derhal takdime amadeyiz' demez mi?

Düşün ki yüzbaşı, bu iki Yahudi, makam-ı saltanatımıza gelerek rüşvet teklif etme cesaretinde bulunmuşlardı. Bunun üzerine 'derhal burayı terk edin, vatan para ile satılmaz!!!' diye bağırmıştım. İçeri giren muhafızlarım onları apar-topar dışarı çıkardı."

Abdülhamit, sözlerine devam ederek:

"Kudüs'ü Yahudilere satmadım diye bana düşman oldular, bu yüzden Selanik sürgünlerindeyim. Halbuki ceddimiz, Yahudileri katliamlardan kurtararak yer verdi, iş gösterdi, onlar ise bizim asaletimizi arkadan hançerleyerek cevap verdiler..."

2000'li yıllarda biz, kimin ne dediğine bakmadan basit bir toplama işlemi yapalım. Abdülhamit'in mekteplerinde yetişmiş, sonra da Türk Kurtuluş savaşına katılarak, bize bir vatan kuran asker ve sivil kadroları üşenmeden alt alta yazalım... Sonra, onların kurduğu vatanı tartışılır hale getirerek, korumaktan aciz olan siyasi ve üniformalı kim varsa(...)

Sonuç olarak, kimin ne yetiştirdiğine bakalım... Toplama işlemlerin sonunda, ortaya çok patalojik bir hal çıkacaktır.

Zavallı(!) Abdülhamit, bizimkiler gibi danışmanları olsaydı: "Ver kurtul, stratejik değeri yoktur, paraları al sıyır gitsin, çözümsüzlük çözüm değildir, çözün gitsin.." hünkârıma arz ederiz, efendim!..

Tabii ki Abdülhamit bir cevap verecekti: "Bir uçkurunuz kalmış, onu da çözün gitsin, bre melunlar, çözün gitsin!..."

ZAAFIYET...

Şehzade 5. Murat Avrupa'da eğitim görmüş, yurda döndükten sonra, aldığı eğitime uygun görüş ve düşünceleriyle şöyle konuşur: "Mektep sıralarında Müslüman'la Musevi'nin, Hıristiyan'la puta tapanın yan yana oturup, çocukluklarından kardeş olarak okuduklarını, birbirlerini tanıyıp sevdiklerini gördüğüm gün, dünyada kendimi en büyük saadete erişmiş addedeceğim..."

Şehzade 5. Murat'ın bu romantik düşüncelerine ve yüksek insanlık duygularına karşılık, Haçlı zihniyeti yapacağını yapar, İstanbul'da ve Anadoluda'ki vakıf mekteplerini silah deposuna çevirirler.

2000'li yıllarda bazı vakıf üniversitelerinde gözümüzün içine baka baka teorik çalışmalar yapıyorlar, fikir özgürlüğü palavrası ile, dün Taşnak çetelerini savundukları gibi, bugün de PKK çetelerini savunarak, işbirlikçi gazetelerinde ise Kandil Dağı'ndaki romantik (gitar çalan kızlar) teröristleri anlatıyorlardı. Haçlı zihniyetinin yeni kurbanları kimdir?...

SİYONİST-HAÇLILARIN SEVDİĞİ PADİŞAH VAHDETTİN(!)

Padişah Vahdettin, Anadolu'daki milli direnişi kırmak için, Şehzade Abdürrahim Efendiyi Anadolu'ya gönderir. Şehzade Abdürrahim Efendi ikna yoluyla halkı direnişten vazgeçirmeye çalışırken milli mücadelenin ihtişamını görür ve çok etkilenir. Şehzade İstanbul'a döner ve Padişah Vahdettin'e Milletin Milli Mücadele heyecanını ve hislerini anlatır. Padişah Vahdettin şehzadeye fena halde kızarak, hiddetle bağırır:

"Ne diyorsun sen Abdürrahim? Ben seni, milli mücadeleden vazgeçmeleri için nasihat edesin diye Anadolu'ya yolladım, sen gelmişsin bana nasihat ediyorsun. Derhal çekil karşımdan, bir daha hükümetin siyasetine karışma, işin sonunu bekle. Milliyetçiler ve Mustafa Kemal ortadan kaldırılınca İngiliz dostlarım Yunan ordusunu bando mızıka ile Anadolu'dan atacaktır..." diyerek, Şehzade Abdürrahim Efendiyi göz hapsine aldırtır.

Mareşal Fevzi Çakmak ise şöyle anlatır:

"İşgal günleri başlamıştı. Göğsüme düşman askerlerinin süngüleri dayanmış olarak makamımda evrak imzalıyordum. Un ve iaşe sıkıntısı had safhaya ulaşmıştı. İşgalcilerin getirdikleri un ve iaşe ise yalnız Rum ve Ermenilere veriliyordu. Subaylarımızı tutuklayarak, elleri kolları bağlı bir halde kasten Ermeni ve Rum mahallerinde dolaştırıyorlar, yalın ayak, başı açık ve hırpalanmış olarak, gayrimüslim mahallerinde hakaretler yaptırtıyorlardı... Bunlar yetmiyormuş gibi padişah Vahdettin'den kardeşi kardeşe kırdıracak bir de fetva aldılar. Şeyhülislâm Dürrizade'nin takvasıyla ve Padişah Vahdettin'in fetvasına göre: "İşgal güçlerine karşı direniş yapan Müslüman'ların katli vacip olacaktır, milli mücadeleye katılan Müslümanları öldürenler cennetlik olacaktır!..."

Sanırız 2000'li yıllarda hala, Mason tarihçilerin veya misyonerlik okulu mezunlarının niçin Vahdettin'e sahip çıkarak, Abdülhamit'ten bahsetmedikleri anlaşılmıştır.

Soru: Türk milli tarihini anlatan okul kitaplarını okurken, çocuklarımıza tarihten nefret etme duygusunu veren tarih yazarlığı kabiliyetini nasıl gösterebilmişlerdi. Kafanıza tabanca dayansa bile bu kadar kötü tarih kitabı yazabilir misiniz?... Kötü tarih kitaplarını kim, nasıl, niçin yazmaktadır?... Adı "Milli" olan bakanlığımız, bakanlarımız buna nasıl izin verebilir?..

İŞGAL GÜNLERİNDEN DE KÖTÜ DURUMDAYIZ... UYANIN!!!

16 Mart 1920 akşamı, Meclis-i Mebusan reis vekillerinden Hüseyin Kâzım Bey, Abdülaziz Mecdi Efendi ve Rauf Orbay, Padişah Vahdettin'in huzuruna çıkarak, işgal sırasındaki İngiliz vahşetini anlatmışlardı. Meclis reis vekilleri ertesi günü meclis toplantısında söz alarak, "Zatı Şahanelerinin de bu durumdan üzüntü duyduğunu..." nakletmeleri üzerine, meclisi İngiliz askerleri basmış, konuşmacıları kürsüden indirerek tutuklamışlar ve hapse atmışlar, sonra Malta'ya sürmüşlerdi.

-2005 yılı: İşte, şimdi bizden demokrasi isteyen Haçlı güçleri ve yeni işbirlikçileri böylesine demokrat bir kökten gelmektedirler!

A. NEDİM ÇAKMAK

17 Mart 1920 günü Rauf Orbay ve arkadaşları isyan ederek, Meclis-i Mebusan'dan İngiliz askerlerinin çekilmesi ve yerine Türk askerlerinin muhafız olarak getirilmesi için dilekçeler verirler; fakat dilekçe veren meclis vekilleri de tutuklanır. Bunun üzerine Rauf Orbay şu konuşmayı yapar:

"Muhterem arkadaşlar, millet bizi ifayı vazife için bu meclise gönderdi, Cenabı Hak'ka şükür ki, biz de bu vazifeyi sonuna kadar ifa ettik. Ben, İngilizlerin memleketin namusu sayılan bu binaya girmelerini asla tasvip etmem, hayatım milletime feda olsun, millet sağ oldukça ve baki oldukça kendisine hizmet edecek nice Rauflar bulacaktır. Vasıf Bey'le beraber bizi götürüyorlar, Allah milletimize ve vatanımıza zeval vermesin!.."

Meclisten İngiliz askerlerinin çekilmesini ve yerine Türk askerlerinden muhafız verilmesini isteyen Hamidiye Kahramanı Rauf Orbay, arkadaşları ile birlikte işte böyle tutuklanmışlar, Malta Adası'na sürgüne gönderilmişlerdi.

Ve bir mebus konuşuyor:

"Türk askeri meclisten çekilsin." Yıl 2005

Aman Allah'ım!!! Cumhuriyet çocuğu bir vekil, Cumhuriyet Meclisi'nden Türk askerinin çekilmesini istiyordu. Diğer Cumhuriyet vekilleri de buna "fikir özgürlüğü" diyorlardı(!) Meğer ne fikir özgürlükleri varmış. Cumhuriyet ne büyük fikir adamları yetiştirmiş bilmiyorduk... Bir "casus belli" lâfı çıkardılar, onun da ne olduğunu bildikleri yok. Casius(kasiyus okunur)

Ona "casus belli" değil, "casius" denir. Roma Devleti'nin casius'ları vardı. Bunlardan bir casius (Kasiyus) örneği:

-Kartaca Yahudi devletinin komutanı Hannibal yaptığı antlaşmalara sadık kalmıyor, aniden Roma devletine vurup kaçıyor, sonra komşu devletlere sığmıyordu. Bunun üzerine Roma Devleti, Senatus kararıyla komşu ülkelere "casius" koyar; "Roma Devleti'nin düşmanlarını koruyan devletler de hesap verecekler, düşman statüsünde sayılacaklardır. Bytinya (İznik) kralı casius korkusundan, kendisine sığınmış olan Hannibal'ı ülkesinden atmakla yetinmez, Gebze civarında zehirleterek ondan tamamen kurtulur. Çünkü Roma casiuslarının şakası yoktur.

155

Casius kararları alamayan meclislerin bağımsızlığı tartışılır. Devletine karşı savaşanlara, askerine kurşun atanlara arka çıkan devlete, teröristlere silâh verenlere ve siyasetle destek çıkanlara **casius** koyamayan bir meclis, kendi maneviyatını bitirmiş ve kendi varlığını inkâr etmiş olacaktır. Öyle bir meclisin haysiyeti de olamaz!...

İşgal günlerinde dahi Meclis-i Mebusan, 28 Ocak 1920 günü toplanarak bir "casius" koyar; "Misak-ı Milli/Milli sınırlarımız içinde milletin egemenliği asla paylaşılamaz..."

Misak-ı Milli Kararı: işgal altındaki Osmanlı Meclisinin her türlü baskıya ve emperyalist tehtide rağmen aldığı bu karar, "bir milletin meclisi böyle olur işte," denilecek bir "**casius**" kararıydı.

İşgal altında bile "egemenliğimizi paylaşamayız!.." diyen Osmanlı meclisi vekilleri...

...Ve 2005 yılında, "egemenliğimizi paylaşabiliriz..." diye konuşan bir Cumhuriyet çocuğu, Cumhuriyet Meclis vekili ve ona karşı çıkmayan, "egemenliğimizi paylaşabiliriz..." lâfını içine sindiren Cumhuriyet vekilleri... Şimdi Cumhuriyet vekillerinin veciz(!) sözlerini toplayalım:

Bakalım Cumhuriyet çocukları ne veciz sözler söylemişlerdir:

"Korkuyla İstiklâl Marşı söylüyoruz..."

"Türk askeri meclis korumasından çekilmelidir..."

"Mustafa Kemal Atatürk'ün Mareşal üniformalı resmi, meclisten kaldırılmalıdır..."

"Biz istersek Anayasa Mahkemesini de kaldırırız..."

"Ege kara sularında 12 mil kararı/casus belli (aslı:12 mil casius kararı) kalksın..."

"Egemenliğimizi paylaşmamızda sakınca yoktur..."

Bu sözler işgal altındaki Osmanlı Meclis-i Mebusan'ında söylenmiş sözler değildir; Cumhuriyet çocuğu vekiller tarafından söylenmiş sözler ise... **İşgal günlerinden de kötü durumdayız... UYANIN!!!**

Atatürk'ün Mareşal üniforması, Haçlı işgal güçlerine karşı kazanılmış zaferin sembolüdür. Siz niçin alınıyorsunuz?.. Atatürk sizin neyinizi (...)

"Biz istersek Şuray-ı Devlet'i kaldırırız" diye konuşan bir Osmanlı mebusu olmamıştır... Çok vahim,çok!..

Egemenliğimizi paylaşmakta sakınca görmüyorsanız, o makamlarda fuzuli şagil durumunda kalırsınız, milletten aldığınız ödenekler size haram olur!..

Ege'de; " 12 mil casius'u kaldırılmalıdır..." sözünü zaten Yunan meclis başkanı söylüyor. Siz gol atacağınız kaleleri karıştırmadıysanız, bu ağır patalojik sendromun adı nedir?... Söyler misiniz, sayın Cumhuriyet çocukları(!) Kendiniz manevi bir intihar psikozu içindeyseniz, arkanızdan milleti de sürüklemeye hakkınız var mıdır?...

T.B.M.M.'sine hasret kaldık, derken...

Meclis-i Mebusan'a bile muhtaç ettiniz, Sayın Cumhuriyet çocukları!...

ASKERİ NİGAHBAN CEMİYETİ YENİDEN İŞBAŞI YAPTI-KİMSE UYANMADI!!!

BU KEZ VATANSEVERLERİ MALTA'YA SÜRMEDİLER... ÖLDÜRDÜLER, UYANIN!!!

1918-1922 Birinci mütareke yıllarında ABD ve AB-İngiliz Mandacıları, casuslar, işgal güçlerinin yerli işbirlikçileri, satılmış yazarlar, mütareke basını, işbirlikçi basın patronları, geleceğini işgal güçlerinin egemenliğine bağlayan gafiller ve hainler ortalıkta cirit atıyordu.

Devletine ve milletine sahip çıkan milletvekilleri, komutanlar, yazar ve düşünürler, kısaca vatanseverlerden ele geçirdikleri 144 kişiyi Malta Adası'na sürgün etmişlerdi. Sürgüne gidenler bir gün geri geldiler, bu sürgünlerden çoğu Milli Kurtuluş Savaşı'na katıldılar.

Sürgüne gidenler geri gelirler, ama ölüme gönderilenler geri gelemezler. Bu kez yirmi yıldan beri, yalnız devletinden yana olanları öldürdüler. Onların sağcı oldukları, solcu oldukları yalan, onlar yalnız devletini savunan milliyetçilerdi.

Gün Sazak da, Uğur Mumcu da, Mehmet Ali Kışlalı, Necip Hablemitoğlu da devletini savunan vatanseverlerdi. Şehit edilen vatan milliyetçilerinin sayısı binleri bulur. Müritler yıllarca Mü'minleri öldürdüler, UYANMADINIZ!...

Bu cinayetleri kim yaptı?

Birinci Mütareke döneminde İngiliz Muhibleri Cemiyetine bağlı olan Askeri Nigâhban Cemiyeti vardı. Bu cemiyet İngilizlerden para alarak İngilizlerin gösterdiği hedefleri vuruyordu. İngiliz mandacılarını, liboşları, işbirlikçileri vuracak değildi ya(!) Milli Kurtuluş savaşı verilerek zafer kazanıldığı için o zamanki Askeri Nigâhban cemiyeti ikinci yılın sonunda yok edildi.

YAZIKLAR OLSUN İLGİLİ VE YETKİLİLERE!!!

ASKERİ NİGÂHBAN CEMİYETİ 1975 YILINDAN BERİ İŞBAŞINDAYDI

Aldıkları emir: Devleti savunan, milletini seven vatanseverleri öldürün ki işgalden önce alan temizliği yapılmış olsun.

Alan temizliği bitti mi? Bitmedi mi?... Milli Kurtuluş Savaşı verilmedikçe Nigâhban cemiyetinin işi bitmez!!!

İKİNCİ MÜTAREKE VE İŞGAL DÖNEMİNİ YAŞIYORUZ

Birinci Mütareke ve işgal yıllarında olduğu gibi, İngiliz Muhibleri Cemiyeti yerine SOROS VAKFI beslemeleri, AB fonları beslemeleri, ABD ve AB Mandacıları, casuslar, işgal güçlerinin yerli işbirlikçileri, satılmış yazarlar, mütareke basını azıtarak işgal güçleri medya'sı olmuş; geleceğini Siyonist-Haçlı birliğinin egemenliğine bağlayan gafiller ve hainler ortalıkta cirit atıyor...

Yeniden Kurtuluş Savaşı şart oldu!..

Yeni dönem Nigâhban Cemiyeti yetkilileri Amerika'dan milyon dolar aldıklarını zaten söylüyorlar. Amerika'dan para alarak

Amerikan Mandacılarına, liboşlara, döneklere ve satılmışların bir tanesine bir şey mi yaptılar. Milli teşkilât vatansever vurur mu?... Alçaklar!!!

Yalnız çok tehlikeli bir şey yapıyorlar; Cinayetlerini Özel Harp Dairesi gibi, Milli Teşkilât gibi milletin mukaddes ocaklarının üzerine atarak bir de milli cinayet işlemeye kalkıyorlar. Onların CIA'sı, MOSSAD'ı nasıl kutsal sayılıyorsa, bu milletin milli ocakları onlarınkinden daha da kutsaldır. Pis iftiralarını atarken Türkiye'deki CIA-MOSSAD medyasını kullanıyorlar, dezenformasyon yapıyorlar. Teşkilât-ı Mahsusa döneklerini bir daha asla bulamazlar. CIA medyacıları tamamen suçüstü oldular.

Siyonist-Haçlı medyası bilgi kirliliği yaparak "bütün cinayetlerin faili İran'mış gibi" kirli yayınlar yapıyor. Cinayetlerin yönü liboşlara doğru değildi, yalnız vatanseverlere yönelmiş olan cinayetlerin faili bellidir.

Vatanseverlerin katilleri; döneklerin, soros beslemelerinin, kısaca satılmış liboşların arkasındaki güçtür. Kurumsal olarak bütün cinayetlerin faili bellidir...

Nigâhban Cemiyeti Amerika'dan milyon dolarlar alarak, CIA'nın gösterdiği hedefleri vurdu. Gün Sazak niçin vuruldu?

-Uğur Mumcu, Talabani'ye 100 bin silâh gönderilmesi olayını açığa çıkardığı gün şehit edildi...

-Eşref Bitlis Paşa,100 bin silâhın Talabani'ye bedava olarak verilmesine karşı çıkarak olumsuz rapor verdiği için şehit edildi...

— Eşref Bitlis Paşa'nın kadrosundan Bahtiyar Aydın Paşa, Nigâhban Cemiyetinin ajanları tarafından 7.65 mm. çapında Baretta ile kafasından vurularak şehit edildi.

-Mardin Jandarma Alay Komutanı Rıdvan Özden niçin şehit edildi?...

-İsmail Selen paşa, Jandarma Genel Komutanlığı Kurmay Başkanlığından emekli olduktan sonra niçin ve kimler tarafından şehit edildi?... Böyle faili meçhul cinayet olur mu?...

-Tuğgeneral Zeki Durlanık, Askeri Ateşe ve Koordinasyon kurulu Başkanı. Salyanski Kışlası, Bakü-Azebaycan'da şehit edildi...

Tuğgeneral Zeki Durlanık, Albay rütbesiyle görev yaptığı terör bölgelerinde Amerikan paramiliteri PKK'ya karşı kahramanca savaşmıştı. Teröristlerin yola döşediği bir mayının patlamasıyla yaralandı, hastaneye kaldırıldı. Hastanede yattığı sırada bir teröristin suikastından kurtuldu. Tedavisi bittikten sonra görev yerine döndü. Cudi Dağı'nda bir operasyonda yakalanan teröristlerin içinde suikast faili terörist de vardı.

İşte bu Amerikan paramiliter teröristlerinin affedilmesi, dağdan indirme palavrası ile hoş görülmeleri propagandası yapan, işbirlikçi yayın ve hayın basını, İngiliz Muhibleri Cemiyeti gibi/Soros'dan beslenen ahlâksız aydınlar sınıfı iyice deşifre olmuş, eski mütareke ve işgal döneminde Taşnak Ermeni çetelerine sahip çıktıkları gibi, şimdi yeniden, AB Mütareke döneminde de ABD ve AB Haçlı zihniyetinin maşası ve teröristlerine arka çıkmaktadırlar. Peki sonu ne olacak?...

Bakınız!... İngiliz Muhiblerinin sonu ne olduysa, mutlaka bunların da sonu aynı olacaktır. Burası Anadolu, hainlerin sonu hep aynı olur; bunları bu toprak safra diye kusacaktır. Şimdi ne söylesek hiç bir şey anlamayacaklardır; çünkü ihanetlerini din yapmışlar, ihanet ruhlarının gıdası olmuştur.

Kürt sorunu dedikleri şeyin gerçek adı "Amerika'nın köpeği olma" sorunudur. Kürtleri sevmiş olsalar bu kadar ateşe atmazlardı. Kürt sorunu vardır diyenler, Siyonist-Haçlı işgal güçlerinin uşaklarıdırlar...

Zeki Durlanık Paşa niçin şehit edildi?...

Zeki Durlanık Paşa 1998 yılında Tuğgeneral olduktan sonra, Azerbaycan Askeri Ataşesi ve Koordinasyon Kurulu olarak Baku Salyanski kışlasında Azerbaycan askeri okulları eğitim çalışmasına başladı. Zeki Durlanık Paşa'nın Azerbaycan'da askeri konularda verdiği çabalar Siyonist-Haçlıların ajanlarını telaşlandırmıştı. Çünkü onlar için Doğu Almanya'nın Batı Almanya ile birleşmesi normaldi ama Türk dünyası bunun tersine bir operasyonla bölünmeliydi.tabii ki onlara göre Türk dünyasının birleşmesi Siyonist-Haçlı yayılmasının çanına ot tıkayacaktır...

...Durlanık Paşa, Devlet Başkanı Haydar Aliyevi sevinçten ve mutluluktan ağlatan bir gösteri düzenlemişti. Tarihinde ilk defa Türk Yıldızları yurt dışında muhteşem bir gösteri düzenlemişti. Haydar Aliyev, Durlanık Paşa'dan Azerbaycan ordusunun da böyle eğitilmesini istedi.

Azerbaycan ve Türkiye Cumhuriyeti'ni bütünleştirecek büyük bir proje hazırlandı. Proje hayata geçer geçmez Durlanık Paşa şehit edildi... Arkasından Türkiye üzerinde de ülkeyi bölme operasyonu yapmak için AB ve BOP projeleri hızla siyaset gündemine sokuldu. Dönme/devşirmelerin ağzıyla "Türk'üm demeyin... "diyerek salyaları akıtıldı, kudurmuş köpek gibi Türklüğe ve Türk İstiklâl Savaşı önderlerine, Türk Milletine devlet kuran kadrolara, satılmış bir kısım Medya tarafından peş peşe saldırılar yapıldı... Cinsi kırık olanlara kimlik tartışması açtırıldı...

Gaffar Okkan gibi, devletini seven kahraman emniyetçilere suikastlar yapıldı... Devletine hizmet edenlere gözdağı verildi.

Bu cinayetlerin faili, yine ve kesinlikle dış merkezlerden para alarak yeniden ortaya çıkan Mütareke ve işgal günleri Askeri Nigâhban Cemiyetiydi.

Cemiyet, cinayetlerini işledikten sonra iki şey yapıyordu:

l) Yeni Mütareke Medyasını kullanarak bütün bu cinayetleri İran'ın üzerine atıyordu. Çünkü İran'da 40 Milyon Türk,sonuçta 70 milyon Müslüman vardı ve Türk Milleti onlara düşman olmalıydı. Pek çok CIA-TV, Siyon-TV kanalında, ne program yapımcıları, ne satılmış köşe yazarları vardı...

Cinayetlerin akşamına, failini hemen bulmuş gibi konuşuyor, hiç düşünmeden İran'ı hedef gösteriyorlardı. Aslında kendileri deşifre oluyorlardı. Bu büyük millet de kırkayakları izliyor, kırkayak sayımı yapıyordu. Ne çok kırkayak vardı(!)

2) Milli teşkilâtlarımıza saldırıyorlardı. Hain Mütareke Basını bunu fırsat bilerek bilgi kirliliği yapıyor, Milletin kutsal ocağı olan milli teşkilâtlarımıza saldırıyorlardı. Güya cinayetlerin faillerini arıyorlardı!

Tüm cinayetler yalnız vatanseverlere yönelik olduğu halde, işbirlikçi hainlere hiç bir şey olmuyordu. Doğrusu; işbirlikçi satılmış liboşlarla katil Nigâhban Cemiyeti aynı merkezden fonlanıyorlardı.

Bu doğru düşünce olayları anlamaya yeterli olacaktır.

Milli teşkilâtların son sözlerini henüz söylemedikleri anlaşılıyor. Son sözü ne zaman söyleyeceklerdir. Erenlerin kerametinden sorgu sual olunmaz(!)

İşbirlikçi satılmışlar, Özel Harp Dairesi'ne, Milli Teşkilât'a saldırdıklarına göre... Bu demektir ki oraları henüz sağlam yerlerdir. Ama onlar da, yukarı da saydığımız Milli Kahramanlarımızın neden şehit edildiğine ve neden hep vatanseverlerimizin toprağa verildiğine bir zahmet biraz baksalar... Ne demişti atalarımız:

"Ya devlet başa, ya kuzgun leşe!.."

Albay Hüsamettin Ertürk, tarihimizin en büyük kahramanlarından biri olduğu halde, hiç bir şey bilmiyormuş gibi, onu nasıl unutabiliriz?...

M.M. Milli Mücadele Teşkilâtı Başkanı Albay Hüsamettin Ertürk, İttihat ve Terakki'nin ecnebilerden emir alacak hale nasıl geldiğini, Teşkilat-ı Mahsusa'dan neden ve nasıl o kadar hain çıktığını çok güzel bir şekilde açıklamıştır. Çünkü o teşkilâtlar milli değildiler.

Albay Hüsamettin Ertürk, gayrı milli oluşumlardan o kadar yılmışştır ki, şöyle demiştir: "Milli Teşkilât milletin kutsal ocağıdır... Teşkilât-ı Mahsusa'da olduğu gibi, bir gün yine Siyonist-Mason parmağı sokulursa... İşte o zaman milletin ocağına incir ağacı dikilmiş olacaktır.

Not: Teşkilât-ı Mahsusa döneklerini yeniden okuyalım...

BOP PROJESİ BİR SİYONİST-YAHUDİ PROJESİDİR, KESİNLİKLE TUTMAZ!!!

Bizdeki entelleri-dantelleri, dönekleri, liboşları, bilumum fırıldakları ve vatan hainlerini toplamışlar. İsrail'in yamaklığında BOP projesi yapacaklarmış. Bu bizim satılmış döneklerden BOP projesi değil olsa olsa BOK projesi çıkar! Biz de Yahudileri akıllı adam sanırdık. Yahudiler akıllı adam olsalardı bizim döneklerin ipiyle kuyuya inmezlerdi. Akıllı adam olsalardı, bizim satılmış döneklere **"kardeşim siz vatanınıza ihanet etmiş hainlersiniz, vatanını satan bizi de satar..."** derlerdi. Üstelik Türkiye'deki Yahudi uşakları çok ucuz adamlardı. Bu yalakaların yüzünden Türkiye'de zaten çok az olan Yahudi sempatisi de bitti. Hani eskiden Gestapo filimlerinde Yahudilere yapılanlara iki göz iki çeşme ağlardık ya... İşte bu dönekler, o göz yaşlarını Yahudi nefretine dönüştürmeyi başardılar. Yahudiler şimdiden kaybettiler de, belki haberleri yoktur...

Kim kandırıyor bu Yahudileri?...

Dünyaya hükmedecekler miş(!) Dünyada topu topu on milyon yahudi var. Onların da Sadece onda biri Siyonist. Dünyaya nasıl hükmedeceklermiş? 300 milyon Türk, efendi efendi yerinde otururken; milyarca Çinli efendi efendi yerinde dururken, dünyaya hükmetmek onlara mı kalmıştır. Nasıl bir din oluyorsa, onlara vahiy gelmiştir(!) Bu hasta kavim daha önce Kartaca'yı yaktırttığı gibi dünyayı yeniden ateşe verebilir!..

İşte ateşin ucunu yurdumuza tuttular bile... Şu Uyuz Aslanları da iyice sokağa saldılar. Birileri de Bozkurtları salarsa bir sakametlik çıkacaktır! Ortalık karışmadan Uyuz Aslanlarını toplayıp götürseler ve onları İsrail'deki hayvanat bahçesine kapatsalar, bu yüce milletin ekmeğine kan doğramasalar. Biz Bozkurtları İsrail'e gönderiyor muyuz ki, siz Uyuz Aslanlarınızı vatanımıza saldınız. Sizde hiç utanmak sıkılmak yok mudur?...

Son numaraları:

Uyuz Aslanlarını, adı Türk, aslen CIA-TÜRK, SİYON-TÜRK TV kanallarına salmışlar, vampir suratlı muhabirlerini cam ekranda konuşturuyorlar. Aldıkları son emir: **"TV kanallarında, Türk İstiklâl Savaşı Kahramanlarını tartışmaya açınız ve onları gözden düşürünüz."**

Bu tartışmayı yaptıranların içinde eskiden milliyetçi, şimdi millicepçi dönek (biz onların aslında Yahudi ve Amerikan milliyetçisi olduğunu biliyorduk) soruyor:

"Kazım Karabekir Paşa'nın Mustafa Kemal Paşa ile arası açık mıydı?"...

"İsmet Paşa'nın Atatürk'le anlaşmazlıkları nelerdi?..."

"Fevzi Çakmak Paşa'nın Atatürk'le anlaşmazlıkları nelerdi..."

"Türk İstiklâl Savaşı Komutanlarının hepsinin birden anlaşmazlıkları!..." Hay senin gözlüklerini yesinler, vampir suratlı(!)

Onlar bu zehirlerini kusarken, yüce milletimize meşru müdafa hakkı doğmuştur. Bu millet, bunların hepsini birden toplayacak, ana vatanlarına gönderecektir. Orada doya doya Siyonizmin kurucularını çarpıştırsınlar!...

Türk Milleti'ne devlet kuran milli kahramanlarını, ölümlerinden sonra bile çarpıştıracaklar. Sonra nereye kaçacaklardır?...

Bunlar Ali Kemalleri de geçtiler!..

DÜRZİLER, İLK DİNLERARASI DİYALOG İZDİVACININ YANDAN ÇIKMASIDIR(!)

Herkesin bildiği gibi, Lübnan civarında yaşayan Dürziler, son Haçlı seferi sırasında sürdürülen dinlerarası diyalog izdivacının yan ürünü olarak, evlerinin bir köşesinde İncil, diğer köşesinde Kuran bulundururlar; kapılarına istavroz, bacalarına Hilâl çakarlar.

Demek oluyor ki, Haçlı seferleri yeniden başlamıştır ve dinlerarası diyalog da yeniden zuhur etmiştir.

Bu şehitler diyarında tarih boyunca hiç Dürzi çıkmamıştır ama, yeniden dinlerarası diyalog izdivacına girenler, sonunda koynunda istavroz, kulaklarında hilal küpeler, sarığın altında Yahudi takkesiyle ve kucağında veled-i zinasıyla Dürzileşmiş olarak ortaya çıkacaklardır(!)

Küffara hayırlı uğurlu olsunlar!!!

HETERO İLİŞKİLER(!)

Elektronikte "heterodin devre" dediğimiz bir elektronik devre düzeneği vardır. Hani çay ocaklarında kullanılan cihazlar var ya... Onlara aslında "hetero devreler" diyoruz. Bu devrelerin çaycı tarafındaki yönü aktif, diğer yönü ise pasif merkezleridir. Dünyada Yahudi ve Ermeni nüfusu sanıldığı kadar fazla değildir, on milyon biri, on milyon kadar da diğeri. Gürültü çıkarmak için öyle bir "hetero devre" kurmuşlardır ki, iki millet de aynı kapalı devreden karşılıklı gürültü çıkarırlar: "Dünyada yalnız onlar mazlumdurlar, onlara soykırım yapılmıştır ama onlar kimseye hiç bir şey yapmamışlardır!!! Dünyayı bıktırdılar!...

Aslında bu hetero devre ilk defa kurulmuş değildir. Tarih okumayan bilemez. İki bin yıl önce Yahudilerin Roma Devleti'ne karşı kışkırttıkları Ermeniler kaç kral kellesi vermişlerdir, sonra yine Yahudiler Bizans 'a, yani Rumlara karşı aynı hetero devreden Ermenileri nasıl kullanmışlardır?... Ermeniler kendi tarihini bilmiyor, Hrant hiç bilmiyor(!)

2000'li yıllarda aynı devreden, Yahudi-Ermeni hetero ilişkileri devam ediyor. Fakat bu hetero devresinde aktif merkez düğmesinin başında hep Yahudiler oturuyor.

Siyonist Ohannes Yamuk, efemine tipiyle dahi bu hetero ilişkide aktif rolü kapmış, Hrant gibi bir Anadolu Çocuğu pasif pozisyondadır(!). Bu işlerden bir şey çıkacağı yok tabii. Ama bu hetero devrede(!) Hrant gibi bir Anadolu çocuğunun pasif pozisyonda olması(...)

Gücüme gidiyor!...

Esas soykırımı kendileri yapıyor:

Vatanımızda kurdurdukları, adı "vakıf" olan askeri karakollarına emir veriyorlar. Söz de araştırma yaptırıyorlar; Türkiye'de 36 çeşit çingene çıfıt adı sayıyorlar; Türk varlığını hiç yazmıyorlar. Bu ne demektir?

a) Türkiye'de soykırım yapmaktır,Soykırım!!!

b) Bu vakıfları ile Türk Milletine savaş ilan etmişler, resmen savaş mevzilerine girmişlerdir. Bu nedenle...

Kuvay_ı Milliye yeniden şahlanmıştır!!!

Daha 90 yıl önce Ermeni Taşnak çetelerinin 320 bin Kürt'ü nasıl öldürdüklerini, evlerine ocaklarına girerek ne tecavüzler yaptıklarını anlatmayan Ohannes Pamuk, bu gün kardeş kanı döktürmek amacıyla Türk Milletine iftira atarak, eski ve yeni işgal güçleri adına Türk Milleti'ne resmen savaş ilan etmiştir. Bir mevzi daha kazandık zihniyetiyle Ohannes'in arkasındaki vampir medyası ve vampir yazarları da "fikir özgürlüğü..." palavrası ile perdeleme yapmaktadırlar. Çok tehlikeli oynuyorlar, çok!..

Tapınak Şövalyeleri'nin vampirleri işi azıttı!

Bu devleti yıkmadan, milletimizi parçalara bölmeden asla işi bırakmayacaklardır ama...

Güneş doğarken nereye kaçacaklardır?...

Biz,"Çerkez Ethem Sendromuyla" konuşarak, "bu iş burada biter" diyebiliriz...

Ama, Cadıcı Murat ormana gitmiş, günlerdir kazık kesiyormuş(!)

Vampir kazıktan anlar!..

......

Bizim Malatya'lının kahvesinde, kahveci Memed bir defter koymuş, eğlence kabilinden yazın buraya diyor. "AB yanlısı olanlar veya olmayanlar" anketi yapıyor. Ankete katılanların yüzde 70'i "Avrupa Birliğine gireceğiz diyenlerin şeyini şey edeyim(...) gibi, tuhaf şeyler yazmışlar(!)

Büyük bir genel hayın yönetmeni de bunu duymuş, "her şeye rağmen AB yanlıları yüzde 70'ler seviyesindedir..." diye nameler döşemişti!...

Her yerde bu tür anketler yapılıyor, medyatik AB yanlısı eğlenceleri düzenleniyor.

Yalnız Milliyetçi/Ulusalcı partilere oy vereceğim diyenlerin oranı da yüzde 65'lere çıkmış, Baykallar(!) bile milliyetçi gibi görünmeye başlamışlar... "de gidinin efesi!.."

Haydi bre efeler!!!

SONUÇ: YENİDEN KUVAY-I MİLLİYE AYAKTADIR!!!

İhanet gerçeklerini öğrenmek için yıllarca peşinden koştuğum, Hüsnüyadis ihanetinin hangi koşullarda yaşanmış olduğunu ve ihanetin koordinatlarını çizebilmek için, işgal günleri işbirlikçilerini genel bir bakışla inceleyerek güncelleştirmenin şart olduğu kendiliğinden ortaya çıkmıştır. İkinci bölümde "Haçı Kırık Mezar Taşı-Hüsnüyadis'in nasıl hortladığı," ele alınacaktır.

Ne yazık!... Sonunda açıkça belli oldu ki:

-Mütareke ve işgal günlerindeki tüm işbirlikçiler yeniden hortlamıştır...

Yeniden Sait Molla, yeniden Nemrut Mustafa, yeniden Ali Kemal'ler, yeniden işbirlikçi Mütareke basını ve genel hayın yönetmenleri varsa...

OYUN BİTMİŞTİR!!!

Yine hazineyi soymuşlar, borcu milletin carisine yazmışlarsa...

Yine dış destekle o kadar azıtmışlarsa...

Hepsinin de sonları mutlaka öncekiler gibi olacaktır amma...

İblis diyalogları yeniden başlamışsa... Dinim cinsim hakkına:

Türk Kurtuluş Savaşı da Yeniden Başlamıştır!!!

Kuvay-ı Milliye yeniden ayağa kalkmıştır. Yalnız milli ve gayrı milli gerçeği vardır. Kızıl Elma, ihaneti ininde boğacaktır!...

İngiliz İşgal güçleri, son Osmanlı Hükümetinin ve Padişah Vahdettinin başına çuval geçirmişti. Mustafa Kemal Paşa Anadolu yollarında kurtuluş savaşına kalkarken, önce çuvalın içindeki apoletlerini sökmüş, ondan sonra en büyük rütbeye ulaşmış, milleti ile birlikte şahlanmıştır!

İstanbul'da başında çuvalla gezenlerin ise, ne rütbesi, ne saltanatı, ne de hakimlik cübbesi kalmıştır!!! Türk Milleti başında çuvalla gezemez!!!

Vur, Türk Milleti vur!..

Eğer, yeniden çuval varsa,

Yeniden Sait Molla, Damat Ferit, Ali Kemal varsa,

Manisa'da Hüsnüyadis hortlamışsa, NEMRUT MUSTAFA PAŞA bu kez NEMRUT MEDYA MUSTAFA DİVANINI KURMUŞSA... Elbette ki yeniden kurtuluş savaşı da başlamıştır. Vur Türk milleti vur: Şimdi buralar gaza yeridir!...

Ben bu işte yokum, biraz kırgınım... Deme hakkımız yoktur!!!

Lâkin Şu Çılgın Türkler, bu kez akıllarını da başlarına alarak ayağa kalkmışlar!...

Emri yine Mustafa Kemal Atatürk'ten alıyorlar:

"HATTI MÜDAFA YOKTUR, SATHI MÜDAFA VARDIR, O SATIH BÜTÜN VATANDIR!..."

Ve bir vatan şairleri var, Mehmet Emin Yurdakul, onlara sesleniyor:

> **Dini liderin Muhammet Mustafa,**
> **Milli liderin Mustafa Kemal,**
> **Vur, Allah için vur!**
> **Daha ne duruyorsun,**
> **İki Mustafa için vur!**

VUR

Ey Türk, vur vatanın bakirlerine
Günahkâr gömleği biçenlere vur,
Kemikten taslarla şarap yerine
Şehitler kanını içenlere vur.
  Vur, güzel aşıklar cenazesinden
  Kırmızı meşale yakanları vur,
  Şehvetin raksına yetim sesinden
  Besteler, şarkılar yapanları vur.
Vur, katilin kızıl sapanlarıyla
Dünyaya ölümler ekenleri vur,
Vur, zulmün o kalın urganlarıyla
Bu kavmi iplere çekenleri vur.!!!
  Vur, aşkın ve Hak'kın zaferi için,
  Vur, senden bak Hak'ın bunu istiyor
  Vur, yerde bak tarih senin seyircin,
  Vur, gökten bak Allah sana: "Vur!" diyor.
Vur, çelik kolların kopana kadar,
Olanca aşkınla kuvvetinle vur,
Son düşman, son gölge kalana kadar,
Olanca kininle, şiddetinle vur.
  Vur,senin darbenden çıkacak ateş
  İntikam isteyen bir milletindir,
  Alnında doğacak kırmızı güneş,
  Sana vaat edilmiş hürriyetindir.
......
Yaşasın Türk Ordusu!
Yaşasın Türk Milleti!
Yaşasın Türk Askeri!... Hoş gelişler ola Mustafa Kemal Paşa!!!

169

İKİNCİ BÖLÜM

İKİNCİ BÖLÜM

HAÇI KIRIK MEZAR TAŞI

HÜSNÜYADİS HORTLADI(!)

GİRİŞ 3

1 Eylül 1922'de Atatürk, "ordular ilk hedefiniz Akdenizdir ileri!.." komutunu vermiştir.

İşgal güçleri bozguna uğramış, perişan haldeki kaçkın Yunan askerleri yakarak-yıkarak ricat etmektedirler.

Türk ordusu altı günde Turgutlu'ya kadar gelmiştir.Turgutlu'dan sonra 5. Kolordu Komutanı Fahrettin Altay Paşa Gediz sağ sahil taraması yapacak, Gördes-Demirci-Akhisar yöresini katliamlardan kurtaracak ve düşman ordusu artıklarını temizleyecektir. Bu durumda Manisa'ya girişleri biraz gecikebilirdi. Fahrettin Altay Paşa derhal süvari yüzbaşısı Hüsnü Bey'i çağırır ve şu emri verir: "Bir süvari birliğinin başına geç, öncü süvari birliği ile Gediz sol sahili izleyerek Akpınar üzerinden Manisa'nın üzerine yürü, zira düşman Manisa'da bir katliama girişebilir!..."

8 Eylül saat 11.30'da yüzbaşı Hüsnü Bey komutasındaki küçük bir süvari öncü birliği Manisa'ya doğru yola çıkmıştır... Aynı gün aynı saatlerde, Halide Edip Adıvar'ın anlatımıyla Manisa ateşler içindedir:

-"Yarım saat zarfında şehrin beş-on noktasında birden patlayan ve müteakiben birbirine kol atarak genişleyen yangın, Manisa'yı bir yanardağ haline sokmuştu. Derinden derine, yakılan evlerin çatırtıları, bağrışan halkın çığlıkları,silâh sesleri ve bomba tarakaları hep birlikte havaya karışarak, bir bora esnasında, bir ormanda duyulan korkunç uğultuları andırıyordu...

...Yunan devriyelerinin sokak başlarını tutarak bütün güçleriyle saldırmalarına rağmen, evlerden dışarıya fırlayıp sokaklara yayılan halkı, dağlara ve ovalara yayılmaktan men edemediler...

Yunan işgal güçleri komutanı General Bagorci daha üç gün önceden, Türklerin evlerinden ve dolayısıyla Manisa'dan dışarı çıkmasını yasaklamıştı. Evlerinden dışarı çıkan Türkleri "vurun" emri verilmişti.

-Halbuki şehir Yunan işgal güçleri tarafından işgal edilirken direniş için tek kurşun dahi atılmamıştı... Bu soysuz işgalciler Manisalılar'dan daha ne istiyordu?...

...Yanma korkusundan evlerinden dışarıya fırlayanlardan tuttuklarını diri diri ateşin içine atıyorlardı. Bu halkın evlerinden dışarıya fırlayışı, aynı zamanda çeşitli noktalarda hep birden fışkıran suların birer küçük sel halinde akışı gibi bir şey oldu. Yunan zebanileri köşe başlarında, kavşaklarda, her biri ayrı istikamette akan bu selleri nafile yere durdurmağa çalıştılar...

... Kurşun, mitralyöz, bomba ve süngü, hiç bir şey engel olamadı, müthiş ve çılgın halk kitleleri tabii kuvvetlerinden bir oluş halinde, ateş ve duman olup kentin etrafına taştı...

...Yunan askerleri kâh atının üzerinden, kâh yaya, bu kitlelere saldırıyor, tüfek dipçikleriyle dövüyor, süngülerle vücutları deşiyor, boğuyor, öldürüyordu...

-Bir gün içinde Manisa'da 3500 kişi diri diri yakılarak, 1500 kişi vurularak, toplam 5000 kişi öldürülmüştü. Şehirde yaşayan Müslüman nüfusu bir günde 20000'den beş bin eksilerek 15000'e düşmüştür.

Panik içinde dağlara, ovalara kaçan Türkler'in bir kısmı da Rum çeteleri tarafından öldürülmüştü...

...Fahrettin Altay Paşa'nın süvarileri de nerede kaldı... Ha geldi, ha geliyorlar. Akhisar tarafından yola çıkan süvariler Gediz ırmağına gelince köprülerin uçurulduğunu görmüşler, köprüleri onararak, Manisa'nın kurtarılması için karşı sahile geçmeye çalışıyorlardı. Karşıda Manisa yanıyor, her dakika her saniye ölümler artıyor, katliamlar devam ediyordu.

Manisa'da yığılmış olan Yunan kaçkınlar ordusu, Spil dağı'na çıkmış olan Manisalıları da yok etmek için, doğuda Alaybey deresi, batıda Çaybaşı deresi yönünden bir sarma hareketine girişmişler, nerede ise Manisalıların tamamının sığınmış olduğu Spil Dağı'nda kitlesel imha hareketi başlatmışlardı...

...Gediz ırmağının karşı sahilinde, 5. Kolordu Komutanı Fahrettin Altay Paşa, 1.süvari Tümen Komutanı Mürsel Paşa, Tugay Komutanı Cemil Bey kuvvetleri Gediz ırmağını aşmaya çalışıyorlar... Yunan kuvvetleri Spil Dağı'nı sarmışlar; Manisalıları yok etmek üzereler. Birden Manisa'nın doğusundan, Akpınar üzerinden hışımla çıkan Yüzbaşı Hüsnü Bey komutasındaki küçük süvari birliği, büyük bir toz bulutu kaldırarak ve olabildiğince büyük bir gürültü çıkarak Manisa'nın doğu mahallesine girmiş, Devlet hastanesi önünden karşı ateşe başlamıştır... saat 14.30. Bunun üzerine işgal güçleri paniğe kapılarak Spil Dağı'nı sarma hareketinden vazgeçmişler, korku ve dehşete kapılarak batıya, İzmir'e doğru kaçmaya başlamışlardır. Arkadan Fahrettin Altay Paşa'nın süvari birlikleri de Gediz ırmağını aşmış, akşama doğru Manisa düşmanlardan tamamen temizlenmiştir.

Peki, bu katliamların yapıldığı sırada Manisa valisi Hüsnü Bey ne yapıyordu?...

Hüsnü Bey ve sülâlesi daha yirmi yıl önce, Türk oldukları için Girit'ten kovulmuşlar, sonra Manisa'ya gelerek yerleşmişlerdi. Ama nasıl oluyor da Giritli Hüsnü Bey vali olarak, üç yıl altı ay boyunca Yunan işgal güçleriyle sarmaş-dolaş bir muhabbetle, severek ve isteyerek işgal güçleri işbirlikçisi olmuştur. Girit'ten kalmış bir kuyruk acısı yok muydu(!) İşte bu bir hain portresidir!... Bu ihanetin profilini çizmek için aciz kaldığımızı itiraf ederek, bu işin analizini sosyolog-toplumbilimcilere ve tarihçilere bırakıyoruz(...)

Ne garip bir tecellidir:

Yüzbaşı Hüsnü Bey Manisa'yı kurtarmak için doğudan şehre girerken, vali Hüsnü Bey ise kendi ilini soymuş, batıdan düşmanla birlikte kaçıyordu(...) Kahraman Hüsnü kovalıyor, hain Hüsnü kaçıyordu(!)

Vasili'nin anlattığına göre: Manisa valisi Hüsnü Bey son ana kadar Manisa'yı terketmemiştir. Saat 14.30'da hâlâ Yunan askerlerine sahip çıkıyor, panik yapmamalarını öğütlüyor, hatta Türk ordusunun Manisa'dan geri döneceğini umut ederek, Yunan ordusunun Manisa'da mevzi alması için işgal güçleri komutanı

General Bagorci'ye akıl veriyordu: "Ellerinde çok sayıda Manisalı Türk esir olursa, o durumda Türk ordusunun şehre giremeyeceğini..." savunuyordu. Manisa mutasarrıfı/valisi Giritli ve tarikat mensubu Hüsnü Bey öyle bir mahluktu(!)

Üç yıl önceki eski günlerde Yunan Haçlı ordusu, Manisa'yı işgal ederken tek kurşun atılmadığı gibi, Yunanlılar'a çok iyi davranılmıştı. Parti Pehlivan ve on beş arkadaşı direniş kurduğu zaman Manisalılar neler söylemişti(!) Şimdi bir gün içinde yakılarak ve vurularak öldürülmüş olan beş bin kişiyi şerefiyle savaşarak kaybetmeyi göze almış olsalardı(...) Bunu ileriki bölümlerde çözümleyeceğimizi umarız...

8 Eylül günü sabah vaktinde Kuvay-ı Milliye Milisleri kenar mahallere yer yer sızmışlar, Hüsnü Bey'i ele geçirmeye çalışıyorlardı ama kolay değildi. Şehirde kum gibi kaynayan bir Yunan ordusu vardı. Ah, vali Hüsnü Bey'i bir ele geçirselerdi(!)

Üç yıl önce Türkler akın akın doğuya göç ediyordu; şimdi ise göç tersine dönmüştü. Bu kez köylerden, kasabalardan toplanan yerli Rum halkı, üzümleri, tütünleri sergide bırakarak İzmir'e doğru kaçıyorlardı. Kaçmamış olsalar, üç yıl içinde Yunan ordusuna güvenerek yaptıkları zulümlerin hesabını nasıl vereceklerdi(!)

Sivil Rum halkı Sabuncubeli üzerinden İzmir'e ulaşmaya çalışıyordu. Yunan subayları ve seçkinler ise aileleri ile birlikte, trenlerle İzmir'e taşınıyordu. Manisa valisi Hüsnü Bey kendi tayfası için Manisa tren istasyonunda özel bir vagon hazırlatmıştı. Tren harekete hazır durumda beklerken, Hüsnü Bey Yunan askerleriyle birlikte, katliamların ve büyük yangının içinde soygunlar yapıyor, iz bırakmamak için hükümet binasını yakıyor, topladığı ganimetleri Yunan subayları ile birlikte özel vagonuna taşıyordu...

Vali Hüsnü Bey kendi şehrini soymuş, çok büyük bir ganimetle son trene atlamış, Türk ordusu Manisa'ya girerken, kıl payı bir zaman farkıyla işgal güçleriyle birlikte Manisa'yı terk etmiştir.

Trende Akhisardan kaçan işgal güçleri artıkları ile yanlarında on beş kişilik bir grup Akhisarlı Türk rehine de vardı.

Yunan işgal güçleri, "Akhisar'ı yakmamak" için kasabanın ileri gelenlerinden on beş kişiyi rehin istemişler, onlarda gönüllü olarak rehine olmuşlardı.

Manisa merkez İri Köy'den bir Rum aile de Hüsnü Bey'in vagonunda bulunuyordu. Hüsnü Bey'in en yakınları, tüm sülâlesi ve hatta çocukları dahi Manisa'da kalmışlardı. Kim bilir(!) Belki de Hüsnü Bey bir gün geri geleceğini umuyordu (...) Manisa valisi Hüsnü Bey yanındaki grubu ile 8 Eylül gecesi İzmir'e gelir. Geceyi sokakta geçirirler, sokakta yatarlar. O kadar kalabalık bir grupla gemilerde yer bulmak kolay olmayacaktır. Vali Bey, Çeşme yarımadasını çok iyi bilmektedir; grubunu alarak Urla üzerinden Çeşme'ye, oradan da Sakız Adasına geçeceklerdir. Hüsnü Bey ve grubu, yanlarındaki Akhisarlı rehinelerle birlikte Çeşme'ye gelirler ve oradan Çiftlik Köyü'ne geçerler. Çiftlik Köyü'nde bir kayıkhane vardır. Yelkenli teknelerle Sakız Adası'na geçmek kolay olacaktır. Çiftlik Köyü'nün ortasından geçen dereyi aşarak kayıkhanenin karşısına gelirler. 13 Eylül günü şafak sökerken kızgın Yunan askerleri Sakız'dan gelen horoz seslerini duyar duymaz diklenerek öyle bir coşmuşlardır ki, Akhisar'dan getirdikleri on beş gönüllü rehineyi "artık bunlarla işimiz bitti" diyerek boğazlamaya başlamışlardı... Hüsnü Bey de oradaydı ama oradaki katliama seyirci kalır(!) hiç bir müdahalede bulunmaz. En son 1971 yılında gördüğüm, kayıkhanenin karşısında, Arnavut Hüsmen'in kahvesinin önündeki o kırık sütunun olduğu yerde masum rehineler katledilmişti. O kırık sütun acaba neyin ifadesiydi(!) Kırık sütun ve iki katlı taş bina halâ yerinde duruyor mu, bilmiyorum...

Çiftlik Köy'deki son toplanma yeri bir mahşer yeri gibi olmuştu. Yunan askerlerinin kaçırdığı Türk kızlarının ve genç kadınlarının oradaki halleri ile sonra onlara ne olduğu, hiç bir yerde yazılmamış, hiç bir şekilde anlatılmamıştır(!)

Eski Manisa Valisi Giritli Hüsnü Bey, Sakız'dan Pirayus'a, oradan Elefsis'e geçmiş, çok zengin biri olarak sonunda Elefsis'e yerleşmiştir. Manisa İriköy'den yanında getirdiği Rum ailenin genç ve güzel kızı Paraskevulo ile evlenmiş, Aya Triyada kilisesinin papazı tarafından vaftiz edilerek Hıristiyan olmuş ve adını Hüsnüyadis olarak kaydettirmiştir. **Hüsnü Bey için Hristiyan olmak pek kolay olmuştur, çünkü o dinlerarası diyalogçuların öncülerindendir(!!!)** Ama diğer papazlar Hüsnüyadis'in Hıristiyan olmasını asla onaylamamışlardı. Ortodoks mezhebinde sonradan Hristiyanlığa kabul edilmek görülmüş bir şey değildi(!) Hele sünnet olmuş bir erkeğin(!)

Paraskevulo... Adının anlamı "kutsal gün" demektir. Hüsnüyadis'in Paraskevulo'dan bir oğlu olmuştur.

....

1955 yılında köyümüze bir Yunanlı gelmişti; otuzlu yaşlarda, orta boylu, elmacık kemikleri çıkık, zayıflıktan kemikleri sayılan biri... Kısa kollu beyaz gömleği ilk defa onun sırtında görmüştük. Mahallenin çocuklarıyla peşine düşerek merakla bakıyorduk; ilk defa bir gâvur görmek için. Çocukluk işte... Onun arkasına takılarak "gâvur, gâvur, gâvurka!..." diye bağırırken, Yunanlı misafir birden arkasına dönerek "gâvur sizin babanız!.." demişti. Türkçe konuşan gâvur bizi çok şaşırtmıştı... panikle sokak aralarına kaçıştık(!) Çocukluğumuzun o gâvuru meğer Hüsnüyadis'in oğlu imiş(!) Annesi Paraskevulo'nun köyünü merak etmiş, evini bulmuştu. Annesinin evinde Selanik mübadillerinden Kara Bayram oturuyordu.

...Yıllar sonra Hüsnüyadis'in oğlu Vasili Hüsnüyadis'i Elefsis'te bulmak çok müthiş bir şeydi(!) Vasili 68 yaşına gelmişti ama halâ 32 yaşındaki tipi ve fiziğini taşıyordu.

Vasili Hüsnüyadis'i Yunanistan'da arayıp bulmak bana çok pahalıya patlamıştı. Korintos İstasyonunda Hüsnüyadis'i sordum diye tutuklanarak üç gün boyunca aç susuz Türk casusu diye sorgulanmış olmak da işin cabasıydı(!)

Oysa biz kim, casusluk kim... Meğer, sonradan Vasili'nin anlattığına göre, babası Hüsnüyadis, tarihin en büyük Yunan casusu sayıldığı için, onu halâ kayıtlarda tutmuşlar, Hüsnüyadis'i soran herhangi bir Türk'ü ise karşı casus olarak görüyorlardı(!) O sorgu günlerinde, Türk-Yunan dostluğu palavrasının gerzek cazgırlarından biri olan Zülüflüyadis züppesine ne kadar Türkikon ve Elenikon gamotusları saymıştım ki, onun sağlam "bir yerinin kaldığını sanmıyorum(!) Gemim limanda bekliyor olmasaydı ve geminin stratejik zabiti olarak görevli olmasaydım, oradan sağlam çıkamayacağımı biliyordum(...)

MUTLU BİR SEFER...

Sicilya-Crotene'den sülfürük asit yüklemiştik. Matabana doğru yol alırken telsizle tahliye limanı talimatı gelince, ne görelim varış yeri tahliye limanı Elefsis. Bu kez olayın tam üstüne düşecektim...

Elefsis cennet gibi bir yer, gerçek bir ölü deniz. Bir giriş, bir de çıkış kanalı var. Bu kanallar el değmemiş doğal boğazlardı.

Elefsis giriş kanalının açığına geldik; pek ağır yolla kaptan pilot bekliyoruz... Sancak tarafımızda Salamis Adaları. Bir an 2500 yıl öncesine gittim. Perslerin aylarca susuz Salamis Adaları'nda kalabilmesi, yıllarca süren Salamis deniz savaşları...

Acente, kaptan pilotun adını bildirdi: Pilot Aleksandros.

Telsiz ofisine geçtim, 4 Mhz'de mors muhaberesi yapan Yunan askeri çevrimlerini dinledim. Hayret, ticaret gemisi Türk bayraklı diye, sanki askeri Türk gemisi gelmiş gibi mesajlar gidip geliyordu. Bizi askeri tesislerin bulunduğu giriş kanalından değil, tersine, çıkış kanalından içeriye alacaklardı. Anlaşılan Yunan askeri stratejistleri Türk bayraklı ticaret gemisini bile askeri gemi gibi görüyorlardı...

Pilot lumbar ağzına çıktı... Köprü üstüne geldi. Kendisine bildiğim kadar Yunanca seslenerek:

-Kalos irf... Kiri Aleksandros/ Hoş geldiniz sayın Aleksandros.

-Ooo, hoş gördük vire(!)

Ben Yunanca, O Türkçe... Karıştırdık(!)

Kaptan pilot pruvayı giriş kanalı ağzına verdi.

-Kiri Aleksandros, yanlış! Şunu yirmi derece sancağa kır!

-Niye ki?...

-Birazdan anlarsın(!)

O anda liman kontrol Kaptan pilotu el telsizinden aradı. Tabii ki Yunanca olarak ikaz veriyorlardı:

-Vire ne yapıyorsun, Aleksandros. Bu Türk gemisidir, 20 derece starward/sancağa kır. Çıkış kanalından gireceksiniz!

Kaptan Pilot Aleksandros tanışmamızdan çok mutlu olmuştu.

Kanaldan geçerken kırlangıca çıktığımda, elimi uzatsam çam ağaçlarına dokunacaktım. Çam ağaçlarının yeşili ile denizin mavisinin kucaklaşmış olduğu yeşil-mavi bir koridordan geçtik...

Elefsis tesislerine yanaştık ve hortum bağladık. Kendi iç devrelerinde patlamalar oldu. Sülfürük asit bu, şakası yoktur. Alargaya çıktık:

-Funda bismillah!

-Funda çapa!

Bir hafta turistik seyahat(!) Ne güzel şey şu alarga...

Elefsisli Kaptan Aleksandros sahilde "uzo içelim" dedi.

-Yok, olmaz Kiri Aleksandros, uzo kaşıntı yapıyor. Yeni Rakı var(!)

Eksport Yeni Rakıları çantama koydum, sahile çıktık ve denizle iç-içe geçmiş güzel bir tavernaya oturduk. Sıcak bir Haziran günüydü. 70'lik Yeni Rakıları çıkardım; tavernaya, Kaptan Aleksandros'a ikram ettim; ikisini ayırarak, "bunlar da Vasili Hüsnüyadis'in" dedim.

-Bu ikisini Vasili Hüsnüyadis'e vereceğim.

-Vasili!..

-Şu bizim Vasili Hüsnüyadis(!)

Biraz önce buralardaydı, ha şurada, bak sakız ağacının altında oturuyor. Ne de koyu gölgesi var şu sakız ağacının...

Vasili'yi tavernaya çağırdılar. Senin köyünden misafir var, acele gel, dediler.Vasili geldi; heyecandan kulakları bile kızarmıştı(!) Müthiş bir karşılaşma oldu.

Hani derler ya, "Baykuş hiç bir zaman avının peşinde koşmazmış, av baykuşun ayağına gelirmiş(!)" Onun gibi bir şey oldu.

Benim eğlencem, ihanet nasırının sinir köküne ulaşmaktı(!)

Vasili o gün 68 yaşındaydı. 1955 yılında köyümüze geldiği gün ona ne yaptığımı anlattığımda, hatırladı ve çok gülüştük. Vasili olayı güncelleştirerek:

-Bak, şimdi buradan kalkıp yürüyünce Yunan kopilaları da sana "Turko, Turko" diye takılacaklardır. O zaman sen de "Turko senin babandır" de, yanılmazsın(!)

-Bunların çoğunun tohumu oralardandır, bakma sen şuna buna(!)

Yaşamış olduğu kompozit hayat, Vasili'yi çok büyük bir mizah ustası yapmıştı. Ta Nea/Yeni Gün gazetesinin mizah yazarıydı.

Ertesi günü, Giritli eski Manisa Mutasarrıfının mezarına giderek fotoğraf çekmek istedim, fakat fotoğraf çekmek işi Vasili için ayıp sayılacaktı. Bu nedenle yalnız bir ziyaretle yetinerek, Vasili'ye "beni babanın mezarına götürür müsün?.." dedim. Vasili önce oralı olmadı. Israr edince, "pek bir şey bulamazsın..." dedi.

-Ama, madem ki istiyorsun, haydi gidelim.

Aya Triyada kilisesinin terkedilmiş eski maşatlığına gittik. Vasili'nin çekincesinin sebebini orada anladım. Mezardan kala kala, yere yatarak yamulmuş bir "haçı kırık mezar taşı(!)" kalmıştı. Tahrip edilmiş sandukanın kapak silmesinde bazı harfleri silinmiş olan protest yazılar vardı. Bazı harfleri silinmiş olsa da, boşluklar tamamlandığında, Yunanca "Palio Turko/Serseri Türk(!) yazısı okunabiliyordu.

İşgal günlerinin sicilli bir işbirlikçisi, binlerce Türk soydaşının katledilmesine sebep olan, tüm ilçeleriyle birlikte Manisa'yı ateşlere atan tarikatın adamı, dinlerarası diyalog timsali, Manisa mutasarrıfı Giritli Hüsnü Bey şu çukurda yatıyordu. Onca soygunlardan, onca ihanetlerden sonra Hüsnüyadis'e kala kala, bir HAÇI KIRIK MEZAR TAŞI ve bir de "Palio Turko" yazısı kalmıştı(!)

Hüsnüyadis, Venizelos gibi Giritli ve Hanyalı'dır. Her ikisi de 1864 yılında komşu köylerde doğmuştu. Venizelos 1936 yılı sonunda, bir kaç ay sonra da Hüsnüyadis 1937 yılının başında ölmüşlerdi. Tipleri de bir elmanın iki yarısı gibiydi(!)

Vasili, babası Hüsnüyadis için "Ne Müslüman ne Hristiyan, ne Türk ne Yunan(!) Böyle baba mı olur..." diyerek, babasına karşı saygısız olduğunu mu ifade etmek istemişti(!)

Vasili, babasının hatıratını nakletmeseydi nereden bilecektik ki, Sait Molla Kıbrıs'tan sürüldükten sonra 15 Haziran 1930 günü doğruca Elefsise giderek, orada ihanet yuvası kurmuş olan Hüsnüyadis'le buluşmuştur. O günlerde (Bugün Lavriyon kampında olduğu gibi) Elefsis'te bir ihanet kampı kurulmuştur(!)

Hüsnüyadis'in yanında çok önemli biri daha vardı. Ne yazık ki tarih kitaplarında, tahmin ediyoruz ki tarikatçı tarihçiler tarafındandan kasten karartılmış olan Nakşibendi tarikatı mensubu Şeyh Sükuti...

Kimdir bu Şeyh Sükuti?...

Şeyh Sükuti de İngiliz Muhibleri Cemiyeti üyesi, işgal günlerinde Yunan işgal güçleri adına Menemen Belediye Başkanlığı yapmış, işgal günlerinin en azgın işbirlikçilerinden biridir. Şeyh Sükuti Menemen'de Haçlı işgal güçleri adına Belediye Başkanlığı yaparken yanında iki kişi daha vardı: Kubilay olayından sonra suçlu bulunarak idam edilen Hayımoğlu Yahudi Jozef ve Yahyaoğlu arabacı Hüseyin...

Menemen İsyanının ele başılarından, en başta Derviş Mehmet, Şamdan Mehmet, Sütçü Mehmet (hepsi de Giritli) ve diğerleri, Giritli İbrahimoğlu İsmail, Giritli Alioğlu Hasan ve Mehmet Emin adındaki failler Hüsnüyadis ile kardeş çocuklarıdırlar(!)

Nasıl ki Nemrut Mustafa Bağdat'a kaçtıktan sonra Diyarbakır'a geçerek Şeyh Sait İsyanını hazırlamışsa...

Nasıl ki İngiliz Muhibleri Cemiyeti Başkanı Sait Molla Kıbrıs'a gittikten sonra ihanetlerine devam etmişse...

Hüsnüyadis de Yunanistan'a kaçtıktan sonra boş durmamış, ihanetlerine devam etmiş, Yunan casusu olarak Menemen İsyanını hazırlamıştır(!) Sait Molla'nın gelişiyle fitil ateşlenmiştir.

Eski Menemen Belediye Başkanı, işbirlikçi Şeyh Sükuti de 1925 yılında Bakanlar Kurulu Kararıyla başkanlıktan atılarak vatandaşlıktan çıkarıldıktan sonra Yunanistan'a sığınarak Hüsnüyadis'in yanına gitmiştir,

1930 yılının Haziran ayında Hüsnüyadis'in yaşadığı Elefsis de (Eski Lavriyon Kampı da diyebiliriz) bir toplantı yapılır. Bu toplantıya Hüsnüyadis'in yanında Sait Molla ile Şeyh Sükuti de katılarak hep birlikte bir karar alırlar ve alınan kararları altı ay sonra, yani 23 Aralık 1930 günü Menemen'de icra edilir. Baş aktörler ise Hüsnüyadis'in Giritli akrabalarıdır(!) Hüsnüyadis Manisa'daki akrabalarının kanına girmiştir(!)

Ne yazık ki aynı ihanet tarikatının Haçlı Beslemesi Masonik Müslüman yazarları 2000'li yıllarda dahi halâ şöyle yazmaktadırlar:

"Menemen olayı üç-beş esrarkeşin olayıdır. Büyütecek ne var ki(!)"

Onlar da biliyorlar ki Hüsnüyadis'in torunları, esrarkeş Derviş Memet'in intikam yeminlisi torunları hem de devletten beslenerek yüksek makamlara gelmişler ve yeniden işbaşı yapmışlardır. Malum yazarlar da bilerek perdeleme görevlerini yerine getiriyorlar(!)

Konuşurlar, konuşurlar tabii... Bu kez "işi bitirdik" gözüyle bakıyorlar...

Vasili Hüsnüyadis bilgilendirmeseydi, Zeber Çiçek'in Hüsnüyadis'in biraderi, Manisa'da kalan küçük ağa olduğunu nereden bilecektik(!)

1960 yılının başlarında, o gün babamın köfteci dükkânın karşısında büyük bir kalabalık vardı. Manisa'lı Hacı Zeber Çiçek, Said-i Nursi'nin cenaze töreninden dönmüştü. Etrafında toplanan kalabalıklar Manifaturacı Hacı Zeber Çiçek'in dükkânında toplanmışlar, elini öperek "ikinci hacılığın mübarek olsun(!)" diyorlardı. Babam ise beni, Hacı Zeber'in kumanda ettiği sözde din(!) aslında ihanet kurslarına yazdırmıştı. İşte bu kurslarda her türlü ihanetin dedelerinden torunlarına rücu ettiğini görmüştüm. Bu ihanet kurslarında, Manisayi yakan, binlerce Müslümanı diri diri ateşlere atan Yunan işgal güçleri komutanı Haçlı Generali Bagorci'ye veya Venizelos'a, zalim Venizelos ve zalim Bagorci denilmiyordu, ama "zalim Mustafa Kemal-deccal..." diyerek, anlaşılmaz derecede, herhalde genlerinden gelen kin ve intikam duygularını kusuyorlardı (...) Şimdi bunlar kimi kandırıyorlar?... Kimi(!) Bizim yaşadıklarımız, gördüklerimiz ve duyduklarımızı kimden kaçırıyorlar?... O kurslarda, Menemen'de idam edilenlerin torunları özel olarak eğitilmek üzere seçilerek, Kurşunlu Han Talebe Yurdu'nun çok özel bir odasına yerleştiriliyorlardı. Bunlardan bazıları Türk Milletine devlet kuran önderlerine söve söve, ileriki yıllarda yüksek makamlara gelmişler, sövdükleri devletten geçinerek zengin olmuşlardı (...)

Kurşunlu Han'da özel olarak seçilen talebelerin okuma ve okul masraflarını Hacı Zeber Çiçek karşılıyordu. Orada okuyan öğrencilere de şehit torunları diyorlardı(!) Lamı cimi yok; dedeleri Yunan Haçlı ordusu ile işbirliği yapmış olanların torunlarına "şehit çocuğu" diyorlardı (!) Onlara göre Menemen'de bağ testeresi ile kafası kesilerek direklere saplanan Kubilay ve iki masum bekçi "murdar gitmişti..." Ama onları katleden Derviş Mehmet ve arkadaşlarına "şehit" diyorlardı. Biz bunları kendi ağızlarından dinliyorduk ve tartışıyorduk. Bu çocukların şimdi hepsinin isimlerini saysam(...) Onlar rezillikten korkmaz ki, çünkü ruhları ve beyinleri alınmıştı(!) Bu çocukların bazılarını üzgün ve süzgün bakışlarla melankoli hastası gibi duruşlarıyla TV ekranlarında sık sık görüyoruz. Hiç bir zaman tartışma programlarına erkekçe çıkamazlar, kendilerini ikili üçlü diyaloglardan kaçırarak yalnız monolog yaparlar. En çok korktukları şey "deden kim?..." diye sorulmasıdır. Dedelerinin kim olduğu sorulduğunda ise sıkışınca dayılarını anlatırlar!... Sümmi haşa, bir Allah'a sorgu sual edemezsiniz, bir de Hüsnüyadis'in torununa(...) Katıra sormuşlar ya...

"Baban kim?" Demişler. Katır babasının eşek olduğunu biliyor, ama söylemeye utanmış "At benim dayım olur..." demiştir(!)

Vasili, babasının hatıratını nakletmeseydi nereden bilecektik ki, Hüsnüyadis; akrabaları ve torunları ile birlikte yıllar önce Manisa'da hortlamıştı(!!!)

....

1961 yılında Manisa'da Atatürk Heykelinin açılışı için hükümet konağının önünde bir tören düzenlenmişti. Tören kürsüsünde konuşan şair Behçet Kemal Çağlar,"İzmir'in Kavakları..." şiirini okuyarak şöyle demişti: "Bu zenginliğine rağmen, Atatürk Heykelinin dikildiği son ilimiz Manisa olmamalıydı(!) Bu gün bu kara lekeyi siliyoruz..." Ne kara lekesi (!) Manisalılar Atatürk'e neden düşman olsunlardı, akıl alır gibi değil(!)

O zaman hiç bir şey anlamamıştık. Behçet Kemal Çağlar da hiç bir şey bilmeden konuşuyordu; çünkü orada Manisalılar değil, Hüsnüyadis'in torunları iş başındaydı(!)

Nihayet 27 Mayıs darbesi zoruyla bu zengin ilimize geç de olsa bir Atatürk heykeli dikilmişti... Sonraki yıllarda bir de ne görelim(!) Atatürk Heykeli çeşitli bahanelerle Hüsnüyadis'in torunları tarafından yerinden apartılmıştı. Oysa heykeller dikildikleri meydanla bütünleşmişlerdir; yerinden kaldırılmasının hıyanetten baska hiç bir mazereti olamaz! Roma'da 2050 yıl önce dikilmiş olan bir Sezar heykelini bulunduğu meydandan kaldırmayı bırakın, kaldırmaya teşebbüs edecek bir İtalyanı doğduğuna pişman ederler. Bilginiz olsun... Sıra Atatürk Heykeline gelince, ne mazereti(!!!) Heykeli, tören alanından sökerek özel bir otelin önüne dikerken, "O'nu otel bekçisi yaptık." diyenler kimlerdi?...

Hüsnüyadis'in ve Derviş Mehmet'in torunlarının hepsini çocukluğundan beri tanıyoruz. Ömründe hiç bir zaman delikanlı olmamış, ruh hastası tiplerdi... Son bir defa erkekçe konuşarak:

"-Kardeşim, doğrusu şudur: Atatürk "Ordular İlk Hedefiniz Akdenizdir İleri!..." diyerek, bizim dedelerimizi kovmuştur... Atatürk karşıtlığımızın sebebi budur. O kadar işte..." deseler. Sinsi sinsi, cibilliyetsizce hareket etmeseler(!) İhanetlerini din yapmışlar.

İhanet ruhun gıdası olmuş, ruhlarını ihanetle besleyerek büyük şeytan İblis'e dönmüşlerdi(!)

....

Hüsnüyadis'in oğlu Vasili, Yunanistan'ın Elefsis-Megara-Korintos bölgesini gezdirirken yol boyunca sık sık şapeller gördüm. Bu şapeller; bizdeki yatır türbeleriyle eş anlamlı yapılardı.

Yalnız bir farkla: Şapellerin hemen hemen hepsinin girişlerinde camekân sunakları vardı. Bu sunakta, fakirler yararlansın diye kuru gıda, bal v.s. adaklar sunulmuştu. Şapeller Yunan kahramanlarına adanmış, aziz/hagia mertebesine erişmiş tarihi şahsiyetlere ait mezarlardı. Vasili'ye onların nasıl kahraman olduklarını sorunca, mizah üslubu ile Vasili cevap verdi:

- "Bunlar Türk öldürenlerin mezarlarıdır(!)"

- "Şu küçük şapellerde yatanlar az sayıda Türk öldürmüşlerdir, büyük şapellerde yatanlar ise daha çok sayıda Türk öldürmüşlerdir(!)"

- "Ya şu en büyük şapel kimin?..."

- "Ela do daskale/ Hocam buraya bak. En büyük olanı kimin aziz mezarıdır(!)"

- "General Bagorci, Manisa işgal güçleri komutanı(!) Vay canına.3.500 Manisalıyı diri diri yakan adam(!) Aziz ilân edilmiş(!!!) Buna karşılık Manisalılar ne yapmış?...

Bütün Manisalıları diri diri yanmaktan kurtaran, Yunan Haçlı işgal güçleri komutanı Bagorci'yi Manisa'dan süren Fahrettin Altay Paşa için, Manisalılar nasıl bir anıt yapmışlardır?... Ne anıtı(!) Manisalılar Fahrettin Altay Paşa'nın adını caddelerden silerek, yerine bir gâvurun adını yazmışlardır (!!!)

Garp Cephesi Komutanı İsmet İnönü'nün adını okullardan caddelerden sildiler...oof..

Bu kara tabloda Manisalılar'da suç aramıyoruz... Asla(!) Olur mu öyle şey(!) Manisalılara lâf söyleyenin ağzını yırtarım!

Ama biz Fahrettin Altay Paşa'ya ve Yüzbaşı Hüsnü Bey'e ne diyelim(...) Manisa'ya bir gün sonra girselerdi.(!!!)

Pekii...

İşgal güçlerine kahramanca direnen Manisa Müftüsü Alim Efendi'nin bir anıtı, adı esamesi var mıdır(!) yok.

1. Süvari Tümen Komutanı Mürsel Paşa'nın anısı(!) yok.

İlk Şehit Giritli Hüseyin Efendi(!) yok.

Tugay Komutanı Cemil Bey'in anısı(!) yok.

Şehit Makbule; erkekler çalı dibine saklanırken iki yıl boyunca çakmak çalarak Yunan zebanileriyle savaşırken alnından vurulup düşen Şehit Makbule'nin bir anıtı... Erzurum'da Nene Hatun Anıtı gibi(!) Canım o da Erzurum'da şehit olsaydı(!) Erzurumlular fakirdir ama kahramanlarına vefalıdırlar. Peki zengin Manisa'da şehit olanların anıtı olmayacak mıdır?...

Sözde bir Kuvay-ı Milliye Anıtı yapılmıştır ama müthiş bir incelikle Kuvay-ı Milliye ruhunu ve kahramanlarını tören alanlarından kaçırarak şehir dışına sürmeyi başarmışlardı(!)

Yunanistan öyle... Öyle iken biz bu hallere nasıl düşürüldük?...

Kafamızı iki avcumuzun içine koyarak derin derin düşünelim(...)

-Parti Pehlivan ve Silâh Arkadaşları bizim için Amerikan kovboyları kadar bir değer ifade etmiyor muydu? Küffarın böyle kahramanları olsaydı otuz altı kısım uzun metraj film yaparlardı...

-Peki Manisa'lı Kahraman Mirimiran Halit Paşa... En talihsiz şehitlerimizin başında Karaosmanoğlu Halit paşa gelir. En yakın akrabaları dahi onun Padişah'a rüşvet verir gibi, bir at vererek Mirimiran Paşalık kazandığını söylüyorlardı ama Halit Paşa'nın Balkan Savaşları'nda gönüllü olarak kaç yıl savaşarak Mirimiran Paşa olduğunu bilmiyorlardı(!)

Manisalıları diri diri yaktığı için Yunanistan'da aziz ilân edilen Yunan işgal güçleri komutanı Bagorci farzedelim ki bu hallerimizi görseydi, bize on üzerinden kaç puan verirdi?.. Bagorci'den takdirname alırdık(!...) Ve milli duyguları yüksek Akhisarlılar, Salihliliiler, Alaşehirliler, Sarıgöllüler v.s. Manisa ilçeleri halkı, kendilerini Manisalı olma bilincinin dışında tutarak, Manisalı'yım demeye niçin dilleri varmıyordu? Edirne'de, Tunceli'de, Tokat'ta. Başka bir ilimizde böyle bir şey yoktur. Sahi orada bir de üniversite var imiş(!) Hem de bir Kuvay-ı Milliye Kahramanının adını taşıyor(!) Sakın Şeyh Şükuti Tarikatı veya Uyuz Aslanlar Tarikatı üniversiteye girmiş olmasın(!) İyi ki yok öyle bir şey, yoksa az uyuz olanı doçent, fazla uyuz olanı prof... En fazla uyuz olanı bilmem ne(...) olurlardı(!) iyi ki yok öyle bir şey!...

Başka hiç bir ilimizde görülmeyen, ilçeleriyle kaynaşma veya kaynaştırma eksikliğinden gelen marazi durum neden yalnız Manisa'da ortaya çıkmıştır?...

Kırk yıl önce orada yalnız bir lise ve bir ilköğretmen okulu vardı. İlin, ilçeleriyle kaynaştırma görevini şimdikilerden daha güzel yürütüyorlardı. Nasıl olur da bir üniversite bir ilköğretmen okulu kadar olamıyordu?..

Bir ilin dünya görüşü düzeyi ve aydınlanma düzeyi ölçülebilir. Dünya görüşü, aydınlanma ve kültür düzeylerini ölçme ve değerlendirme teknikleri hiç yanılmaz!...

Nasıl olur da yurdumuzun en batısında yer almış olan Zengin Manisa'nın dünya görüşü ve aydınlanma düzeyi, doğu bölgesinde bulunan fakir Artvin ve Tunceli gibi illerimizin bile altında kalmıştır? Lütfen siz de ölçer misiniz(!) ölçün de bir suretinizi(!) görelim...

Üniversite olan ilimiz karanlık,üniversite olmayan illerimiz daha aydınlık(!) Böyle bir şey olabilir mi(!) Üniversiteler karanlıkları taşımak için mi kurulmuştur?...

Derviş Mehmet'in ve Hüsnüyadis'in torunları Manisa'nın elli yılını çaldılar(!) Bunu da mı görmediniz? Yazık değil mi Manisa halkına(!)

Tarih okuyun, ama tarihi düzgün okuyun lütfen!... Yakın tarihimize doğru bakalım(!) 1930-Menemen olayından önce:

1919-1922 yıllarında: Hani Kubilay ve iki masum kır bekçisini şehit eden Derviş Mehmet vardı ya... İşte o derviş Mehmet, Yund Dağı'nda bulunan öz-be öz Türk evlâdı yirmi Türkmen köyünü esrarkeş gâvur tarikatına bağlamak için, Türklüklerini unutturarak ruhlarını boşaltma çalışmaları yapıyordu(!) Çünkü Haçlı işgal güçleri adına çalışan amcası, Manisa Mutasarrıfı Hüsnüyadis'ten öyle emir almıştı. Yaptığı iş İslâm'a ihanetten başka bir şey değildi. Derviş Mehmet'in görevi ise, Haçlı işgal güçlerine direniş göstermeyecek, sonuçta "ne Türk ne İslâm" olan tarikat mensupları yaratmaktı. Derviş Mehmet başaramadı, sonuçta kendisi ipten gitti(!)

Derviş Mehmet'in amcası Hüsnüyadis de "Ne Türk Ne İslâm Sentezcisi..." olarak "yaşasın gâvur tarikatı" dedi ve sonunda Haçı Kırık bir mezar taşma kavuştu (!!!) Hüsnüyadis bitti mi?... Bitmedi! Doksan yıl sonra... halâ oralarda hiç bir şey değişmemiştir(!) Adeta Hüsnüyadis hortlamış, Türk İstiklâl Savaşı Kahramanlarından ve mukaddes şehitlerinden intikamını almaya devam etmektedir (...)

Bu işler yeniden nasıl olmuş, nasıl devam etmiştir?...

Bir zamanlar Yund Dağı'nın en "büyük köyü Maldan'a yolumuz düşmüştü. Orada bir eğitmen vardı. Okuma yazmayı askerlikte öğrenmiş, terhis olunca köyüne eğitmen olmuş; Eğitmen Mehmet Bey, deve damından bozma bir derslikte köyüne ışık saçmaya çalışıyordu. Eğitmen Mehmet Bey, hiç mübalâğasız bir ifadeyle, şimdiki Boğaziçi Üniversitesi mezunlarından aydınlık bir adamdı (!) 1955 yılında Maldan Köyü eğitmeni olan Mehmet Beyi ziyaret etmek için seksenli yıllarda Maldan'a gittiğimizde okul yapılmış, orada bir ilkokul açılmıştı ama Eğitmen Mehmet Beyin aydınlığı kararmıştı. Okullar açıldıkça, nasıl olur da köylerimiz karanlıklara saplanıyordu?... Üç etekli kadınların Türkmen güzelliği ve erkeklerin efendiliği, unutulacak gibi bir şey değildi. O Türkmen kadınlarının tek lüksü, pullu-püsküllü takunyalarıydı. Köyümüzün içinden geçerken takunyalarını giyerler, köyün çıkışında ise takunyalarını ellerine alarak yine yalınayak yürüyerek yollarına devam ederlerdi. Neden biliyor musunuz?... Kocalarına yeniden takunya masrafı çıkarmak istemiyorlardı(!) Çevrede bulunan köyler de aynı kültürü taşıyorlardı. Bu masum insanların kaderiyle oynanır mı? Vicdansızın biri bu masum köylülerin kaderiyle oynamış, çocuklarını karanlıklara atmıştır. Maldan köyünde derin bir sohbet sırasında, çocuklarını okutup okutmadıklarını sorduğumuzda... Tabii dediler. Çocuklarımızı okutuyoruz. Bu güne kadar 53 çocuğu okuttuk. Bu habere öyle sevindik ki, nerede okuttuklarını sorduk. Meğer onların okuma dedikleri iş, Şeyh Sukuti Tarikatının bir ihanet kursuna din adı altında eğitime göndermişlerdi(!) Bu işi kim organize ediyordu?...

Kendisi üniversite mezunu olan birisi, Yund Dağı köylerinin çocuklarına aydınlanmayı değil de İslam dışı tarikatın karanlıklarını sunmuştu.

Derviş Mehmet'in okumuş bir torunu, dedesinin kaldığı yerden devam ederek, Yund Dağı köylerine el atmış, "Ne Türk,Ne İslâm " tarikatını Yund Dağı köylerine sokarak dedesinin kaldığı yerden devam etmiştir...

Peki, Derviş Mehmet'in torunu başardı mı,başarmadı mı?... Köyler orada, meraklısı gider bakar, görür, inceler(!)

Yalnız şu garantidir ki,bu işleri yapanlar bir gün Haçı Kırık Mezar Taşı ile temsil edileceklerdir(!)

Yarasa karanlıkları sever. Birileri Yund Dağı köylerine önce karanlıkları götürmüş, sonra o karanlıklardan yarasa gibi sıyrılarak, aklı sıra siyaset yapmıştır. Dahası,yarasa gibi kendilerini ayaklarından tavana asmışlar, her şeyi ters görerek, dünyaya tersinden bakmışlardır(!!!)

Nasıl kıydılar o güzel Türkmenlerimize?

Siyaset yapacağız diye, önce karanlıkları götürmüşler, sonra o karanlıklardan yarasa gibi sıyrılarak, vampir gibi çıkmışlardı(!)

Her şeye rağmen bu güzel ilimizde, Hüsnüyadis'in torunlarının halkasını burnuna taktırmadan, bileğinin hakkıyla ve mertçe Belediye Başkanı olmuş Ertuğrul Dayıoğlu gibi şahsiyetli adamlar da çıkmıştır. Başka var mıdır?... Er meydanı bu(!) İşte meydan... Nerde yiğit(!)

....

Son zamanlarda işittik ki, Hüsnüyadis'in ve Derviş Mehmet'in torunları Manisa'daki işlerini bitirmişler, şimdiki zamanlarda Manisa'yı da aşmışlar, Şeyh Sait'in torunlarıyla ittifak yaparak demokrasi mücadelesi veriyorlarmış(!) Yakışır onlara; dedeleri Hüsnüyadis de Şeyh Sait'le, Sait Molla ile Nemrut Mustafa ile çok yakın arkadaştı; onlar da hep birlikte demokrasi ittifakları yapmışlardı(!) Onlar çok iyi biliyorlardı ki Türkiye'de demokrasi "ihanet hakkını kullanmak..." demektir(!)

Manisa'ya Vali olmak da İstanbul'a Vali olmaktan zor bir iş-
tir. Eski işgal günleri işbirlikçisi Vali Hüsnüyadis'in ruhunun
hortladığı yerde, her an hortlamış bir Hüsnüyadis'le karşılaşabi-
lirsiniz(!)

Yine işittik ki, Vali Niyazi Araz'dan beri ilk defa 2006 yılında
Manisa'ya bir Vali gelmiştir. İnşallah kıymetini bilirler...

Şimdi yakın geçmişe dönerek, Hüsnüyadis nasıl bir Manisa
Valisiydi(!) Psikolojisi-sosyolojosi ve tarihi derinlikleriyle anla-
maya çalışalım...

Not: Hüsnüyadis'in evrak sandığında neler vardı?...

*- 1920 tarihli Padişah Vahdettin tapuları, Manisa'nın yarısını üze-
rine tapulamış. 1/2 Yahudi Moris ortaklı çarşı tapuları...*

*- Çok özel 327 ailenin Osmanlıca / Yunanca nüfus kütükleri...
1920 kayıtlı varakalar.*

*Manisa'ya yerleşen Giritli Bedirhaniler ve Giritli Museviler kim-
lerdi?*

*- Hangi ailelerin yunan işgal güçlerine yaptığı hizmet varakaları?
Her ailenin işbirlikçi hizmetleri ve adına yazılmış rulo halindeki va-
rakaları...*

*Bu evraklar ölmüş bir Hüsnüyadis'in sandığında daha güvenlidir (!)
...... ve Hüsnüyadis, Yunan Haçlı ordusu Manisa'ya yaklaşırken 12
mil şartı da kalksın(!)..." demiş. Böylece Yunan ordusu Menemen Boğa-
zı'ndan hemen akmış, hiç kurşun atmadan, Manisa'ya nasıl girmiş-
tir?(!!!)*

HÜSNÜYADİS
1917- 1922 MANİSA MUTASARRIFI

8 Eylül 1922 günü, saat 10.00 (!)

Yunan ordusu tarafından Manisa tamamen yakılmış, artık mutasarrıflık yapacak makamı kalmamıştır...

Tam olarak sıfatı ve "çağrı adı": Nakşibendi tarikatı mensubu ve önde geleni, Manisa Mutasarrıfı Giritli Hüsnü Bey.

İz bırakan icraatı ve sözü: Yunan işgal ordusu ile "egemenliğini paylaşmak..."

... Sözünde durarak, Yunan Haçlı ordularıyla işbirliği yapar. Egemenliğini Haçlı ordularıyla paylaşmak istemeyen, direniş yanlısı Türk halkına tam üç yıl üç ay on üç gün, kan kusturur. Üstüne üstlük, mutasarrıflığına bağlı bölgede Hristiyanlar azınlık olduğu halde, azınlığın çoğunluğa zulüm ve işkence yapması için, zalim işgalcilerle dost olmuş, her türlü işbirliğini ve ihaneti yaşamaktan hiç çekinmemiştir...

Emperyalist AB ve ABD'li Haçlı ordularının yöntemi hep aynıdır:

— Önce bir "Azınlık hakları..." sorunu yaratırlar; azınlık yoksa da yeniden azınlık yaratılır. Sonra da "azınlık hakları..." bahanesi ile vatan işgal edilir, işlerine nasıl gelirse öyle yaparlar:

— Sevr antlaşmasına göre; Türk sınırlarını çizerken yalnız Alevileri Türk sayarlar, onların yaşadıkları illeri Türkler'e ayırırlar...

— Zaman içinde; Alevilerin yaşadığı illeri ajan provakatörlerine vurdururlar, Alevileri illerinden dağıtırlar...

— Şimdi de "Aleviler azınlıktır..." deme zamanıdır(!)

Bu arada Kürtler'i sevdikleri de yalandır; çünkü emperyalistler, vatan haini olmayan Kürt'e asla Kürt demezler! Vatan haini olmayan Türk için de öyle. Onların sevdiği Türk; Hüsnüyadis ve torunlarıdır.

"Azınlık hakları..." bahanedir, bahane:

Dedem, "azınlık hakları..." deyimini kullanmazdı, "ajanlık hakları sorunu bu", derdi.

Eğer biz bugün, "azınlık-ajanlık hakları" öncülerinin kim olduklarını:

— Hangi fikre hizmet ettiklerini...

— Emirleri kimlerden aldıklarını...

— Kimin beslemesi olduklarını (!) Anlama ve kavrama yeteneğinden yoksun kalıyorsak...

Hiç değilse Hüsnüyadis'in yaptıklarını öğrenelim ve asla unutmayalım!

Hüsnü Bey Giritli'dir ve Yunanlıların Girit'te yaptıkları Türk katliamlarını yaşamıştır. Resmi kayıtlara göre Girit'te 30 bin Türk, koyun boğazlar gibi boğazlanmıştır. Girit göçmeni Hüsnü Bey, bu Millet'in parasıyla yetiştirilmiş ve mutasarrıflık makamına kadar yükseltilmiştir ama, o"vatan hainliği..." mertebesine terfi etmiş, Yunan Haçlı orduları ile işbirliği yaparak, "egemenliği paylaşma..." timsali olmuştur.

"Hüsnüyadis" adı nereden geliyor?

Bunu açıklamadan önce yeni bir durum; (bknz. giriş 3)

Hüsnüyadis'ten tam 85 yıl 6 ay sonra, eskiden lakabı "Zoraki Vatandaş" olan Manisa'lı biri, "Egemenliğimizi paylaşmakta sakınca yoktur..." deyince (...) Ortalık karıştı;

Gazetelerde, dergilerde, orada burada, "... yok efendim, ne anlamsız laf" veya "...ne aslı astarı olmayan laf etti" gibi tepkileri izleyince, bu vatandaşa haksızlık edildiği kanaatına vardık...

"Egemenliğimizi paylaşabiliriz..." sözü, öyle aslı astarı olmayan, kökensiz bir söz değildir. Maalesef kökü dışarıda bir söz de değildir.

A. NEDİM ÇAKMAK

— Bir Yunanlı, "...egemenliğimi Türklerle paylaşmak istiyorum" diye konuşursa, onu parça parça ederler.

— Bir Amerikalı, bir Fransız böyle bir paylaşımdan hiç söz etmez...

Böyle bir ihanet örneğini, ne yazık ki başka milletlerin tarihinde bulamadık, mecburen yakın tarihimizdeki eski defterleri karıştırmak zorunda kaldık.

MUTASARRIF HÜSNÜ BEY'İN EGEMENLİĞİMİZİ PAYLAŞMA YÖNTEMLERİ...

Hüsnü Bey, Manisa'nın muhtemel bir Yunan işgaline karşı, tedbirler alınmasını isteyen Manisa halkını uyuşturmaya çalışmıştır. Bir toplantı esnasında, "İstihlas-ı Vatan ve Müdafa- i Hukuk..." gibi adlar altında teşkilatlanmaya çalışan milliyetçilere, Efes Metropoliti Yokavim Efendi'nin garanti verdiğini, Manisa'nın işgal edilmeyeceğini, bu nedenle de "milli teşkilatlanmaya gerek olmadığını" söylemiştir.

Ayrıca Hüsnü Bey, Manisa'nın işgal edilmesinden birkaç gün önce, bir bildiri yayınlayarak:

— *Şu işgal dolayısı ile husule gelen milli gailenin, itilaf devletleri' nin Mondros Mütarekesi kararlarını tatbike muhalif mahiyette bir fiili hareket yapılması ile, meşru milli hakların zarar görmesi ile neticeleneceğini uyararak bildirmiştir.*[1]

20 Mayıs 1919...

İşgalin çok yaklaştığını hisseden Manisa halkı ikiye bölünmüştü.

Mutasarrıf Hüsnü Bey, olsa bile,... "geçici bir işgal olacaktır" diye konuşarak, direniş yapılmamasını istiyordu.

Müftü Alim Efendi ve Belediye Reisi Bahri Bey'in çevresinde bulunanlar ise direnişten yana tavır koymuşlardı.

Halk arasında işgal söylentileri yayılıp, gerilim arttıkça birçok aile Manisa'yı terk ederek, iç taraflardaki bölgelere doğru göç etmeye başladı. Bunun üzerine Mutasarrıf Hüsnü Bey, yayınladığı bir bildiriyle:

— *İzmir'in işgali sebebiyle, Manisa halkının bazılarının başka yere gitmek girişiminde bulundukları ve bu sebeple halkın zihninde galeyan olduğu anlaşılmıştır; halbuki memlekette bunu gerektirecek hiçbir durum yoktur... diyordu.*[2]

Mutasarrıf, kentin ileri gelenlerini sık sık toplantıya çağırıyor, Efes Metropoliti Yokavim Efendi'nin garantörlüğünden bahsederek, mütareke gözcüsü olarak görev yapan İngiliz komiserinden aldığı bilgileri de aktararak, kentte oluşan gerilimi işgalciler lehine dizginliyordu.

15 Mayıs 1919'da İzmir işgal edilmiş, 24 saat içinde 5284 Türk katledilmiştir, 21 Mayıs 1919'da Menemen işgal edilmiş, işgal sırasında 1017 Türk katledilmiştir, (arşiv bilgileri)...

...Mutasarrıf Hüsnü Bey bunları bilerek, Manisa halkını mezbaha için "kesimlik koyun..." yerine koymaktadır.

İtilaf Devletleri; azınlık ve ajanlıklarını korumak bahanesiyle, onların güvenliği için yalnız sahil kısımlarının işgal edileceğini, iç kısımlara geçilmeyeceğine dair boş vaadler verirler.[3] Alaşehir Kaymakamı Bezmi Nusret Kaygusuz anlatır:

— İngiliz Komiseri'nin, kendisine müracaat eden Manisalılar'a "ne telaş ediyorsunuz, Manisa işgal mıntıkasına dahil değildir." dediğini...

— Mutasarrıf Hüsnü Bey'in de "... İşgal buraya kadar uzanmayacak, İzmir şehri civarına inhisar edecektir, Manisa işgal mıntıkası haricindedir, " dediğini kaydetmektedir.

Harbiye nezareti ve sorumluları bunlara inanarak, ağır silahları ve cephaneyi Manisa tabyalarında toplamıştır. Albay Bekir Sami Bey ve Albay Kazım Özalp bu silahları düşmana kaptırmamak için zamanla yarışarak yollara düşerler...

Albay Kazım Özalp, 15 Mayıs işgal günü İzmir'den hemen ayrılır; Menemen, Manisa yönünde trenle hareket edecek, aynı zamanda yol üzerindeki istasyonlarda kalarak, belediye reisleriyle "... Milli Kuvvetlerin Hazırlanması" konusunda konuşmalar yapacak böylece Bandırma'ya varacaktır.[4]

Alb, K. Özalp 16 Mayısta Manisa'ya gelerek; Belediye Başkanı Bahri Bey' in evinde bir toplantı yapar ve bu sancağın işgal edilmesi halinde, yapılacak direnişin yolları ve yöntemleri tartışılır. Bu toplantıya Alb. K. Özalp 'ın yanında, İzmir'in işgal gününde canlarını zor kurtaran Vasıf Çınar, Ömer Faruk ve Dr. Şükrü Beyler de katılır. Alb. K. Özalp yoluna devam eder, arkadaşları ise toplantılara devam ederler. Bu toplantılarda ayrıca, Manisa' da bulunan silah ve cephanenin gerilere götürülmesi ve direniş yapılması kararı alınmıştır.

Diğer yandan, Menemen ve köylerinde Yunan yayılmasına karşı direniş çabalarının başladığı, ama bunun yeterli olmadığı hakkında bilgi elde edilir. Halbuki Manisa'daki bu son toplantıdan bir gün önce; Arap Ali Osman Efe'nin anlattığına göre;

— Parti pehlivan baş gardiyan olarak görev yaptığı Manisa Mahpushanesi 'nde mahpus olan idamlık ve müebbet hükümlüsü 14 mahkumu hazırlar; 17-18 Mayıs gecesi onları mahpushanenin arka kapısından kaçırarak, Çaybaşı çukuruna sakladıkları atlara binerek, Manisa'dan hızla uzaklaşırlar. Cezaevi grubu, Ali Osman Efe ve arkadaşları ile buluştuktan sonra 37 kişilik bir Akıncı Müfrezesi olmuşlardır. Akıncılar; Sümbüller ve Bozalan köyü üzerinden, Menemen'in kuzeydoğusunu kesen Dumanlı Dağı'na çıkarlar; 21 Mayıs günü Menemen düzüne inerek, rastladıkları ilk Yunan devriyesine saldırırlar. Bu baskında düşman çok zayiat verir ama, Ali Osman Efe de iki yerinden kurşun yarası alarak ağır yaralanmıştır. Geri çekilmek zorunda kalırlar. Civar köylerden hiçbir destek alamadıkları için direniş kurulamaz.

Parti pehlivan da Menemen baskınını aynı şekilde anlatmıştır.

— Ama Manisa'daki toplantıda kimsenin kimseden haberi olmamıştır. Manisa toplantısından sonra Alb. Kazım Özalp, direniş örgütlenmesi için Vasıf Çınar ve arkadaşlarını Manisa'da bırakarak yoluna devam etmiştir. Manisa'da böyle direniş çabaları bulunmasına karşın; Mutasarrıf Hüsnü Bey direnişe şiddetle karşı çıkar; Manisa'da kalan Vasıf Çınar ve arkadaşlarını makamına çağırtarak, sert bir şekilde onları ikaz eder ve Manisa'yı derhal terk etmelerini ister[5]

İzmir'de Hasan Tahsin şehit edileli henüz beş gün olmuştur ama Manisa Valisi Hüsnü Bey'in umurunda değildir. (!)

Hasan Tahsin:

- **Hukuk-u Beşer Gazetesi, 14 Şubat 1919... "Feleket Başında..." başlıklı makalesinde: "Cihan bize düşman iken, biz ne İngiltere'den, ne Fransa'dan ve ne saireden kendimize en ufak bir dayanışma ve muhabbet beklemeyelim. Bizi kurtaracak olan güç, kendi ruhlarımızın derinliklerinden doğan samimiyetle birbirimizin ellerini sıkmak ve milli bünyemizi ezen canileri şiddetle cezalandırmak gereklidir...'** diye yazıyordu. (!)

9 Şubat 1919 yine Hasan Tahsin, **"Namus Uğruna..."** başlıklı makalesinde:

- **Yunan egemenliği altında yaşayacak hiç bir Türk yoktur!..**

- **UYAN EY TÜRK OĞLU UYAN, UYAN EY VARLIĞINI YARADANINA ADAMIŞ, İSLÂMIN ATEŞİYLE KALBİ, RUHU HEYECAN DOLU, MÜSLÜMAN TÜRK UYAN!!!**

- **"Sana suikast ediyorlar uyan!!!"** diye feryat ediyodu...

" Mutasarrıf Giritli Hüsnü Bey bu feryatlara kulaklarını tıkamıştır.

— Bugün, Manisa Mutasarrıfı Giritli Hüsnü Bey'in torunları da Hasan Tahsin'in sözlerine kulaklarını tıkamaktadırlar.

Onun gerçek torunlarının kim olduklarını ve nereleri işgal ettiklerini, "müstevliler" bilmedikleri için, korkarız ki bu Vatan bize yine zehir olacaktır!!!

Oysa, Aleksis Zorba; Girit ayaklanmasında yaptıkları katliamları şöyle anlatır.

— *Patron sen sanıyorsun ki, ben, şimdi sana kestiğim Türk kafalarının ya da Girit'te adet olduğu üzere ispirtoya yatırdığım Türk kulaklarının hesabını çıkaracağım. Hiçbir şey diyecek değilim. Nedir bu kudurganlık? Bize hiçbir kötülüğü dokunmamış bir adama saldırıyoruz, onu öldürüyoruz, burnunu kesiyoruz, kulaklarını koparıyoruz; karnını deşiyoruz ve bütün bunları da Tanrı (Teo) yı yardıma çağırarak yapıyoruz. Tabii ki, patrik hazretlerinin emri, takdir ve takdisleriyle...*[6] Otuz bin kişi katledilmiştir...

A. NEDİM ÇAKMAK

Alek'sis Zorba'nın Kazancakis'e anlattığı tecavüz vahşetlerini yazmıyoruz. (...)

Hüsnü Bey Girit'te bu vahşeti görmüş ve yaşamış, mutlaka annesi ve kız kerdeşi olmasa da, yakınlarının başına bir şeyler gelmişti...

... Ve Hüsnü Bey Aleksis Zorba ile "...egemenliğini paylaşmakta" ısrarlıdır:

Ah bir tarihçi (!) olsaydık da anlasaydık...

Yunanlılar hala halkıyla, patrikleriyle, papazlarıyla, çoğunlukla birer Aleksis Zorba oldukları halde, bizimkiler niçin"...Zülfüleşiyor?"

Ah bir sosyolog olsaydım da anlasaydım.

Manisa'dan kovulan Vasıf Çınar ve arkadaşları 23 Mayıs 1919 akşamı Akhisar'a ulaşırlar ve orada Alb. Bekir Sami Bey ile buluşurlar. Bekir Sami Bey, o bölgenin en kıdemli komutanı olarak, Manisa'daki silahların taşınması emrini almıştır.

Harbiye Nezaretinden aynen, emir:

"Manisa 'da bulunan bütün kuvvetler/topçu, piyade, makineli tüfek birlikleri, Yunanlılar gelmeden önce Salihli'ye çekileceklerdir. Manisa'da bulunan tüm silah ve cephane, askeri ve özel araçlarla Salihli'ye; veya daha doğuya alınacaktır. Hiçbir subay, nefer ve silah, Yunanlılar'a teslim edilmeyecektir." **Manisa'daki silahların bir kısmının direniş için halka dağıtılması planı da vardır.**[7]

Bu arada Akhisar'da bile caddeler şimdiden Yunan bayrakları ile donatılmıştır; zafer takları ile süslenmiştir...

Bekir Sami Bey, 24 Mayıs günü Manisa Mevki Komutanı Ahmet Zeki'den bir telgraf alır:

— Harbiye Nazırı Şevket Turgut paşa; İzmir'de ki Nadir Paşa'dan aldığı telgraftan bilgilendiğine göre, "Yunanlıların işgalleri ve orada bulunan mitralyözler ile cephaneyi ve sair silahları hiçbir güçlükle karşılaşmadan teslim aldıkları..." malesef bildiriliyor. Binaenaleyh, devletin Yunanlılar'a kaptırılacak ne bir fazla silahı, ne de bir fişeği ve ne de askeri vardır.

Bu gibi tehlikelere maruz mahallerdeki esliha ve cephane ile toplarımızı hiçbir gürültüye meydan vermeden, emin mahallere nakletmenizi rica...

... ve böylece silah teslimi gibi alçalmalara meydan bırakılmamasını önemle ilave ederim...[8]

İmza/Harbiye Nazırı Şevket Turgut paşa.

Şevket Turgut Paşa, bu emrin daha önce Bekir Sami Bey'e elden verildiğini, yeniden kendisine telgraf emri olarak verilmesini, Manisa Mevki Komutanı Ahmet Zeki'den alındı bildirimli olarak emir tekrarı ile ister...

24 Mayıs 1919 Akhisar,

Bekir Sami Bey telgrafhanede makine başındadır.

— Emri tebellüğ eder.[9]

— Döner, bu kez Mevki Komutanı Ahmet Zeki'ye emreder;

"... Manisa'da 4'ü obüs olmak üzere 88 top, 4 adet makineli tüfek ve çok miktarda piyade tüfeği ile bu silahlara ait çok miktarda cephanenin mutlaka güvenli bir yere nakledilmesini..." emreder.

Mevki Komutanı Ahmet Zeki;

— Askerin büyük bir kısmının firar ettiğini, halkın da yardıma yanaşmaması yüzünden, elde kalan az sayıda subay ve erlerle, topların ve silahların başka yere götürülmesinde güçlükler olduğunu yazar,

Bekir Sami Bey, Mevki Komutanı'na bazı yollar önererek, topların ve silahların her ne pahasına olursa olsun, güvenli bölgeye nakledilmesini emreder.[10]

Kesin emir gereğince harekete geçen Ahmet Zeki, ilk parti top ve tüfekleri kent dışına çıkarmak üzere yükleme yaparken; Mutasarrıf Hüsnü Bey, İngiliz komiserini de yanına alarak Mevki Komutanı Ahmet Zeki'yi tehdit eder; yüklemeyi önler ve silahlar tabyalara geri gönderilir.[11]

24- Mayıs, akşam olmuş, karanlık basmıştır...

25- Hayıs, sabah 08.00...

Doğudan ve batıdan, iki koldan ilerleyen Yunan birlikleri, Manisa'yı işgal hareketini başlatırlar...

Manisa'nın Rum halkı daha Cumartesi gününden itibaren tepelere çıkmışlar, oralara gözcüler yerleştirerek Yunan askerlerini beklemeye başlamışlardır.(12)

Ertesi gün, Pazar sabahı erkenden, Manisa 'nın doğusunda bulunan ve halkının tamamı Rum olan Hamidiye Köyü'nden Yunan kuvvetlerinin çıkıverdikleri görülür.

Mutasarrıf Hüsnü Bey önce doğudan gelen işgal birliğine, hastane önünde bir karşılama töreni yapar...

Sonra hızla tren istasyonuna gelir. Yarbay Çakaloz komutasındaki işgal birliğini ikinci bir törenle karşılar:

— Yarbay Çakaloz trenden iner; sağ tarafında Hüsnü Bey'in kadim dostu Efes Metropoliti Yokavim Efendi vardır; sol tarafında ise sırası ile Mutasarrıf Hüsnü Bey, Belediye Meclis Azası Hafız Efendi ve eşraftan Kamil Bey; birlikte saf tutarak protokol yapmışlardır.

Metropolit Yokavim Efendi'nin verdiği ekmeği ve tuzu yiyen Yarbay Çakaloz ve askerleri, başta yerli Rum ve Ermeniler'in çılgınca gösterileri arasında, Manisalılar'ın çiçek ve konfeti yağmuru altında doğruca hükümet konağına gitmiştir.(13) Yunan birliklerinin bu kadar coşkulu karşılanmasına rağmen kanlı olayların başlaması gecikmemiştir...(14)

Manisa Sancağı'ndaki nüfus dağılımı:

— 298. 559 Türk/33. 440 Rum. /Nüfus sayımı sonuçları, Ekim 1913, Köylü gzt.

Aydın Vilayeti 'nde ise:

1. 201. 662 Türk/253. 756 Rum yaşamaktadır.

Biz burada özetle, konumuz Manisa Mutasarrıfı Hüsnü Bey olduğu için yalnız Manisa Sancağı'nda.. azınlık hakları için çoğunluğun nasıl yok edilmeye çalışıldığını izleyeceğiz...

Bugün ki azınlık hakları cazgırları, yeni Hüsnüyadisleri de görmüş olarak (...)

Manisa'nın tek kurşun atılmadan işgal edilmesi üzerine, Alb. Bekir Sami Bey, Mustafa Kemal Paşa'ya bir telgraf çekerek durumu şöyle"bildirmekteydi:

— 25 Mayıs 1919 günü Yunanlılar, ne yazık ki sadece bir alay askerle vukuatsız olarak Manisa'yı işgal etmiştir. Verilen kesin emre rağmen, vatansız bir mutasarrıfın düşman lehine propagandası, mevki komutanının aciz ve kararsızlığı, İngiliz irtibat subayının hilekar müdahalesi neticesinde, Manisa'da bulunan (48. 000 tüfek, 88 top ve milyonlarca cephane düşmana terkedilmiştir.(15)

... Manisa'nın işgalinden sonra Mutasarrıf Hüsnü, Haçlı ordusu Yunan işgal kuvvetlerine tam bir bağımlılık göstermiş, Yunanlılar adına işlere el koymuş, resmi evrakı ve demirbaş eşyayı, hatta gizli devlet belgelerini dahi Yunanlılara tam olarak teslim etmiştir.

Manisa'nın işgalinden hemen sonra pek çok memurun işine son verildi. Manisa'ya bağlı ilçelerle birlikte memurlar aç ve açıkta kaldı. Emekliler, dul ve yetimler artık aylık alamaz duruma düştü. Az sayıda memur, nüfus idaresinde çalıştırılıyordu ama, bunların da çoğunlukla maaşları ödenmezdi ve başka işte çalışmaları da yasaktı. Türk öğretmelere işten el çektirilince açlığa ve yokluğa mahkum olmuşlar, açlıktan ölen çocuklarının cenazesini dahi kaldıracak güçleri yoktu.(16)

Mutasarrıf Hüsnü Bey, Manisa Sancağı'na bağlı tüm ilçeleri de etkilemiş; direniş yanlısı olan kaymakam ve müftüleri işgal ordularının önüne atmakla tehdit etmiştir. Manisa'da teslim edilen silahlarla ilgili olarak, sonraki yıllarda bir Sakarya Savaşı Gazisi Hüseyin Dede: Gümele Bucağı/Bilecik, 1968 yılında, hala unutmamış;

"Sakarya Savaşı başlamadan önce üç askere bir çakmaklı tüfek düşüyordu. Halbuki savaş için 30.000 tüfek gerekiyordu. Manisa'da 48.000 mavzer düşmana nasıl teslim edilir?" diyerek, şikayet ediyordu.

O kadar kaynak taraması yaptık, arşivlere bakalım dedik, yine de şu Hüsnüyadis meselesini tam olarak aydınlatamadık, çünkü başta hükümet konağı olmak üzere, Manisa'nın nerede ise tamamı yakılmıştır, Bu durumda belge kalır mı?

·Parti pehlivan'ın anlattıkları:

— 16 Mayıs günü, yani İzmir'in işgal edilmesinden bir gün sonra Manisa Mutasarrıflığı tahrirat müdürü İhsan Bey, mevkuf olan iki siyasi mahkumu mahpushaneye getirir; Baş gardiyan Parti Pehlivan'a onları teslim ettikten sonra kahve içmeye kalır, başbaşa muhabbet açılır... "Aramızda kalsın" der, İhsan Bey:

... Şu bizim Mutasarrıf Hüsnü Bey pek yaman bir adam; onun ilm-ü siyasetine şeytanın aklı ermez, sabah beş treniyle İzmir'e gitmek üzere, kıyafet dahi tebdil ederek gizlice hareket etti. Menemen'den geçerken Şeyh Sükuti de kendisine refakat edecektir, aramızda kalsın(.)

... Bunun üzerine Parti Pehlivan 17-18 Mayıs gecesi 14 mahkumu da alarak Dumanlı Dağı'na çıkmıştır. Orada tutunamayacaklarını anlayınca Akhisar'a gelir ve orada Halit Paşa ile buluşur; 11 Haziran'da, Akhisar'daki bir kısım hainleri cezalandırdıktan sonra, Karaosmanoğlu Halit Paşa; Parti Pehlivan'a Manisa ve Menemen'deki durumları sorar:

Parti Pehlivan, durumları anlatır, "bu olaylara bir anlam veremediğini" söyler. Mutasarrıfın İzmir ziyaretini çözememiştir...

Halit paşa, Teşkilat- ı Mahsusa'nın önemli bir adamıdır, kimin ne yaptığı konusunda(!) hassastır; zıbınlık çantasından sarı yapraklı, samanlı bir defter çıkarır ve Parti Pehlivan'a bazı bilgi notları okur:

— Mutasarrıf Hüsnü Bey Menemen'den geçerken, tren istasyonunda Şeyh Sükuti ve beraberindeki Hacı Mehmet Efendiyi de alır. Hacı Mehmet Efendi Menemen eşrafından zengin biridir.

Bunların hepsi de aynı tarikatın mensubu olup, aynı zamanda Hürriyet ve îtilaf partisine hizmet etmektedirler. İzmir'in işgal edilmesinden bir gün sonra Mayıs 1919'da Hüsnü Bey'in dostu Efes Metropoliti Yokavim Efendi kendilerini karşılar ve heyet halinde Yunan başkomutanlık karargahına çıkarlar.

Menemenli eski başçavuş Şeyh Sükuti (Aslen Şamlı, Süleyman Sırrı) önce ahlaksızlığından ötürü başçavuşluktan, sonra yine ahlaksızlığından ötürü Belediye Başkanlığından da atılmış, karanlık bir şahıstır...

16 Mayıs günü Mutasarrıf Hüsnü Bey, Şeyh Sükuti ve Hacı Mehmet Efendi, Yunan Başkomutanlığına, "...egemenliğimizi paylaşmak istiyoruz." anlamında, yüksek emirlerini arz ederler..."

Halit paşa anlatmaya devam eder (...)

Yunan işgal kuvvetleri komutanlığı emretmiştir:

1- Ne yapın edin, silahların Türklerin eline geçmesine engel olun(!)

2- İşgal güçlerine direniş gösterebilecek şahısların listelerini tutarak, komutanlık merkezine bilgi verin.

3- Giritliler Rumca bildikleri için, onlara iaşe ve erzak, gerekirse maişet verilerek kendilerinden işbirlikçi- erkete olarak yararlanılacaktır!..

Hüsnü Bey de Rumca bilmektedir, Rumca konuşarak anlaşırlar. "... Emriniz olur!..."diyerek karargahtan ayrılırlar.

Karaosmanoğlu Halit Paşa, Giritliler'in erkete olarak seçilmesinden dolayı çok üzgündür, Parti Pehlivan da muhacir olduğu için ona sorarak anlamaya çalışır:

— Nasıl olur anlamadım, daha 8-10 sene evvel Devlet,

Rumca bildikleri için bütün Giritli muhacirleri Rumlara yakın yerlere iskan etmiştir; en güzel sahillere, mümbit ovalara yerleştirmiştir; şimdiyse Rumca bildikleri için işgalcilere işbirlikçi olacaklardır; bu nasıl bir felakettir, diye sorar?

Parti pehlivan, Halit Paşa'ya Giritli Küçük Hüseyin Efendi'yi göstererek:

— Bak Halit Paşa: "Bu kahraman da Giritlidir, mahpus damından firar ederek bize katıldı... bilesin diye söylerim(!)

Giritli Küçük Hüseyin Efendi bir ay sonra Salihli cephesinde savaşırken şehit olmuştur. Yunan ordusu Turgutlu'yu işgal edince, Giritli Küçük Hüseyin Efendi'nin Turgutlu'da yaşayan karısı ve çocuğunu birileri gösterir, bunun üzerine kadıncağız da kucağındaki bebeği ile birlikte süngülenerek, oracıkta parça parça edilmiştir...

Karaosmanoğlu Halit Paşa bu konuşmalardan bir ay sonra, 7 Temmuz 1919' da Rum çeteleri tarafından pusu kurularak ne yazık ki erkenden şehit edilmiş, kurtuluş gününü görememiştir...

Parti Pehlivan'm anlattıklarıyla elbette ki tarih yazılamaz.

Parti Pehlivan olaylara imzasını atmıştır; damgasını basmıştır, fakat tarih yazamaz; çünkü okuma yazması yoktur.

Biz, işin icraatına bakalım:

Menemen eski başçavuşu Şeyh Sükuti ve Hüsnü Beylerin, İzmir'deki Yunan işgal kuvvetleri komutanlığını ziyaretlerinden bir gün sonra:

— Menemen'de Yunan bayrakları asılır, Yunan askerleri Menemen'i sarmaya başlar. 1918 nüfus sayımına göre Menemen'de çok Rum yoktur, hatta hiç Rum köyü yoktur, yüzde beş kadar Rum ve biraz da Musevi vardır.

Daha işgal başlamadan önce (her nasılsa 17 Mayıs'ta) halkın elindeki silahlar toplanır.

21 Mayıs 1919...

Yunan işgal güçleri Menemen'i basar, İşgal sırasında hiçbir direniş gösterilmediği halde, işgalin ilk günlerinde 1017 Türk "koyun boğazlar gibi..." katledilir. Halk evlere sığınır, evler basılır yağmalanır, kadınlara tecavüz edilerek parçalanmış cesetleri sokaklara atılır...

Ezan susar!...

Kilise olmayan Menemen'e seyyar çanlar getirilir, zafer çanları günlerce susmaz, çan sesleri civardaki köylerden de duyulur, dağlara yankılanır (...)

Yunan işgal kuvvetleri Şeyh Sükuti Efendi'yi derhal Menemen Belediye Başkanı olarak görevlendirir.

Yunan işgal ordusunu arkasına alan Şeyh Sükuti, direniş yapması muhtemel olan yurtseverler listesini işgalcilere verir. Ayrıca, parası olabilecek aileleri de işgal güçlerine bildirmiştir. Bu listelere girenler işkencelerden geçirilmiş, çoğu da öldürülmüştür.

Oysa İzmir'in işgal edildiği ilk gün, 15 Mayıs'ta Alb. Kazım Özalp ve kardeşi Fethi Bey derhal İzmir'den uzaklaşarak Menemen'e gelmişlerdi. Kazım Özalp, Menemen' deki kardeşi Asım Bey ve Kaymakam Kemal Bey'in de katıldığı bir grup Menemenli ile direniş için teşkilatlanma kararı almışlardı.

16 Mayıs sabahı Alb. Kazım Özalp Manisa'ya geçerken, Mutasarrıf Hüsnü Bey İzmir'deki işgal kuvvetleri karargahına gizlice varmış bulunuyorlardı. Kazım Özalp bu durumdan habersiz olarak aynı gün Manisa'ya varır...

Menemen'in işgal edildiği gün olarak çeşitli kaynaklarda çeşitli tarihler verilmektedir; ancak ne olduysa oldu (!) daha16 Mayıs akşamı Menemen Yunan bayrakları ile donatılmış bulunuyordu. Silahlı işgal ise kayıtlara göre 21 Mayıs 1919'da gerçekleşmiştir.[18]

Parti pehlivan ve arkadaşı Yakup Kaptan:

"Bayrak çekildiği gün işgal başlamıştır" diye konuşurlardı. Bugün sağ olsalardı, Emperyalist Haçlı ordularının ileri karakolu gibi çalışan; TV kanallarını, bazı gazete ve dergileri, bazı vakıf üniversitelerini görmüş olsalardı, hiç kuşku duymadan "...işgal başlamıştır," diyeceklerdi (...)

Menemen işgal edildiği gün, ordumuza ait tüm silahlar ek-siksiz olarak Yunan işgal komutanlığına hemen teslim edilmiştir. İşte bu olay üzerine Harbiye Nazırı Şevket Turgut paşa, Manisa Mevki Komutanı Ahmet Zeki'ye 24 Mayıs 1919 tarihli bir telgraf emri geçmiştir:

"...*Yunanlılar'ın Menemen'i işgalleri ve orada bulunan mitral-yözleri, sair silah ve cephaneyi hiçbir güçlükle karşılaşmadan teslim al-dıkları maalesef bildiriliyor...*"

"Böylece silah teslimi gibi alçalmalara meydanbırakılmama-sını önemle rica ederim..." imza/Harbiye Nazırı Şevket Turgut Paşa.[19]

15 Mayıs 1919 günü Patras Vapuru'ndan çıkan Yunan Askerleri sivil halkı katl ederken İzmir metropiliti Hrisostomos katileri takdis ediyor. Olayların tanığı İtalyan Ressam Victor Pisani'nin yağlı boya tablosu...

15 Haziran 1919...
MENEMENDE VAHŞET

Menemen'de direniş için tek kurşun atılmadığı halde, Bergama'da bozguna uğramış olan Yunan kuvvetleri Menemen'e vardıklarında, kentte büyük bir katliam başlatmışlardır.[20]

Bergama yenilgisinin hesabını sivil halktan soracak kadar gözü dönmüş Yunan askerleri önce Kaymakamlık binasını basarlar. Kaymakam Kemal Beyi sivil çalışanlarını ve silahsız jandarmaların hepsini öldürürler. Mitralyözleri tepelere yerleştirerek sokakları taramağa başlarlar, kahvehaneleri, cami avlularını, sokaklardaki halkı rastgele katliamdan geçirirler (...)

Bu katliamı baştan sona yaşayan Menemen'li tüccar ve fabrikatör Çerkez Sefer Efendi'nin ifadesi:

— Çarşı kahvesinde birkaç esnafla birlikte oturuyorduk.

Öğleye doğru Rum mahallesinden silah sesleri gelmeye, herkes dükkanlarını kapatıp evlerine doğru koşmaya başladı. Mitralyözlerin kurşun yağmuru altında evime doğru giderken, önümde üç kadının cansız yattığını gördüm; bir iki adım ilerledim, bir yanda on yaşında bir erkek çocuğu cansız yatıyordu. Biraz daha ilerledim, dizinden vurulmuş bir kız çocuğu kapı önünde yuvarlanmış, korkudan rengi uçmuş, gözleri korkulu bakışlarla imdat bekliyordu...

— Artık daha fazla ileriye gitmeye cesaret edemedim.

Komşum İshak Efendi'de evinin önünde öldürülmüştü. Eve döndüm; çiftlik bahçesinde çalışan Todori geldi, orada oğlum Ahmet'in de öldürüldüğünü, hayvanların hepsinin Yunan askerleri tarafından gasp edilerek götürüldüğünü söyledi.

— Dört saat süren mitralyöz ateşi altında, Yunan askerleri önceden işaretlenmiş bulunan Türk evleri ve dükkanlarına girerek soygunlar yapmışlar, para, altın ve kıymetli eşya gibi ne varsa götürmüşler; girdikleri evlerde bir çok kadının da namusunu kirletmişlerdi. Ahırlardaki hayvanların pek çoğuna el koymuşlardı...

— Akşam olunca Yunan askerleri sarhoş olmuşlar, Türk çocuklarını süngülerine takarak eğlence yapmışlardı...[21]

— Benim bildiğim, bir gün içinde Menemen merkezde 300 kişi, köylerde 700 kişi olmak üzere, toplam 1000'den fazla Türk şehit edilmiştir(!)

— Yunan Haçlı askerlerinin büyük eşraf kıyımı yaptıkları da düşünülürse bu tarihlerde "Yunan işgal stratejisinde, direnişi kırmak için eşraf kıyımının sistemli olarak yapılmış olduğu ve stratejik bir öğe..." olarak uygulanmış olduğu anlaşılmıştır.[22]

— Menemen'e bağlı Musa Bey, Helvacı, Kesek, Türklü, Güzelhisar, köyleri yerle bir edilmiş, halkının çoğu öldürülmüş, köyler yakılarak haritadan silinmiştir.

17 Haziran 1919...

İstanbul Hükümeti ve Menemen halkının yoğun şikayetleri üzerine, Beynelmilel Tahkik Heyeti 17 Haziranda Menemen'e gelerek inceleme ve sözde soruşturma yapar:

— Menemen merkezde yağmalanan dükkanları incelerler; yağmalanmayan Türk dükkanı kalmamıştır. Türkler halen evlerinden dışarıya çıkamamaktadırlar. Yaygın olan tecavüz olayları ise tam olarak tesbit edilememiştir.

Komisyon güya, Yunan Haçlı askerlerini kusurlu bularak:

Soruşturma yapan iki Fransız Subayı, Menemen Belediye Başkanı Şeyh Sükuti'yi ve Müftü Efendi'yi çağırtarak; Biz buradayız, korkmaymız, ahaliye söyleyiniz dışarı çıksınlar, dükkanlarını açsınlar demiştir.

16 Mayıs'ta Şeyh Sükuti ve Manisa Mutasarrıfı Hüsnü Bey'le birlikte İzmir işgal kuvvetleri başkomutanlığına giderek, bağımsızlığımızı paylaşmak istiyoruz anlamında konuşan, Hacı Mehmet Efendi de şikayetlerini bildirmek için gelmiştir. Hacı Mehmet Efendi "korkmaynız" diye konuşan iki Fransız Subayına:

— Siz bize, "dükkanlarınızı açın, yağma bitti" diyorsunuz, halbuki yağma halen devam ediyor; şu anda hanımımı yağmalıyorlar, kızımı da yağma ediyorlar! İhbarı ve şikayeti üzerine bir Fransız Subayı, yanına bir Yunan Jandarma yüzbaşısını da alarak olay mahalline gitmiş; bir grup Yunan askeri ve yerli Rum, Hacı Mehmet Efendi'nin karısına bir ahırda tecavüz ediyorlardı. Ne diyelim ki: Egemenliğini paylaşıyorlardı; (bugünkü egemenliğini paylaşma heveslilerine ithaf olunur...) diğer tarafta ise 13 yaşındaki kızına çok sayıda Yunan askeri tecavüz etmiştir, kızcağız daha sonra acılar içinde vefat etmiştir, (AYZV, s. 63)

Belediye Reisi Şeyh Sükuti Efendi ise marifetlerini anlatır gibi; İngiliz ve Fransız Subayları ile, işbirlikçi İzmir valisi satılmış İzzet'in önünde:

— 20 kadar araba ile, öldürülenlerin cesetlerini nasıl taşıdıklarını, çok sayıda ceset olduğu için Menemen dışına çıkararak toplu mezarlara defin yaptıklarını; iki gün mütemadiyen defin işleriyle uğraştıklarını; çok sayıda çocuk ve kadın cesetleri de olduğunu anlatarak, Menemen ve köylerinde toplam, bir günde 1000'den fazla ölüm olduğunu, marifetle ifade etmiştir.

Menemen As. Şb. Bşk. Hakkı Bey'in, Harbiye Nezareti'ne çektiği 19 Haziran 1919 tarihli tegrafta:

"Yunanlılar 7 Haziran günü de 200 kişiyi öldürmüşler, halktan birçok kişi de kaybolmuştur; son günlerdeki olaylarla birlikte toplam 1200 den fazla Türk öldürülmüş, yağmalanmadık yer kalmamıştır..." mesajı geçer. Üç yıl sonra... Ricat halindeki Yunan katliamları: Yunan ordusunun bozguna uğramış kılıç artıkları, 2 Eylül 1922'den 9 Eylül'e kadar Menemen'den, geçmeye başladılar, Bu kaçış sırasında yine birkaç yüz kişi katledilmiş; Asarlık Köyü, Divrikli Çiftliği, Kozluca Köyü, Boşnak Köyü, Asarlık Köyü tamamen yakılmış; Asarlık Köyü'ndeki kadınların bir çoğunun namusları kirletilmiş ve sonra da ateşe atılmak suretiyle yakılarak öldürülmüştür... Hisarlık Köyü kadınlarına tecavüz edilmiştir. Çukur Köyü'nde yalnız bir aileden 18 kişiyi kuyuya atarak boğmak suretiyle öldürmüşlerdir.[23]

Sonuç olarak; işgal edildiği günden kurtuluş gününe kadar Menemen'de Türk nüfusun yarıdan fazlası yok edilmiştir...

Azınlık hakları ve sonuçları... Böyle olur (!!!)

İşbirlikçilerin İşgal Güçleri Komutanlığı ile Anlaştıkları Maddeler gereği:

(1)- Kaymakam Kemal Bey başta olmak üzere, işgalden önce direnişten söz edenler direniş yapmadıkları halde, listeye dahil olmuşlar, kaymakamlıkta görevli olanların tamamı şehit edilmiştir.

— Buna karşılık Şeyh Sükuti Belediyesi Riyaseti ve azalarının, İşgal güçlerine pezevenklik(rehberlik) yapmaktan dolayı epey komisyon aldıkları ve bir kısım yandaşlarıyla birlikte kendilerini kurtardıkları anlaşılmaktadır.

(2)- Ordumuza ait tüm demirbaş; mitralyözler, sair silah ve cephane eksiksiz olarak Yunan-Haçlı ordusuna teslim edilmiştir.

(3)- Menemen'de az sayıda Giritli, Şeyh Sükuti sayesinde rahat ettirilmiştir. Hatta, Menemen'de ikamet eden:

1- Mazlumaki oğlu, GİRİTLİ Ali, katliam gününde 35 yaşındaydı...

2- Gritli Ali Mazlum oğlu, Gözlüklü Mehmet Ali, katliam gününde 33 yaşındaydı. Katliamları seyrettiler, bir taş bile atmadılar(!)

3- Giritli İbrahim oğlu İsmail, Giritli Ali Oğlu Hasan, Giritli Hilmi Hoca ve Giritli Derviş Mehmet ve arkadaşları (Manisa'dan gelenler) Nakşin ve Haşhişin tarikatı müritleri, intikam almak için... 23 Aralık 1930'da örgütlenecekler:

— Hızlarını alamayarak Menemen'i Basacaklardır (!) Ama ezan sustuğu zaman değil. Ezan gelmiş, papazlar gitmiş ve Yunan- Haçlı Ordusu Menemen'den kovulduktan sonra,... "Din elden gitti" diye naralar atarak Menemen'i basacaklardır. Yunan askerlerinin yaptığı gibi "koyun boğazlar" gibi; bağ testeresi ile kafa kesecekler, direklere saplayacaklardır; ama kestikleri bir Türk Subayı ve iki Türk bekçisi olacaktır (!)

KİM BU ŞEYH SÜKUTİ (!!!)

Aslına uygun dili ve deyimleriyle - Evrak-ı Metruke/Menemen. Kaim- i Makamlığının

Fi 7 Mayıs 1340(1924); ve numara 3957/72 tahrirat suret- i esası ile, İzmir vilayeti Tahrirat Kalemi,

Tarih 27 Mayıs 1340(1924) ve numara 4376/1341 zabıt va ` rakaları... Dahiliye Vekalet- i Celilesine (müdüriyeti)

26 Nisan 1340 tarihli ve 12998/1624 numerolu tahrirat- ı aliye arize- i cevabiyesidir.

— Menemen'de dava vekilliği yapan Şamlı Sükuti 1901 senesinde Başçavuş olarak Menemen'e gelmiştir,

— Menemen'de bazen Süleyman Sırrı ve bazen de Sükuti isim ve ünvanı ile anılmıştır.

— Merkum aslen Suriye Vilayeti'ne bağlı Cebel-Dürzi ahalisinden olup, maksadına göre hareket eder, Türkçe konuşurken Erzurumlu olduğunu söyler, fakat belediye dairesinde ele geçirilen gizli mektuplarında ise Şamlı olduğu ve mükemmel derecede Arapça okuma-yazma bildiği anlaşılmıştır.

— Gerçi nüfus dairesinden alınan künyesinde Erzurumlu olduğu yazılı ise de, Merkum'un her ihtimale karşı, sahte bir hüviyetle kendisini Menemen nüfus siciline Erzurumlu olarak kaydettirdiği kesinlikle anlaşılmıştır.

Merkum ahlaksızlık nedeniyle ordudan atıldıktan sonra, Menemen'de Hürriyet ve itilaf Fırkası (işgalcilerle işbirliği partisi) Menemen teşkilatını kurmuş ve bazı entrikalarla Belediye Riyasetini ele geçirmiş ise de, yine ahlaksızlığı ve keyfi uygulamaları, ayrıca suistimalleri sebebiyle, 1918 senesi Kasım ayında Dahiliye Nezaretinin gönderdiği müfettişlerin raporlarına istinaden, Damat Ferit Hükümeti zamanında dahi görevden azledilmiştir.

—Mürteci, teceddüt düşmanı, ihtilale say'i, geçmişi karanlık! Kerameti kendinden menkul Şeyh Sükuti hakkında kanaatimiz odur ki, Suriye'nin Cebel ahalisinden olan Dürziler nasıl ki asırlar önce Haçlı orduları ile halvet olmuşlar ise, Merkum-Şeyh Sükuti de aslına rücu ederek "Dürzileşmiştir... (Bugün de Dürzileşerek aslına rücu edenler, dönme/devşirme patronların LAĞIM TV kanallarında coşarak, yine Haçlı orduları ile halvet olmaktadırlar... /Aynı tiyatro, aynı müsamere...)

— Yunan işgali vuku bulmasıyla Merkum, Yunan hükümetinin emirlerine amade olarak Menemen Belediye Riyaseti'ne getirilmiştir.

— Daha işgalden önce, Yunan'm Venizelos'u Pariste iken;

Paris'te, Türkiye'nin nasıl işgal edileceği planlanırken:

— Merkum, İzmir'deki kiliseye giderek, İzmir Metropoliti Hrisostomos'un ruhani ayinlerinde papazlara iştirak etmiş (Dinlerarası diyalog yapmıştır) Papazların huzurunda Yunan lideri Venizelos'a taziyelerini bildirmiştir.

— Venizelos, İzmir'in işgalinden sonra İzmir'e geldiği vakit de Menemen katliamı faillerinden Rum ileri gelenleri ile birlikte İzmir'e giderek, Yunan liderine Beyan- ı Hoşamedi için huzuruna çıkmış, Yunan kahramanlığından ve Yunan adaletinden bahisle nutuk vermiştir...

— Yunanlıların 13 Ağustos 1922 tarihinde, Ege Bölgesi'nde muhtariyet ilanı için İzmir'de tertip ettikleri mitinge katılmış, orada kürsüye çıkarak ve İslam ahalinin fuzuli vekaletini takınarak, Yunan hükümetine suret- i adiyede beyan-ı teşekkürle irad-ı nutuk etmiştir.

— Bir vesile ihdası ile, Yunan'a teslim etmek üzere yirmi bin lirayı mütecaviz para muhtaran (muhtarlar) vasıtası ile toplattırıp, vermeyenleri darp ve işkence ettirdiği...

— Merkum'un eser- i teşviki olarak, memleketin en münevver tabakasından on beş zatı her gün hükümet- i Yunaniye'ye ispat-ı vücut etmek suretiyle, nezarete aldırdığı...

— Keza, işgal zamanında Yunan emrine amade olduğu...

... Bilindiği halde, Şeyh Sükuti paçayı nasıl kurtarır?...

— Hala (1924) İzmir Mahpushanesinde ağır suçtan mevkuf ve Merkum'un şeriki, cinayetlerden yargılanan Ziya, şerik- i cürmü olan Şeyh Sükuti'yi tecrid ettirmek maksadıyla bütün mesuliyet- i kanuniye'yi üzerine almış, yevmiye defteri ve evrakının Sükuti'ye ait olan mühür ve imza yerine kasten zamk ve mürekkep dökmüş veya yırtarak tahrip etmiştir.

— Merkum ayrıca, Cumhuriyet Hükümeti'ne karşı halkı kışkırtmaktadır..! Karar: Merkum'un Hudut- u Milli dışına çıkarılması... /1925... Büyük Menemen Baskını... ve Kubilay'ın şehit edilmesine beş yıl var (!) (...)

Başından beri, olayların sadece tepe noktalarına değinerek vermiş olduğumuz "dip notlu..." bilgilere ek olarak: Şeyh Sükuti hakkındaki zabıt varakaları, aslında Teşkilat-ı Mahsusa' nın, papazlarla muhabbete iştirak edenler hakkında yapmış olduğu "vukuatlı nüfus kayıtları..." analiz örneklerine tıpatıp benzemektedir.

Tabii ki Şeyh Sükuti hakkında boşlukta kalan bir süreç apaçık sırıtıp duruyor:

— Şeyh Sükuti'nin Milli Hudutlar dışına atılmasından sonra, nerelere giderek, hangi faaliyetlerde bulunduğu (!)

— İstanbul Erenköyde bulunan Nakşibendi Dergahı Şeyhi Erbilli Esat Efendi ile para ilişkileri/Şeyh Esat Efendi'nin ünlü İngiliz Casusu Lawrence ile ilişkileri (!)

— Ayrıca Şeyh Sükuti'nin 1918 yılında Şam'a giderek İngiliz Casusu Lawrence ile görüştüğü...

— İtilaf Partisi'nin Menemen Belediye Başkanı olarak Lawrence ile görüştükten sonra, 1918 yılında Bergama'nın Tekkedere Köyü'nde Şeyh Esat Efendi ile para yüzünden dövüştüğü...

... bunlar tevatür müdür? Pekii, Şeyh Sükuti yurt dışına sürgün edildikten sonra nereye gitmiştir?... Nereye? Biz söyleyelim: Yunanistan'da Boiotio bölgesinde, Pirayus'un güneyinde bir ölü deniz var, ölü denizin sahilinde cennet gibi güzel bir kasaba, sayfiye yeri Elefsis. Manisa- İzmir bölgesinden gelen Rumlar çoğunlukla Teodori- Elefsis hattına iskan edilmişlerdir. Rumlarla birlikte kaçan birisi daha var; Manisa Mutasarrıfı Giritli Hüsnü Bey, namı diğer "Hüsnüyadis."

Hüsnüyadis 1937 yılında ölünceye kadar, vatan haini kaçkınlara kucak açmıştır. Türkiye'den kovulan Şeyh Sükuti'ye Elefsis-Hagia Triada (üç azizler) kilisesi misafirhanesinde kucak açar, 1925.

Bizim büyük amcalarımız (!) vardı; onların ne yaptıklarını biliyorlardı: Giritli Hüsnüyadis ve Şeyh Sükuti Manisa ve Menemen'deki eski saltanat günlerini çok özlüyorlardı; Hüsnüyadis'in eski karısı ve çocukları, kardeşleri ve kardeş çocukları Manisa'da kalmışlardı.

... Ve bir gün onların kanına gireceklerdi, 23 Aralık 1930(!)

ŞEYH SUKUTİ HAKKINDA:

Menemen Kaymakamlığının fi Mayıs 340 bilânumaralı tahrirat suretidir.

Menemen Kaymakamlığı gizli takip belgesi. Mayıs 1924.

ŞEYH SUKUTİ HAKKINDA GİZLİ TAKİP YAZISI

Kebikeç / Sayı 2, 1995 ———————————————— Menemen

duğu evvel ve ahir icra kılınan tahkikat neticesinde anlaşılmıştır. Binaen-aleyh merkumun her gaip ettiği davada esbabına karşı hükümetin haksız muamele ile hüküm verdiğini ortaya sürerek hükümete karşı halkın adem-i hoşnudisini celbe say ve tevilatından hali kalmadığı ve marusat-ı mebsutaya nazaran say'ül-fesat şahsiyetlerden bulunduğunun müstagni-i izah olduğu arz ve

Menemen Kaymakamı

Hazım

Türkiye Cumhuriyeti
İzmir Vilayeti
Tahrirat Kalemi
aded: 4376/341

Dahiliye Vekalet-i Celilesine

Hülasa:Menemen'de ikâmet eden
Şamlı Sükûti hakkında

Emniyet-i umumiye Müdüriyeti ifadesiyle şerefvarud olan 26 Nisan 340 tarihli ve 12998/1624 numerolu tahrirat-ı âliye-i vekâletpenâhileri arize-i cevabiyesidir.

Menemen'de ikamet eden Şamlı Sükûti'nin filhakika on beş sene evvel buşçavuş olarak Menemen'e geldiği ve kendisi an-asıl Suriye'nin Cebel-i Dürüz ahalisinden olup fakat maskat-ı re'sini icab-ı hale göre bazan Derûliye ve bazan Erzurum olarak gösterdiğinden sicil-i nüfusta Erzurumlu olarak mukayyed olduğu ve kendisinin bazan Sükûti ve bazan Süleyman Sırrı nâmlariyle yad edildiği ve Ferit Hükümeti zamanında Menemen'de bir Cemiyet-i İtilaf Fırkası tesis ile belediye intihabâtı neticesinde riyâseti elde eylediği ve tebeyyün eden sui istimali hasebiyle daha o vakit azl edilmiş ise de Yunan işgalinde Yunanlıların amaline hidmetle belediye riyâsetini tekrar ele geçirdiği ve bütün işgal zamanında Yunanlılara tekabü ettiği velhasıl bütün manasıyle say-i bilfesad olduğu Menemen Kaymakamlığı'ndan cevaben bildirilmiş ve tafsilatı havi olan Kaymakamlığın tahriratı sureti ile merkumun Menemen sicil-i nüfusundaki kaydının sureti musaddakası leffen takdim kılınmıştır efendim.

27 Mayıs 1340   İzmir Vali Vekili

imza

ŞEYH SUKUTİ HAKKINDA İZMİR VİLÂYETİNİN GİZLİ
TAKİP YAZISI VE HÜKÜMET NEZDİNDE GEREĞİNİN
ARZ EDİLMESİ.

4

ŞEYH SUKUTİ HAKKINDA, BAKANLAR KURULU TARAFINDAN "VATANDAŞLIKTAN ATILMA" KARARI VERİLMİŞTİR.

Kebikeç / Sayı 2 . 1995 ———————————————— Menemen

Türkiye Cumhuriyeti
Dahiliye Vekaleti
Kalem-i mahsus Müdüriyeti

Halk Fırkası İzmir Vilayeti Mutemetliğinden alınan malûmat:

Menemen'de Şamlı Süleyman Sükûti isminde bir hoca var on beş sene evvel başçavuş olarak Menemen'e gelen bu adam bütün cebliyle dava vekâleti ile meşguldur tam mamasiyle mürteci ve teceddüt düşmanı olup için için halkı ihtilâle say'idir. Şimdilik merkum fikr-i tazyik çenberiyle ihata edilmektedir. Fakat sirreti, kavanın fedakâr ve namuslu bütün evladını bizar etmekte olduğundan hudud-u milli haricine çıkarılması Menemen'in aheng-i siyasisini derhal tanzim edeceği muhakkaktır.

A. NEDİM ÇAKMAK

Kebikeç / Sayı 2 . 1995

EVRAK-I METRUKE

Şeyh Sukuti vatandaşlıktan atılarak sınır dı-
şına çıkarıldıktan sonra "ne yaptığı(!)" ilgisi i-
le yazılmış çok güzel bir makale

MENEMEN'DE ESRARENGİZ BİR ŞEYH

Ethem Coşkun

2 3. 12. 1930 günü Menemen Be-
lediye Meydanı'nda Derviş
Mehmet ve beş arkadaşının, sa-
bah namazından sonra yeşil bayrak aça-
rak şeriat ilan ve çağrısında bulunması
ve önce yedek subay Kubilay sonra bekçi
Hasan ile bekçi Şevki'yi öldürmeleriyle
başlayan, askeri birlik tarafından dağıtı-
lan hareketleri Cumhuriyet tarihimize
Menemen veya Kubilay Olayı olarak
geçmiştir. On sekiz gün içinde bitirilen
yargılamalarda tutuklanan kırk kişi ser-
best bırakılmış, yirmi yedi sanık idam
etmiş, kırk bir kişi çeşitli hapis ve otuz
altı kişi ölüm cezasına çarptırılmıştır.

Savcılık mütalaasına göre Derviş
Mehmet ve arkadaşları kırk gündür top-
lantı halindedirler ve Derviş Mehmet
olaydan önce bir hafta kaldığı Bozalan
köyünde mehdiliğini ilan etmiştir. Bo-
rozköy, İzmir ve Manisa'da bazı hocalar-
la görüşmeler yapan Laz İbrahim Ho-
ca'nın İstanbul Erenköy'de oturan Şeyh
Esat'ın halifesi olduğu, şeriat yönünde
çalışmalar yapmak üzere dört, beş aydır
faaliyette oldukları, Derviş Mehmet'in
mehdiliğini kabul ettikleri, mahkemece
sabit görülmüştür.

Hakkında çok sayıda yazı yazılan,
kitaplar yayımlanan ve uzun yıllar yıl-
dönümlerinde anılan Menemen Olayı'nın
tüm yönleri ile araştırılıp incelenmiş ol-
duğu söylenemez.

1924 yılına ait Menemen Kayma-
kamlığı, İzmir Valiliği ve Dakiliye Neza-
reti ile Halk Fırkası yazışmaları, Mene-
men'de bulunan "mürteci", "teceddüd
düşmanı" ve "ihtilalc say'i", geçmişi ka-
ranlık bir avukat-şeyhin faaliyeti hakkın-
dadır. Menemen Olayı'ndan altı yıl önce
"hudud-u milli" dışına çıkarılması uy-
gun görülen Şeyh Süleyman Sükûti hak-
kındaki "metruk evrak", belki de Mene-
men Olayı'nın geçmişi ve atmosferi hak-
kında ipuçları taşımaktadır, toplumsal
oluşumların derinliği ve yapılacak araş-
tırmaların boyutları konusunda da öğreti-
ci bir uyarıcılık içermektedir.

221

ŞEYH SÜKUTİ'DEN SEKSEN YIL SONRA(...)

Yine papazlarla-patriklerle muhabbete iştirak edenler
Yine Şeyh Sükuti'nin tarikat önderleri
ve bir avuç dönme-devşirme
Yine İslam'a sırtını dönmüş, yüzünü papazlara
Bir avuç mürid maskara
dinlerarası diyalog çok;
lakin Milli Mahsusa yok.
Yine sahte bir Erzurumlu.
İslam ahalinin "fuzuli vekaletini... " takınarak
Yine Peygamber ocağı'na soğuk.
Yunan'a sıcak.
Bu millet intihar ediyor
Kendini astı-asacak (...)

OLAYLAR MENEMEN ÇEVRESİNDE DÖNÜP DURUYOR...

Parti Pehlivan, Manisa Cezaevinden kaçırdığı mahkumları "Akıncı" yaparak Manisa'dan hızla uzaklaştırır! 18 Mayıs 1919...

Parti Pehlivan dedemiz olur, ama onun gerçek torunu Mustafa Yıldırım olmuştur. Biz, et ve kemik torunları olarak kaldık.

Parti pehlivan ve Akıncıları yazarak; aynı zamanda tüm Kuvayı Milliye Şehit ve Gazilerini, ULUS DAĞINDA YAKTIĞI ATEŞLE yeniden yaşatan Mustafa Yıldırım.. "ULUS DAĞI'NA DÜŞEN ATEŞ... " Sönmesin!...

SÖNMESİN!...

Sofâlı köy evimizin ocak başında Parti Pehlivan'dan dinlediklerimiz:

— Parti Pehlivan Balkan Savaşları'nda Eski Komutanı olan ve o günlerde Bergama tarafında bulunan Ali Çetinkaya ile irtibat kurmaya çalışır, onunla Bergama arkasında buluşurlar. Emir alır.

İlk emir:

"Menemen Boğazı' nı tutun!..."

— Aslen Menemenli olan Arap Ali Osman Efe, Menemen'de Yunan işgali sırasında gördüğü feci duruma karşı direniş kurmak için bir grup arkadaşını da alarak dağlara çıkmış, gerçek bir Efe'dir. Geçmişte bir yaralama olayı nedeniyle mahkum olduğu Manisa Cezaevinde Parti Pehlivan'la tanışmışlardı.

Ali Osman Efe ve arkadaşları Bergama arkasında parti Pehlivan Gurubu ile buluşarak 37 kişilik bir akıncı müfrezesi olurlar. İlk amaçları Menemen Boğazını tutmak ve bu dar boğazdan geçen demiryolunu kontrol altına almaktır...

Akıncılar derhal yola çıkarlar; Yund Dağı'nı aşarak Kocadere'yi geçerler. Sonra Osmancalı Köyü düzünde mola verirler. Çevreyi incelemek ve keşif yapmak isterler. Menemen'le aralarında çok değil, onların deyişiyle "üç kurşun atımı... " yol kalmıştır. Menemen'le aralarında, sarıçam ormanlarıyla sarılmış Dumanlı Dağı vardır. Birden yükselerek bin metreyi aşan Dumanlı Dağları, yapacakları baskınlardan sonra saklanmak için çok uygundur. Hızla hareket etmek isterler; fakat ekmekleri yoktur. Osmancalı köylüleri onlara ekmek yaparlar, heybelerine koyarlar; katık yok...

... Katık nerede, köylünün kendisine de yok!...

Yola çıkarlar, bozulmuş bir soğan tarlası görürler, çürümüş soğanların cücüğünü ayıklayarak katık yaparlar. Bazen de tuzbiber ve kekik karıştırarak katık yaparlar. Yola devam ederler; gözleri Menemen'in kuzey-doğusunu kesen Dumanlı Dağı'ndadır. Menemen'i Dumanlı Dağı'nın arkasından çevreleyen, yapılacak baskınlarda yardım alabilecekleri, çok uygun konumda olan Ortaköy, Avdal ve Bozalan Köylerini dolaşırlar; köylülerle görüşürler. Lakin köylüler soğuk davranırlar. Buna karşın işgal sırasında Menemen ve İzmir'deki olayları ısrarla anlatırlar; yine de bir destek veya bir dayanışma sözü alamazlar.

Parti Pehlivan: "Düşman korkusu köyleri sarmış, işimiz zor..." der.

— Onları "Başlarına gelebilecek felaketler... " konusunda uyarmaya devam eder...

"Köylüler biraz mahcup olarak bir yandan da başlarından savarak:

"İyi emme, biz bir şey yapamayız, Sümbüller Köyü'nde Şeyh'imiz var onunla görüşmeniz gerekir..." deyince...

Akıncılar hızla Sümbüller Köyü'ne varırlar, halkı köy meydanına çağırırlar. Köylüler meydanda toplanırlar; Şeyhleri de gelir. Parti Pehlivan Şeyh'i görünce şaşırır, çünkü Manisa merkezden çok iyi tanıdığı Giritli Derviş Mehmet:

Yeşil sarıklı, cübbeli, saçı sakalı birbirine karışmış, bildiği Derviş Mehmet...

Parti pehlivan hemen söze başlar:

Menemen'i Yunan vurdu, ezan sustu; mala, cana, ırza tecavüz ediyorlar. Buralara da gelirlerse aynı şeyleri yapacaklardır, diyerek bir dayanışma sözü almağa çalışır...

Derviş Mehmet akıncıları imalı ve alaycı bakışlarla haince süzerek, aç mısınız tok musunuz demeden, "ayağınızı denk alın..." der gibi bir tavırla diklenerek:

" Ben Yund Dağı'na kadar bu köylerin tarikat Şeyhi'yim, bizim tarikatımız kurşun atmayacak... Mehdi gelmeden caiz değildir!.." gibi, bir şeyler söyler...

... Ama der demez milisler sert tepki verirler, bazıları da silahlarına davranır. Arap Osman Efe. sert mizaçlıdır, gırtlağını yırtarak bağırır:

— Bunlardan başlayalım, gavurla anlaşmış gibiler!...

Parti Pehlivan, silahları indirin işareti yaparak, Derviş Mehmet'e döner ve sorar:

"Sizin tarikatınız Gavur Tarikatı mıdır ki gavura kurşun atmaz, ne biçim laf edersiniz?..." diyerek çıkışır!...

... Sonra " lanetler okuyarak! " oradan uzaklaşırlar. Bozalan Köyü üzerinden Dumanlı Dağı geçitlerini aşarak, Menemen düzüne ulaşırlar. 21 Mayıs 1919...

Not: Derviş Mehmet'in, biri Paşaköy'de diğeri Sümbüller'de iki karısı, toplam beş çocuğu, on yedi torunu (gizlenmiş) vardı. Neden gizlenmişlerdi(!)

Menemen Ovası'nda rastladıkları ilk Yunan devriyesine saldırırlar; düşman bu çatışmada epeyce zayiat vermiştir ama, Arap Osman Efe de iki kurşun yarası alarak ağır yaralanmıştır. Parti pehlivan bir doksan boyunda, üstelik tam bir baş pehlivandır. Osman Efe'yi sırtına vurduğu gibi çatışma alanından kaçırır. otuz yedi kişilik bir milis müfrezesini, daha fazla zarar görmeden geri çekmek zorunda kalmışlardır; çünkü civar köylerden bir dayanışma ve direniş isteği oluşmamıştır.

Parti Pehlivan ve arkadaşları, Menemen Boğazı'nda bir savunma hattı oluşturamayacaklarını anlayınca geldikleri yoldan geri dönerler. Arap Osman Efe ağır yaralı olduğu için, onu Kırkağaç tren istasyonuna kadar getirerek, tedavi edilmek üzere trenle Balıkesir'e gönderirler ve milisler derhal Akhisar'a doğru yola çıkarlar.

Arap Ali Osman Efe Balıkesir'e varınca bir kadın tarafından çok iyi bakılır. Tedavi olduktan sonra yeniden dağlara çıkar ve kurtuluşa kadar savaşarak, Kurtuluş Savaşı'nda çok büyük yararlılıklar gösterir. Bu arada Arap Osman Efe, ağır yaralı iken kendisine iyi bakarak hayatını kurtaran kadınla evlenerek çolukçocuğa karışmıştır.

Çok değil, on yıl sonra... Aynı köylerde:

Giritli Derviş Mehmet ve arkadaşları tarafından, Menemen'e büyük bir baskın yapmak için 107 kişinin görev aldığı bir teşkilat kurulur. Bu teşkilata katılanların altmışı, doğrudan doğruya baskında görev almışlardır. Yalnız Bozalan Köyü'nden 10 kişi bu baskında canlabaşla çalışmışlardır.

Giritli Derviş Mehmet ve arkadaşları Manisa'dan hareket ederek önce Paşa Köyü'ne giderler, orada silahlanarak yola çıkarlar. On bir saatlik uzun bir yürüyüşten sonra, Menemen'i basmak için çok elverişli bir konumda olan Sümbüller ve Bozalan Köyleri'ne gelirler. Derviş Mehmet'in Sümbüller Köyü'nde ikinci bir hanımı ve çocukları da vardır. 23 Aralık 1930...

(Manisa merkezde Derviş Mehmet'in torunu olduğunu söyleyen okumuş biri vardır. 1965)

Yunan-Haçlı orduları Menemen'den kovulmuş, papazlar gitmiş, çan sesleri gitmiş... ezan sesleri gelmiştir...

... ama olsun, Derviş Mehmet ve ekibi, Menemen'i şimdi basacaktır(!)

Yunan askeri. öldürmek için Menemen'i basmamışlardır ama; olsun orada Türk Askeri vardır...! Haçlı ordusu gitti, çan sesleri yok, papazlar kaçtı...

" Eyvah... Menemen'de din elden gitti!.. "

" Biz Nakşiyiz, şeriat isteriz (!)... "

Giritli Derviş Mehmet köylülere sorar:

" Yardım edecek misiniz?... "

Yalnız Bozalan Köyü'nden on kişi katılır, Sümbüller Köyü'nden silahlar gelir, (mahkeme zabıtları)

Köylüler canı gönülden cevap verirler:

Yardım etçeez... Ekmek de veceez, katık da veceez, at da veceez...

—... Silah bilem veceez gari... (Yeter. ki siz, gavur vaken Menemen'i basmayın...)

Derviş Mehmet ve arkadaşları Menemen'i basarlar ve bir Türk Subayı ile iki Türk bekçisini öldürürler, doyamazlar... Türk Subayının kafasını bağ testeresiyle canlı canlı kesmişler, kesik kafayı direklere geçirmişlerdir. Yunan Haçlı ordusu askerlerinin yaptığı gibi, vahşetle!...

Giritli Derviş Mehmet; Türk Subayı olan, yine başka bir Giritli soydaşını (Kubilay) şehit etmiştir. Elbette; üzerinde Yunan üniforması olsaydı, Derviş Mehmet O'nu böyle kesmeyecekti...

... Ah bir tarihçi olsaydık da anlasaydık:

Bu olay nedir?...

Bizim tarihçiler nerede?...

Yoksa... Şeyh Sükuti Tarikatı'na girmiş olmasınlar (...)

24 Mayıs 1919 AKHİSAR...

Şafak vakti, Alb. Bekir Sami Bey ile beraberindeki Albay Kazım Özalp ve Yüzbaşı Selahattin Beyler trenle Bandırma'dan gelerek, Akhisar istasyonunda trenden inmişler, orada Vasıf Çınar

A. NEDİM ÇAKMAK

Beyle de buluşarak, istasyonu şehir merkezine bağlayan ağaçlı yol üzerinde ilerlemeye başlamışlardır. Bekir Sami Bey köstekli saatini çıkararak bakar, ezan vaktidir, ama ezan sesi yoktur! Ezanlar neden sustu?...

Birbirlerine sorarken, her taraftan birden sabah çanları patlar(!)

Biraz yürürler, her taraf Yunan bayrakları ile donatılmıştır. Sokak başları da zafer taklarıyla süslenmiştir. Sabah sabah, "zito Venizelos" naraları da eksik değildir. Gördükleri bu olaylar karşısında komutanların gözleri yaşlanır, derin üzüntülerle geri dönerler, sonra telgraf merkezine gelirler. Telgraf merkezinde makine başına geçerek durumu öğrenirler:

— Düşman Manisa'yı sarmış, Akhisar'a bir saat mesafededir, ama Manisa henüz işgal edilmemiştir. Öyleyse Akhisar'da şimdiden nedir bu çanlar, bayraklar, "zito Venizelos..." naraları?...

Alb. Bekir Sami Bey, Bergama, Turgutlu, Salihli, Alaşehir, Aydın, Ödemiş gibi merkezlere talimatlar geçer, Manisa ile de muhabere kurar, lakin oradaki silahları kurtarmakta geç kalmıştır.

25 Mayıs 1919 Manisa işgal edilir...

26 Mayıs'ta Alb. Kazım Özalp durumu umutsuz görerek İstanbul'a döner. Bu kez Bekir Sami Bey ve arkadaşları Akhisar'da daha yalnızdırlar.

Kaymakam onlara çok soğuk davranır; memurlar ve kentin ileri gelenleri yanlarına yaklaşmazlar, otelden atılırlar, başkaları da kabul etmez!...(24)

25 Mayıs'ta Milli Mücadele'ye katılma kararı alan Çerkez Ethem ve arkadaşları yıldırım hızıyla 26 Mayıs akşamı on beş atlıyla Akhisar'a yetişmiştir. Çerkez Ethem'in yöntemi çok farklıdır:

— Akhisar Kaymakamı'nı yaka-paça evinden alır. Kaymakam'a Yunan bayraklarını kimin astığını sorar; "sen burada necisin?" diye sorar; Yunan bayrakları asan birkaç kişiyi evlerinin önünde vurur; kaymakam ve memurlara kendi elleriyle zafer taklarını yıktırır(!) Az sonra Yunan bayrakları bütün sokaklardan yok olmuştur...

227

— Çerkez Ethem, Bekir Sami Bey'i ve arkadaşlarını, Akhisar'dan ayrılmak üzere ilk treni beklerken bulur. Birbirlerine hal hatır sorarken otelci gelir. otelci korkudan mosmor olmuş, "bir yanlışlık olmuş... " falan der, onları oteline davet eder(!)

27 Mayıs günü Bekir Sami Bey, Yüzbaşı Selahattin ve Yüzbaşı Rasim Beyler yanlarına yedi er alarak Salihli'ye geçerler.

Çerkez Ethem, Parti Pehlivan ve Karaosmanoğlu Halit paşayı aramaktadır. Üçü de balkanlarda omuz-omuza çarpışmış, Yunan ve Bulgar çetelerine karşı birlikte amansız bir mücadele vermişler ve Balkan savaşlarında " Mahşerin atlıları olmuşlardı(...)

Parti pehlivan, savaş bittikten sonraki bir konuşmasında:

— Çerkez Ethem darlandığı zaman Çerkezler'ine sığınıyordu. Bir fırsat aradığı belliydi, Komutanım Ali Çetinkaya onu yakından tanıdığı için görüşme isteğini kabul etmemiş, silah ve cephane isteğini de geri çevirmiştir. Bizim yollarımızın da bir gün ayrılacağı belliydi, ama ne zaman olacağını bilemezdik... Çerkez Ethem ve kardeşleri, Çerkezlikleri'ne, Giritlilerin ekserisi de Yunan'a sığınıyorlardı. Sonra hep birlikte gittiler. .

"Sünük tavuk gibi Yunan'a yattılar..." Kızanlarımın da yarısı şehit olmuştu; o zamanki yalnızlığımı size anlatamam" demiştir.

Halit Paşa "Mirimiran" yani sivil paşadır, İttihat ve Terakki Fırkasının önemli adamlarındandır. Bu nedenle "yakalama emri" ile aranmaktadır. Halit Paşa'nın kendi köyü olan Belen Bucağı'na, Alb. Bekir Sami Bey ve Alb. Kazım Özalp, birlikte 26 Mayıs'ta bir ziyaret yaparak "ne kadar milis verebileceğini?" sorarlar. Halit Paşa, bin kişilik bir birlik toplayabileceğini söylediği halde, "yakalama emri..." aklına gelince bu sözünden caymıştır. Fakat bir gün sonra gelen Çerkez Ethem ve Parti Pehlivan'a verdiği sözü tutarak, 800 kişilik bir milis gücüyle Kurtuluş Savaşı'na katılır.

Yunan ordusu Manisa'yı işgal ettikten sonra hemen Manisa'nın ilçelerine doğru yayılmış, Akhisar'a 9 km. mesafedeki Kayışlar Köyü'ne kadar gelmiş ve bir son "hudut karakolu" kurarak konuçlanmıştır.

Halit Paşa, Manisa'nın yerlisi olan Karaosmanoğlu soyundan gelmektedir ve Manisa'yı çok iyi bilmektedir. Akhisar'ın nüfus yapısını verir:

Akhisar'da 30.000 kişi Türk ve 5.000 kadar Rum vardır.

Rumların az olmasını işgal ihtimaline karşı "bir umut..." sayarak Salihli cephesine koşarlar...

Salihli cephesinde savaşırken, Parti Pehlivan'ın kızanlarından Giritli Küçük Hüseyin Efendi şehit olur. Eski mahkumlardan 14 efe kurtuluşa kadar savaşmaya söz vermişlerdi:

Onlar sözlerinde dururlar, kurtuluşa kadar savaşırlar, ancak ileriki günlerde ne yazık ki dokuzu şehit olacak, hayatta kalan beş'i gazi olarak, 9 Eylül 1922 günü Parti pehlivan ile birlikte kurtuluşu görecekler ve denize kadar koşacaklardır...

Bu kahramanlar Salihli cephesinde savaşırken:

Akhisarlı Rumların yanında eşraftan bir temsil heyeti ile kalabalık bir grup (Parti Pehlivan'ın anlattığına göre: Başlarında Akhisar Kaymakamı ve Müftüsü de vardır) Kayışlar Köyü Yunan karakoluna giderek, Yunan komutanına "iyi niyetlerini ve davetlerini bildirirler..." Karakol komutanı İstanbul-Pendik Köyü Rumlarından'dır, Türkçe konuşur:

"Bana beyaz bir at bulun, Fatih Sultan Mehmet'in İstanbul'a girdiği gibi olsun..? Beyaz bir at bulunur...

Yunan karakol komutanı 5 Haziran 1919 günü yanında yalnız 120 asker olduğu halde, kilise çanlarının durmadan çaldığı bir ortamda ilerleyerek, hükümet konağına çıkar ve göndere Yunan bayrağı çekilir. Bu gelişme üzerine bazı Akhisarlılar korkudan Sındırgı köylerine sığınırlar. Rum halkı ise bayramlardaki gibi yeni elbiselerini giyerek sokaklara dökülmüşler, hemen hepsi içkili olarak naralar atmakta, laternalar çalmakta, zafer takları yeniden kurulmuş, sel gibi bir bayram havası hüküm sürüyordu...

... kiliseler faal, minareler ıssız, Rum halkı çılgınlıklar içinde, Türkler pusmuş bir halde.

Milne kurallarına aykırı olarak yapılan bu işgal hareketi, Yunan işgal kuvvetleri komutanlığının dahi tepkisini çekmiştir.

229

Şikayetler üzerine 9 Haziran 1919 günü Yunan birliği geri çekilir ve birliğin komutanı disiplinsizlik suçundan 20 gün hapse mahkum edilir.[25]

11 Haziran 1919...

Çerkez Ethem, Halit paşa ve Parti Pehlivan, olayları duyar-duymaz bir grup akıncı ile hışımla Akhisar'a gelmişlerdir...

AKHİSAR'DA TRAJEDİ

Parti Pehlivan'ın anlattıkları...: Kayışlar Köyü Yunan jandarma karakol komutanı ve bir grup askerin, davet üzerine Akhisar'ı işgal etmeleri sinirleri çok bozmuştur. Çerkez Ethem burnundan solumaktadır, hükümet konağının önüne öyle bir hışımla gelirler ki, toz bulutundan göz-gözü görmez olur...

Ortam çok gerilmiştir; Çerkez Ethem adamlarına emir verir: "Kaymakamı alın!..."

Kaymakam merdivenlerden indirilirken Çerkez Ethem atından inmeden bekliyor, hırsından şaplağını çizmelerine vurarak çizmelerinde şaklatıyordu; sonra arkasına dönerek üç adamını görevlendirdi:

— Şu kopil gavur komutanını "halaskar gibi..." karşılamaya giden Müslüman gavurlarını da getirin...

— "Bir masa üç sandalye bulun..." bulundu. Sonra atından indi...

Kaymakamlık binasının önünde, çınar ağacının gölgesindeki taş sekinin üzerine divan kuruldu. Karşılama kafilesine katılan on beş müslim kişi yakalanarak getirildi, içlerinde Akhisar Müftüsü de vardı. Rumların hepsi ortalıktan çekilmişti. Yalnız Rum'un biri fotoğraf çektirmek için getirildi. Oldukça kalabalık Müslüman ahali ise izleyici olarak toplanmıştı...

— Çerkez Ethem masanın üzerine çizgisiz, sarı yapraklı tozlu bir defter koydu...

... Bizi de harp divanına almasın mı(!)

Ethem Ağa'nın boyu iki metre, önce Akhisar Kaymakamı'nı sorguladı?

Ona tepeden bakıyordu, eliyle çenesinin ucundan kaldırarak gözlerine baktı:

"Kaymakam... Sen hangi milletin kaymakamısın?... "

Kaymakam titriyordu:

"Osmanlı... Osmanlı tabii, ne diyeyim? E..."

"Osmanlı kaymakamı ha... Hizmetin Yunan'a..."

... Kaymakam asıldı(.) Halktan bir alkış koptu...

Eşraftan bir baş efendi:

"Sen ne iş yaparsın efendi?

"Ticaretle iştigal ederim... "

"Ticaretinde vatanı satmak da var mıdır?"

"Ben onlara uydum... ne bileyim?... "

... eşraftan baş efendi asıldı ve halktan çok alkış geldi...

Müftü Efendi'ye sıra gelince:

"Biz hiçbir papaz görmedik ki Müslüman'a müftüye temenna etsin..."

"Sen papazlara niçin temenna ettin?... "

Müftü Efendi başını hiç kaldırmadı; yere bakıyordu, hiç cevap vermedi... O suçlu bulundu; asıldı; fakat bir sessizlik oldu...

Bu idam için alkış olmadı...

Çerkez Ethem, sırada korkuyla bekleyenlere dönerek baktı; onlara sordu:

"Bir daha yapar mısınız?..."

— Hayıır!..."

"İyi... hadi gidin..." dedi.

Parti Pehlivan yıllar sonra şöyle demiştir: Bu Millet dün bu meydanda Yunan'ı alkışlıyordu, bugün bizi... yarın kimi alkışlayacaktır?... "

— Bu milleti bu hale getirenlerin "Allah belasını versin!.." diye beddua okurken, kendimi çok sıktığım halde gözlerimden iki damla yaş gelmiştir. Bunu gören Çerkez Ethem kolumdan tutarak beni çekti, Halit Paşa'yı da alarak kaymakamlık binasına girdik.

Kaymakamlık binasında Çerkez Ethem Menemen Baskını'na laf çarpıtarak "Gittiğiniz yerde milislere düşmanca karşı çıkan kimse, düşmanın ta kendisidir, düşmanla bir tutacaktınız, dervişi devirmediniz; gitti Menemen Boğazı... Mutasarrıf Hüsnü benim elime geçmeliydi ki... ah ne yazık!..."der. Halit Pasa Çerkez Ethem'in sözünü keserek, "orada dur, bilmiyorsunuz; ortada büyük bir kumpanya var. Tarikat işleri bahane..." dedi ve açıkladı:

— Giritli Derviş Mehmet ve Giritli Hüsnüyadis kardeş çocuklarıdır (!) Tartışma bitmiştir...

Kaymakamlık binasında harekat planları tartışılırken, "acil pbl... " damgalı bir telgraf alırlar:

Bu telgrafta:

Yunan kuvvetlerinin 800 piyade ve 130 süvari birlikleriyle, Bergama 'yi işgal etmek üzere Menemen'den yola çıktıkları, 14 Haziran günü Bergama'da olacakları, 4 ağır makinalı tüfek ve 2 topları olduğu... " bildiriliyordu.

Bu telgrafı alan Çerkez Ethem, Yrb. Ali Çetinkaya ile arası iyi olmadığı için, onunla karşılaşmak istemediğinden Bergama'ya eniştesi Hafız Hüseyin Bey'i ve Parti Pehlivan'ı gönderir.

14 Haziran 1919...

Parti Pehlivan ve Hafız Hüseyin Bey 30 kişilik bir akıncı gurubu ile Bergama'nın 8 km. doğusunda bulunan incecik Köyü'nde, Ayazmendli Nazmi Bey'in 100 kişilik milli kuvveti ile Yrb. Akif Bey ve Bnb. Cemal Beylerle buluşarak! Yunan kuvvetlerine baskın yaparlar. Yunan kuvvetleri 400'den çok asker ölüsünü bırakarak gece yarısı kaçmak zorunda kalır.

(Bknz. Türkmen parlak, İşgalden Kurtuluşa.) Yunan kayıtları bu baskındaki kayıplarını 700 asker olarak vermiştir; bir kısım ağır yaralı ve ölüleri yanlarında götürmüşlerdir... Bergama baskınından sonra milislerin direnme, kararlılığı artar.

A. NEDİM ÇAKMAK

Parti Pehlivan 21 Mayısta yaptıkları Menemen baskınını unutmuş; oradaki başarısızlığı gururuna yediremememiş; ömrü boyunca söz etmemeğe çalışmıştır. Hatta Menemen baskınında Ali Osman Efe'nin nasıl yaralandığını anlatırdı ama kendisi orada yokmuş gibi:

"Balkanlardan geldikten sonra memur olduk, dört yıl ara verince dağlar bizden soğumuştur..." derdi.

ŞU AKHİSAR'DAKİ İDAMLAR

Biz, Parti Pehlivan'ın anlattıklarına inanırız. Bazı tarih bilgilileri tarihten bazı yaprakları koparıp attılar, bazıları da filmler yaktılar. Bunu neden yaptılar bilemiyoruz. Ancak anlatırlarsa öğrenebiliriz. Bazı çevreler, neredeyse; olmamış Ermeni soykırımı ile yüzleşmeye dahi kalkışıyorlarken, aynı çevrelerin kendi tarihimizdeki ihanetlerin anlatılmasından, kendi tarihimizle yüzleşmekten kaçınmaları manidardır...

Bir doğru bilgi daha:

— Yunan işgal günlerinde Ege'de, Manisa Mutasarrıfı Hüsnü Bey'le birlikte işgalcilerle işbirliği yapan Aydın Müftüsü Giritli Şevki Efendi, Akhisar Müftüsü ve Menemen Müftüsüdür. Buna karşılık:

Manisa Müftüsü Alim Efendi ile Turgutlu Müftüsü, Eşme Müftüsü ve Alaşehir Müftüleri gibi gerçek din adamları direniş yanlısı olmuşlardır. Bunları tasnif edersek:

A- Mürid Müftüler ve din adamları; tarikat mensubu, Hürriyet ve İtilaf fırkası yanlısıdırlar, Yunan Haçlı ordusu işgalcileriyle işbirliği yapmışlardır.

B- Mümin Müftüler ve din adamları; tarikat mensubu değildirler, ne ittihat ne de Hürriyet ve İtilaf Fırkalarına bakarlar. Direniş yanlısı olmuşlardır...

HEM MÜMİN HEM MÜRİD OLUNAMAZ!

Şimdilerde, din adamları Arapça bilmedikleri için; bilemezler:

— "İslamdan önce "MÜRİD..."

— İslamdan sonra"MÜ'MİN..." denir. Yani, MÜRİD'DEN MÜSLİM OLAMAZ!

— Çok yazık!... İslam'dan önce; şeytana tapanlara da murid denirdi...

Mesela...:

2 Haziran 1919 günü, Mübarek Ramazan günlerinde...

Ramazan dolayısı ile vaiz olarak Alaşehir Kazası'na gelen dört hoca, vaaz verdikleri camilerde aynı cümleleri kullanarak, Yunan işgali hakkında yorum yaparlar:

"... Yunan ordusu Padişah emriyle geliyor..."

"Yunan ordusuna hizmette kusur etmeyin..." diye vaaz verirler... Bunlar tarikat müridi imamlardır(!)

Bunu duyan Alb. Bekir Sami Bey, hocaların dördünü de kaymakamlık binası önünde içtima eder ve silahını çekerek dördünü de vurur...[26]

Oysa Bekir Sami Bey, çok yumuşak huylu biri olmasıyla eleştirilirdi...

Manisa Mutasarrıfı Hüsnü Bey, kendi idaresi altındaki kaymakamları da etkileyerek, kaymakamların da işgal ordusuyla işbirliği yapmaları için baskılar yapmış, çeşitli entrikalar çevirmiştir. Alaşehir Kaymakamı Bezmi Nusret Kaygusuz ve Demirci Kaymakamı İbrahim Ethem Bey, Mutasarrıfa şiddetle karşı çıkmışlardır. İbrahim Ethem Bey ayrıca Akmcılar'ı örgütlemiş, Parti pehlivan gurubu ile birlikte kurtuluşa kadar savaşmıştır.

Turgutlu, Salihli, Akhisar kaymakamları ise işgalci Yunan Haçlı Ordusunu "kurtarıcı gibi... " karşılamışlardır...

... Acaba Yunan işgal güçleri onlar ve halk için "nasıl bir kurtarıcı?" olmuştur, onu, "İşgalin Sonuçları... / Yalakalığın Acı sonuçları... " bölümünde göreceğiz...

YÜZ KIZARTICI OLAYLAR

Salihli kaymakamı Hasan Fikret ile Müftü ve Belediye Reisi, ahaliden hiç kimsenin haberi olmaksızın? Yunan kumandanını Salihli'nin işgaline davet etmek alçaklığında bulunmuşlardır. olaydan haberi olan ahali keyfiyeti icap edenler nezdinde protesto ile, kaymakamın başlarından defedilmesini istiyorlardı. (26) Bu arada Salihli'de bulunan Çerkez Ethem, orada bulunan Dramalıların bazıları ile birleşti, diğer bölgelerdeki Çerkezlere de haber göndererek onların da katılmasını sağlayarak kuvvetlenmeye başladı.(27) Çerkez Ethem, Salihli Kaymakamı Hasan Fikret ile Müftü ve Belediye Reisi'ni derhal tutuklamış, onları "Yunan komutanını Salihli'nin işgaline davet etmek suçundan mahkum etmiş, fakat nasılsa idam etmemiştir. Kaymakam Hasan Fikret "milli kalkışmanın Avrupalıları kızdıracağından ve onları büsbütün aleyhimize çevireceğinden" bahsetmiştir.(28)

Mutasarrıf Hüsnü Bey kendi yakını olan Giritli Şevki Bey'i Aydın'a Müftü olarak tayin ettirmiş, böylece Aydın tarafına da yetişmeye çalışmıştır. Aydın'ın işgal gününde 2.000 Türk öldürülmüş, diğerleri canını kurtarmak için kentten kaçmışlar. Kentte yalnız yaşlı ve hasta olan 375 Türk kaldığı halde Aydın Müftüsü Şevki Efendi Yabancı Komisyona yalan söyler:

"... Aydın'da zulüm yapılmadığı konusunda yalancı şahitlik yapmış ve dileklerinin iyi olduğunu yazmıştır..." (5 Teşrinevvel 1335/ Kaymakam Kadri rap.)

Konak Saat Kulesi Meydanında Yunan askerlerinin yaptığı sivil
katliamlar, İtalyan Ressam Victor Pisani'nin yağlı boya tablosu

MANİSA-TURGUTLU İLÇESİNDE EGEMENLİĞİN PAYLAŞILMASI...

Manisa'nın işgal kuvvetleri tarafından kolayca işgal edildiği gün Turgutlu'da bir savunma hattı kurulması umudu ile; Bekir Sami Bey tarafından, Turgutlu'ya yaklaşan Yunan işgal güçlerine baskın yapmak için, Yüzbaşı Rahmi Bey ve Mestan Efe görevlendirilir.[30]

Yüzbaşı Rahmi Bey'in komutasındaki 100 kişilik birlik Turgutlu'ya geldiğinde Yunan askerleri henüz 5 km/ileride, Nif Çayı'nın köprübaşını tutmuşlardı.

Tuhaf olan şey... Yunan işgal kuvvetleri henüz Turgutlu'ya gelmemişti ama, kent içinde Yunan bayrakları her yere asılmıştı; müezzinler minarelere çıkmıyordu(!) Çanlar ise çılgınca nisbet yapar gibi çalıyordu...

Manisa Mutasarrıfı Hüsnü Bey'e bağlı ilçelerde direniş yanlısı kaymakam ve müftüler, işgalci Yunan ordusu karargahlarına jurnallenerek tehdit edilmişlerdir. Daha işgalden önce Alaşehir Kaymakamı Bezmi Nusret Kaygusuz da bu tehditler ve baskılar sebebiyle Alaşehir'i terketmek zorunda bırakılmıştı. Salihli Kaymakamı Hasan Fikret ise Salihli'de zafer takları yaptırmış; daha işgalden önce Yunan komutanlarına ziyafet verilmesi içrn halktan zorla para toplatmıştır. Eşraftan Mehmet Efendi kendisinden zorla 30 lira alındığını söylemiştir.[31]

İşte böyle bir ihanet ortamında, Yüzbaşı Rahmi Bey komutasındaki 100 kişilik birlik, Mestan Efe ile birlikte Turgutlu'ya gelir. Yüzbaşı Rahmi Bey ve Mestan Efe, Turgutlu halkını toplantıya çağırırlar.

Fakat eşraftan çok az kişi toplantıya katılarak, Yüzbaşı Rahmi Bey'e "Yunan askerleri padişah emriyle geliyormuş, teslim olacağız..." diyerek, onları Turgutlu'dan kovarlar. Bunun üzerine Mestan Efe "lanet olsun bunlara!... "diyerek silah bırakır, fakat sonradan duramaz, Ödemiş tarafına geçerek yeniden çarpışmalara katılır.(32)

... ve 29 MAYIS 1919 SABAHI...

Yunan işgal güçleri sabah saatlerinde Köprübaşı'ndan; yürüyüşe geçer. Öylesine misafirliğe gider gibi(!) Turgutlu Kaymakamı Hamdi Bey, Belediye Reisi ve azaları başta olmak üzere, işgal kuvvetlerini karşılamaya Köprübaşına kadar çıkarlar. Coşkulu bir karşılamadan sonra, işgal kuvvetleri Turgutlu'ya girmişlerdir! İşgal sırasında tek kurşun atılmamış, bir direniş gösterilmemiştir.(33)

Yunan işgal kuvvetleri komutanı Yarbay Gregoryus...

"Egemenliğinizi paylaşmağa geldik..." der gibi...

Kaymakam Hamdi Bey:

"Buyurun paylaşalım... biz de hevesle bekliyorduk... " der gibi; Turgutlu'nun en güzel binalarını karargah olarak işgal güçlerine tahsis eder. Fakat Yunan komutanı Gregoryus verilen en güzel binaları kabul etmemiş, içinde 140 talebenin bulunduğu kızlar mektebini, kızlarla birlikte işgal etmiştir.(34) Böylece şerefsiz ve haysiyetsiz yöneticilerin sayesinde "Egemenliğin paylaşılması..." kız mektebinde başlamıştır. (Egemenliğini paylaşma meraklılarına ithaf olunur...) Dahası bu kız talebeleri; işgal boyunca Yunan Subaylarının başlarında olduğu yürüyüşlerde, ellerine Yunan bayrakları verilerek Yunan milli bayramlarında propaganda için kullanılmışlardır...

... İşgal boyunca kızları salmadılar... (!) onlardan bazıları intihar etti, bir kısmı da Yunan ordusu bozguna uğradıktan sonra; ricat ederken birlikte götürüldüler... gitti gider, bir daha o kızlardan haber alınamadı...

... ve 29 MAYIS 1919 SABAHI...

— Yalnız yüzde 8 Rum olduğu halde, azınlıklar çoğunluk olur; yüzde 90 çoğunluk ise azınlık haklarından dahi yararlandırılmaz:

"Türkler'in mahkemelerde şahitlik yapmaları dahi reddedilir..."

(Bugün azınlık hakları baykuşlarının da nihai amacı budur; daha işgal başlamadan "Türk'üm demeyin..." diyerek, işgal kuvvetleri medyasındaki köşelerinden zemin döşemesi yapıyorlar...)

... BİR MİLLETİ YOK ETMEK İSTİYORSANIZ-ONLARA, MENSUP OLDUKLARI MİLLETİN ADINI UNUTTURACAKSANIZ...

... BİR DEVLETİ YOK ETMEK İSTİYORSANIZ- ÖNCE O DEVLETİ KURAN LİDERİNİ YOK EDECEKSİNİZ; emirlerini nereden alıyorlar?...

... Dün bu emirleri nereden alıyorlardı, bugün de aynı merkezden alıyorlar. Nasıl olsa 85 yıl geçti, millet unuttu... UNUTTU YA! Unuttu mu?...

Bakalım 85 yıl önce Turgutlu'da nasıl olmuş?...

— Egemenliğini paylaşma meraklısı Kaymakam Hamdi Bey, bir gün arabası ile giderken, sarhoş Yunan askerleri tarafından eşinin ve çocuklarının yanında feci hakaretlere maruz kalmış, "Turgutlu Kaymakamı olduğunu... " söyledikçe, onu inadına dövmüşlerdir...(35) Kim şey eder Turgut'lu Kaymakamını?

— Ele geçirilen altı Türk Subayı Karpuz Kaldıran semtinde vahşice idam edilmişlerdir. İşgal kuvvetleri Menemen'de ne yaptılarsa aynı... İşkenceler devam etmiştir.

29 Mayıs 1919 günü Turgutlu işgal edilirken, işgalcileri hevesle karşılayan Kaymakam Hamdi Bey, Belediye Reisi ve azaları, eşraf ve halkın misafirperliğine karşın, soysuz ırkın verdiği karşılık; tarihte benzeri görülmemiş bir katliam ve tecavüzlerdir.

— İşgal sırasında üç yıldan fazla zaman yapılan zulümlerden başka...

Yunan işgal gücü askerleri ricat ederken:

— Bağ ve bahçelerde, işinde gücünde çalışırken bastıkları Türk kadınlarına tecavüz etmişlerdir. Turgutlu'da birçok kadın ve kız, namuslarını korumak için ölmeyi tercih etmiştir.

Derelere sürüklenen kızların bir kısmı birbirlerine bağlı olarak kesilmiş, kolları, başları koparılmış olarak cesetleri Nif Çayı'na atılmıştır.

— İşgalci Yunan ordusu ricat etmeden önce Türkler'in kent dışına çıkması yasaklanmış, 4 Eylül 1922 günü başlattıkları yangın operasyonu 6 Eylül akşamına kadar devam etmiştir...

akşamına Türk ordusu yetişmiştir.

— Yunan askerleri ve yerli Rumlar kapıları kırarak halkın bütün servetini soymuşlar, birçoğunu ateşe atmışlardır.

— Yangın postalarına yerli Rumlar'ın kılavuzluk ettiklerini, Ermenilerin de tahrip kalıplarını ve yangın bombalarını kullandıklarını... Turgutlu halkının en çok şaşırdığı şey ise kırk yıllık komşularından J. Çavuşu Pandelli, Eczacı Kosti, Kunduracı Yordan, Yoğurtçu Yanko, Reji Hamal, Kantarcı İstilo, Çaycı Dimitri, Hekimoğlu Aristo ve Kardeşi Dimitri gibi yerli Rumların, yani çocukluk arkadaşlarının katliam ve yangın operasyonlarında en önde yer almalarıydı... / Misafirperver Turgutlu Belediye Reisinin anlattıkları ve ifadesidir. (!)

— Yabancı ve yerli basın mensuplarının oluşturduğu komisyon raporlarına göre Turgutlu'da:

"... 6. 000 haneden 5. 800 ev yakılmış, ancak 200 ev yangından kurtulabilmiştir..."

Turgutlu Kaymakamı Hamdi Bey:

"...20. 000 olan Türk nüfusundan geriye ancak 8. 000 kişinin kaldığını yirmi günden beri her yerden ceset çıktığını, yolda ölenlerin ise kaç kişi olduğunu bilemediklerini... " söylemiştir.

— Turgutlu'da işgalin son günü:

Ateş, yağma, soygun, iki gün iki gece devam etmiş olduğundan, burada ölmek ve yanmaktan kurtulabilenler, ağlaşarak, bağrışarak, bağa-bayıra kaçtılar ve perşembe günü/6 Eylül 1922 günü akşam karanlığında ordumuz yetişir.

— Yakılmadık camii, mescid, ev, fabrika ve herhangi bir yer kalmamıştır... Turgutlu'da işgalin yalnız son gününde; çoğu ateşe atılarak yakılan 1200 kişi öldürülmüş; pek çok ihtiyarın gözleri oyulmuş; çocuklar süngülenmiş; 100 kadar kızın ırzına geçilmiştir... (Bknz. AYZM). Geldik bugünlere... Yunan ve Avrupa Birliği, Haçlı Ordularının yaptıklarını... "unutun diyorlar / Şimdilerde Yunan zulmü yok... türban zulmü var (!) Kimin, ne tezgahladığını kimse anlamıyor (!)

— Siz Ermenilere ne yapmıştınız?... Anlatın bakalım...

Anlatın... (!) Ermeniler size ne yaptı?... UNUTUN!.diyorlar. Batı bölgelerinde bile bir avuç Ermeni, Yunan tahrip taburlarında nasıl görev almıştır? Biz onu unutmayalım?

Türk ordusunun 30 Ağustos 1922 Zaferi'nden sonra, bilindiği üzere Yunan ordusu Tahrip Taburları kurarak, geçtiği yerleşim merkezlerini, canlı bırakmamak düşüncesiyle yakmış ve kundaklamıştır. Bu kundaklama işleri için, doğu bölgelerimizdeki Ermeni olaylarında deneyim kazanmış Ermeni çeteleri, Yunan işgal bölgelerine sızarak, Türk katliamlarında görev almışlar ve tahrip taburlarına büyük destek sağlamışlardır...

GEÇMİŞİNİ UNUTAN MİLLETLERİN GELECEĞİ DE OL-MAZ..." sözünden hareketle anlatmaya devam edelim...

MANİSA-ALAŞEHİR İLÇESİNDE "EGEMENLİĞİN PAYLAŞILMASI" SONUÇLARI (...)

Üç yıllık işgal süresinde Alaşehir'de yapılan zulümler Menemen'de olduğu gibidir tekrar etmeden geçiyoruz... Ancak, 30 Ağustos 1922'den sonra:

— 30 Ağustos günü kentin ileri gelenlerini tutuklamakla işe başlayan Yunanlılar, yerli Rumların da katılmasıyla Alaşehir'i yağmalamışlardır.

— 3 Eylül 1922'de Alaşehir'e gelen bir Yunan Subayı, kentin ileri gelenlerine:

— "Alaşehir'i yakmak için bir yangın taburunun gelmekte olduğunu ve herkesin başının çaresine bakmasını... " söylemiştir. Birçok yerden başlatılan yangınlarla Alaşehir kundaklanmış, yangınları yerli Rumlardan Diyamandapolis ve bir kısım Ermeni arkadaşları yönlendirmiştir.[36]

Şehrin sularını kestikten sonra, gaz ve benzin dökerek şehri ateşlemişler, yangın bombalarıyla yangını genişletmişler; yangını söndürmek isteyenleri kurşunlamışlardır.

— Yangından kaçmak isteyenlerin üzerlerine ateş etmişler, kurşunlamışlar, bombalamışlar, birçoğunu da diri diri ateşe atmışlardır.

— Bir vahşet örneği; Taşçı Mehmet usta ateşe atılır, eşi Emine'nin ise göğsü oyularak barut doldurulmuş ve ateşlenmiştir.

— İki çocuğun bacaklarını ayırarak ateşe atmışlardır.

Yukarıda sayılan yöntemlerle yapılan katliamların sonunda, yerli ve yabancı basın mensuplarından oluşmuş bir komisyon raporuna göre:

— Alaşehir'de 4000 haneden geriye 100 ev kalmıştır. Ayrıca 10 cami, 20 mescit, tren istasyonu binası ve 20 köy yakılmış, bu köylerin halkının büyük bir kısmı öldürülmüştür; 11.500 olan Türk nüfusundan geriye 5. 000 kişi sağ kalmıştır. Çocuklar dahi katledilmiş, 14 yaşın altında ancak 400 çocuk kalmıştır...

— Türkler evlere, camilere doldurularak canlı canlı yakılmıştır. Yakılmış olan evlerde, pencerenin demir çubuklarına can acısıyla tutunmuş çocuk elleri ve kömürleşmiş bedenleri, çocuklarına uzanarak kalmış annelerin kömürleşmîş bedenleri... Tüm işgal bölgelerinde rastlanan görüntülerdir...

— Gençleri toplayarak, topluca katletmişlerdir.

— Yunan askerleri 150 masum kadını ve kızı beraberlerinde götürmüşler, kimini yollarda öldürmüşler, çoğundan bir daha haber alınmamıştır.

— 300 kadar kadını evlerinden toplayarak beraberlerinde götürmek üzere tren istasyonuna giderken, kadınların direnmesi üzerine makineli tüfek ateşi açmışlar, yalnız 80 kadın dağlara kaçarak yaralı olarak kurtulabilmiştir. (Anadolu'da Yunan Zulüm ve Vahşeti, Ankara, 1938/mutlaka okunması)

Bir analoji:

Osmanlı'nın değil, Cumhuriyetin yetiştirdiği seçkin komutanlarımızdan Kenan paşa, yanılmıyorsak Alaşehir'deki Yunan katliamları sırasında üç yaşındaydı, bu nedenle bir Alaşehirli olarak daha hassas olması muhtemeldir.

Bize, bu zulümleri unutun diyorlar!...

Kim?... Yunan Haçlı ordularını besleyerek, gemileriyle İzmir'e çıkaran, her türlü silah-cephane ve lojistik destek sağlayan ABD ve AB Haçlı zihniyeti ve kiralık kalemleri ile yeni işbirlikçileri.

Yunan zulmü olmadı, Ermeni mezalimi yok... Siz sözde Ermeni, Pontus soykırımı yaptınız.(!)

Diyorsunuz ki Yunan Haçlı Ordularının, Ermenilerin, size yaptıkları vahşeti unutun; gelmiş, geçmiştir, çocuklarınıza anlatmayın, okul kitaplarından çıkarın.

— Olur; Okul kitaplarından sizin yaptığınız zulümleri çıkarırız...

— Eğer bizim de cinsimizde kırıklık varsa, söyledikleriniz emriniz olur (...)

HAYIR! UNUTMAYACAĞIZ... Unutmayacağız, çünkü biz unutursak, onlar yine gelirler...

MANİSA-SALİHLİ İLÇESİNDE EGEMENLİĞİN PAYLAŞILMASI VE ACI SONUÇLARI...

17 Eylül 1922-Resmi tebliğe göre:

Yunanlılar Salihli ve köylerini tamamen yakmışlardır. Gerçekten Salihli daha işgal edilmeden önce, Yunan işgal kuvvetleri henüz Turgutlu'da iken, Salihli Kaymakamı Hasan Fikret, Müftü ve Belediye Reisi:

"Egemenliğimizi sizinle paylaşmak istiyoruz... " diyerek, Yunan işgal kuvvetlerini, Salihli'yi işgal etmeye davet etmişler, Yunan komutanlarına ziyafet çekmek için halktan zorla para toplamışlardır; ama nafile...

... Salihli işgal edildikten sonra yapılan zulüm ve işkenceler Menemen ve Turgutlu'da olduğu gibi işgal süresince devam etmiştir.

Yunan Ordusu ricat halindeyken, kılıç artığı Yunan askerleri ve Yerli Rumlar tarafından 6 Eylül günü Salihli'de her yer tamamen yağmalandıktan sonra katliamlar yapılmıştır. Burada tespit edilebildiği kadarıyla 100 kişi ateşe atılarak öldürülmüştür.

Halide Edip Adıvar Başkanlığındaki Mezalim Tahkik Heyeti'nin Raporu:

— 3000 evden 2000'i yakılmış, yakılmayan evler Rum mahalesindedir.

— 402 dükkan, 2 cami, 22 han, 2 Otel, 12 fırın, 5 fabrika, 1 kahvehane, 1 sinema yakılmıştır.

— Hasat mevsimi olduğu için yeni toplanmış olan üzüm, tütün, buğday tamamen yakılmıştır.

— 14 köy tamamen, 6 köy kısmen yakılmıştır. Köylerde 1200 kişi öldürülmüş, yağma ve ırza tecavüz olayları vuku bulmuştur.

— Salihli ve köylerinde hiç bir canlı hayvan bırakılmamıştır.

— Hükümet konağı, 3 okul, 1 havra yakılmıştır.

15000 nüfuslu Salihli'de 8000 kişi kalmıştır.

— Kent içinde ise sadece 15 aile, toplam 100 kişi yangından kurtulmuş, tesadüfen yakılamamış bir camiye sığınmış olarak bulunmuşlardır.

— İşgal güçlerinin iki yıl içinde tutuklayarak Yunanistan'a sürdükleri çok sayıda seçkin insan dönmemiştir.

— Yunanlılar ricat ederken beraberlerinde götürdükleri 100 kadar kadın ve genç kızdan bir daha haber alınamamıştır.

(... Anadolu'da Yunan Zulüm ve Vahşeti/1938 Ankara)

Manisa Sancağı 'na bağlı, o gün "kaza", bugün "ilçe" dediğimiz yerleşim merkezlerinden Kırkağaç, Soma, Akhisar, Demirci, Gördes, Sarıgöl ilçelerindeki işgal durumları da benzeri olayları kapsadığı için...

... Olaylar hakkındaki bilgilerin aslında tepe noktalarına değinerek geçmiş bulunuyoruz.

Egemenliğinizi paylaşmaya devam edecek misiniz?...

Egemenliğinizi ne şekilde paylaşmayı tercih edersiniz?...

Sakıncası yoksa lütfen söyleyiniz!...

MANİSA MERKEZDE "EGEMENLİĞİN PAYLAŞILMASI" SONUÇLARI VE MUTASARRIF 'HÜSNÜ BEY'İN SONUNUN BİLİNMEYENLERİ (!)

... 25 Mayıs 1919 gününde neydi o Haçlı Ordularının Yunan askerlerini karşılama törenleri ve coşkusu...? Hüsnü Bey, Yrb. Çakaloz-Metropolit Yokavim.

Bu Hüsnüyadis diye ünlenen "Mahluk...", Manisa'da direnişin önünü kestiği gibi, kendisine bağlı kazaları da etkilemiş, buna rağmen kazalardan Türk Milli Kurtuluş Savaşı'na katılmış pek çok kahraman çıkmıştır. Fakat Manisa merkez halkını tamamen teslimiyetçi bir davranışa sevk etmiş, adeta halkın Yunan karşısında "sünük tavuk " gibi olmasını istemiştir.

İşgalden önce direniş için yapılan toplantıları anlatırken, Rahmi Apak, "Silah patlatmak fikrinde olanların çoğunlukta olduklarını, Nurettin Paşa tarafından kurulan Müdafaa Cemiyeti'nin Reisi, Manisa Müftüsü Alim Efendi ve taraftarlarının müdafaa yanlısı olduklarını kaydetmektedir.[37]

Müftü Alim Efendi Tarikatın adamı değil, tabiri caizse "Allah'ın adamıdır", Mutasarrıfın Mensup olduğu tarikata bağlı değildir.

Müftü Alim Efendi'yi tanıyan ve O'nu çok seven Fadıl Dayı anlatmıştır,

Müftü Alim Efendi bir vaazında:

"Mescid'in mihrabı ortadadır, çünkü bunun manası çok büyüktür; eğer ben bir tarikata veya partiye bakacak olsam caminin mihrabı kayar..." demiştir. Mutasarrıf Hüsnü Bey, hem tarikat mensubu, hem de Hürriyet ve İtilaf partisi (işbirlikçi parti) ileri gelenleriyle muhabbeti olan bir mü'rid olarak Yunanlı'ya düşman olmaz, ama Müftü Alim Efendi gibi bir din adamına düşman kesilir... ve Yunan işgalinin daha ilk günlerinde Müftü Alim Efendi'yi ve oğlunu Yunan Askerlerine feci halde dövdürtür veya dövülmesine göz yumar... (38)

MANİSA'DA YUNAN ZULMÜ VE BİR TELGRAF

Telgrafname
Mahreci:Akhisar
Numara 407
Tarih: 9/7/1335

Akhisar Kaim- i Makamlığmım Telgrafnamesi: Ayın yedinci gecesi çiftliğinde bulunmakta olan Halit Paşa ve beş arkadaşı, Yunan müfrezesi ve çevre Rum köylerinden aldığı büyük bir kuvvetle feci bir şekilde katledilmişlerdir. Özetle anlatırsak; Halit Paşa'nın parmakları kesilmiş, gözleri oyulmuş, vücudu ikiye bölünmüş, kafası vücudundan koparılmış bir şekilde, vücudunun muhtelif mahallinde otuz yedi adet bıçak ve süngü yarası bulunmuş ve diğer arkadaşlarının da gözleri oyulmak, kulak ve burunları kesilmek gibi feci bir şekilde katledilerek, çiftlikte bulunan mal ve eşya ile alet ve edavatın yağma edildiği ve daha sonra çiftliğin dahi boşaltıldığı, öldürülen Halit Paşa ve arkadaşlarının cesetleri akrabaları tarafından Saruhanlı'ya götürülüp burada defnedildiği ve bu çiftliğin arazisinde çalışan, Gediz Çayı civarında on beş kadının dahi öldürülerek çaya atıldıkları...

Ayrıca muhaberatımızdan olduğu beray- ı malumat maruzdur.
Fi 9 Minh
9 Temmuz 1919
Akhisar Kaim- i Makam
Vekili Namına
Mehmet

NOTLAR:

1- Dahiliyi Nezaretine çekilen makam telgrafları ilçe çıkışlı ise, ancak ilçe kaymakamı tarafından keşide edilebilirdi. Bu telgrafta kaymakam yok, vekilinin vekili kalmış; memur Mehmet, Nazır/Bakan Bey'e muhatap olmuştur.

Telgraf 9 Temmuz tarihlidir. 11 Haziran'dan sonra Akhisar kaymakamsız kalmıştır. Bknz. 11 Haziran 1919/ Ç. Ethem Harp Divanı ve idamları.

HALİT PAŞA DİRENİŞ CEPHESİNİN SEMBOLÜ OLDUĞU İÇİN RUMLAR TARAFINDAN ŞEHİT EDİLMİŞTİR...

Karaosmanoğlu Mirimiran Halit Paşa, Balkan savaşlarına da gönüllü olarak katılmış; çok iyi eğitim almış; seçilerek, devlet tarafından özel olarak yetiştirilmiş, sivil olduğu halde Paşa'lık verilmiş yiğit adam... Şehit edildiği gün 43 yaşındaydı. İngilizler de yakalamak için onun peşindeydi.

Akhisar Kazasının savunması için 188. alaya bağlı, Marmara Bucağı halkından kurulmuş 800 kişilik bir milis müfrezesi vardı. bu milislere Karaosmanoğlu Halit Paşa kumanda etmekteydi.[39]

Halit paşa, birliğinin yiyecek ihtiyacını karşılamak için, on yakını ile birlikte kendi çiftliğine gitmiştir. Çiftliğin yakınında bulunan bir yerli Rum'un koşarak, Rum köyleri Papazlı ve Koldere Rumları'na haber vermesi üzerine, yerli Rumlardan oluşmuş büyük bir silahlı çete ile Halit Paşa'nın Çiftliği'ne baskın yaparlar. 7 Temmuz 1919.

Halit paşa ve beş arkadaşı son kurşunları bitinceye kadar savaşmışlar, cephaneleri bitince canlı olarak yerli Rumlar'ın eline geçince işkence ile öldürülmüşlerdir. Diğer beş arkadaşı ise, bu çatışma esnasında zaman kazanarak, arka tarafta bulunan azmak bataklığından ve sazlıklardan yararlanarak, kendilerini kamufle etmek suretiyle uzaklaşmışlardır.[40]

A. NEDİM ÇAKMAK

Böylece Akhisar cephesi zayıflamış ve Akhisar ilk işgalden bir yıl sonra, 22 Haziran 1920'de yeniden işgal edilmiştir.

... Papazlı Köyü çok papaz çıkardığı için "Papazlı..." adıyla ünlenmiştir.

BİR DİLEKÇE VE 16 KRŞ'LUK DAMGA PULU...

Ne yazık ki o köyün adı 1963 yılma kadar "Papazlı... " olarak kalmıştır. 1963 yılında parti Pehlivan'ın torunlarından birisi, 16 krş'luk damga pulu yapıştırılmış bir dilekçe ile, durumun "ayıp olduğunu... " ikaz ederek, doğrudan Manisa Valisi Niyazi Araz'a çıkar. Vali Niyazi Araz, Milli duyguları yüksek bir adamdı, hemen o gün Papazlı Köyü'nün adını "HALİT PAŞA... " olarak değiştirmiştir...

Dün ve bugün her zaman iç-içe geçmiş bir halde yaşamımıza girmiş bulunmaktadır. Bu nedenle kahramanlıkların olsun, ihanetlerin olsun, dünü ve bugünü de içice geçmiş bulunmaktadır, ısrarla geçmişteki kökleri aramaya devam etmeliyiz...

DÜNÜ GÜN-MANİSA SANCAK MERKEZİNDE "EGEMENLİĞİN PAYLAŞILMASI..."

BU GÜN AYNI HEVESLE "PAYLAŞABİLİRİZ... " DİYE KONUŞULMASI (...) SEN KAZANDIN HÜSNÜYADİS!!!

25 Mayıs 1919/Yunan askerlerinin hiç kurşun atmadan Manisa'yı işgal etmelerine karşın, kentte kanlı olayların başlaması gecikmemiştir.

Yunan Haçlı Ordusu derhal Türk halkının elindeki silahları toplamış, topladığı silahları azınlık Rum ve Ermeniler'e dağıtarak, çocuklarına varıncaya kadar onları silahlandırmıştır.Yunan işgali altındaki tüm bölgelerde aynı yöntem uygulanmıştır. Manisa'da silahlanan yerli Rumlar, çeteler halinde dolaşarak; "Halit paşa ve arkadaşlarının öldürülmesi..." örneğinde olduğu gibi, vahşi katliamlar yapmışlar, altı yüzyıl bir intikam ateşini yakmışlardır.

İşgalin daha üçüncü gününde, gizli olarak öldürülmüş 20 kişinin cesetleri bulunarak getirilmiş, İngiliz ve Fransız İrtibat Subaylarının önünde fotoğrafları alınmıştır.[41]

— Pamukçuoğlu Mehmet Efendi sekiz kişilik ailesi ile birlikte öldürülmüştür.

— Karnı yarılmış, bebeği dışarıya çıkarılmış halde, parçalanmış hamile kadın cesetleri... el kadarcık bebekleri dahi süngülenmiştir.

— Bir çok aile, çocukları ile birlikte evlerinde katledilmiştir.

... Üç yıl üç aylık bir işgal döneminde, bu şekilde çok sayıda olaylarla birlikte; Manisa sancağı ve ilçelerinden tespit edilebildiği kadar, 3500 kişi direniş yanlısı olmaları bahanesiyle Yunanistan'a götürülmüş, çoğundan bir daha haber alınamamıştır.

— Bir şahit, kendisinin 100'den çok yanmış ceset gördüğünü söylemiştir.

— İşgal süresince bütün bağ-bahçe ve tarlalardaki ürünler Yunan askerleri tarafından kontrol altına alınmış, mahsulatın çoğuna el konulmuştur.

Çocukluğumuzda, Koruköylü Mehmet Dayı şöyle bir anısını anlatmıştır:

— "Manisa'nın işgal edildiği" haberi köye ulaşmıştı; ertesi günü bağ komşum Marika bir Yunan bayrağı kapmış, köyün şose yoluna doğru sevinç çığlıkları atarak koşuyordu. "Ne oluyor Marika, ne çabuk buldun o Yunan bayrağını?..." diye sordum.

Marika, "Ne diyon sen Mehmet, o bayrağı altı yüz yıldan beri sandığımda saklıyordum..." dedi.

Yolun ilerisine baktım Yunan jandarmaları geliyordu.

Not: Yakılarak külü savrulanlar, verilen rakamlara dahil değildir; çünkü sayılamamışlardır.

-Bunları unutun, 6-7 Eylül olaylarını hiç unutmayın(!!!) Ne demektir?

MANİSA'DA EGEMENLİĞİMİZİ PAYLAŞANLARIN VAHŞETİ 8 EYLÜL 1922...

30 Ağustos 1922 zaferinden sonra, bozguna uğramış Yunan Ordusu kaçarken 3000 kişilik bir tahrip taburu ile, köyleri ve kasabaları yakıyordu. Diğer özel "birlikler de yangından kaçan halkın üzerine ateş açmaktaydılar. Ateşler içinde kaldığı için, canlı canlı yakılarak öldürülenler sayılamayacak kadar çoktu. Manisa'da bulunan Fransız tebası ile yazar Franklin'in, Matin gazetesine verdikleri demeçleri.

Manisa Mutasarrıfı Hüsnü Bey, 25 Mayıs 1919 günü Manisa işgal edilirken gizli evraklara varıncaya kadar, devletin bütün sırlarını ve hükümet konağını/sağlam teslim etmişti...[42]

... ama 8 Eylül 1922 günü işgal güçleri kaçarken, Yunan merkez komutanlığının emriyle, önce hükümet konağından başlanarak Manisa yakılmıştır.

Sonradan anılarını yazan kumandan İstiryadis, "yerli işbirlikçilerin belge ve kayıtlarını yok etme sorumluluğunu taşımış oldukları için, her yerde aynı yöntemi uygulamış olduklarından" söz etmiştir.

Manisa ateşe verilmeden birkaç saat içinde yerli Rumlar, Ermeniler ve Yahudiler'in kenti terk etmelerine fırsat verilmiş, fakat Türkler'in kenti terk etmeleri yasaklanmıştır.

Göğüsleri kırmızı kuşaklı ve başları kukulatalı "yangın postaları" ile kentin sokaklarına yayılmışlardı. Yangın taburlarındaki askerlerin bir kısmı kenti yakmaya, bir kısmı mahallelerde kuşatma yaparak, dışarı çıkanları imha etmeye, bir kısmı da kent içinde saklanmak isteyenleri aramaya çalışmaktaydılar.[43]

6 Eylül 1919 günü başlayan yangın iki gün sürmüş, Manisa'nın kıymetçe yüzde 99'u yakılmıştır.

Halide Edip Adıvar, İzmir'den Bursa'ya... "adlı kitabında şöyle yazmaktadır:

"... Yarım saat zarfında şehrin beş-on noktasında birden patlayan ve müteakiben birbirine kol atarak genişleyen yangın, Manisa'yı bir yanardağ haline sokmuştu. Derinden derine, yakılan evlerin çatırtıları, bağrışan halkın çığlıkları, silah sesleri ve bomba tarakaları hep bir araya karışarak, bir bora esnasında bir ormanda duyulan korkunç uğultuları andırıyordu...

... Yunan devriyelerinin sokak başlarını tutarak bütün güçleriyle saldırmalarına rağmen, evlerinden dışarıya fırlayıp sokaklara yayılan halkı, dağlara ve ovalara yayılmaktan men edemediler. Bu halkın evlerinden dışarıya fırlayışı, aynı zamanda çeşitli noktalarda hep birden fışkıran suların birer küçük sel halinde akışı gibi bir şey oldu. Yunan zebanileri köşe başlarında, kavşaklarda, her biri ayrı istikamette akan bu selleri nafile yere durdurmağa çalıştılar...

... Kurşun, mitralyöz, bomba ve süngü, hiç bir şey engel olamadı; müthiş ve çılgın halk kitleleri tabii kuvvetlerinden bir oluş halinde, ateş ve duman olup kentin etrafına taştı...

... Yunan askerleri kah atının üzerinden, kah yaya, bu kitlelere saldırıyor, tüfek dipçikleriyle dövüyor, süngülerini saplıyor, boğuyor, öldürüyordu...

... Panik içinde dağlara ve ovalara kaçan halkın bir kısmı da Rum çeteleri tarafından öldürülmüştür. Yangın içinde kalarak hayatını kaybeden bir çokları vardır..."/H. Edip Adıvar.

Yerli ve yabancı basın mensuplarından oluşmuş tahkik heyetinin raporuna göre: Egemenliği paylaşma sonucu;

"... 3500 kişi ateşe atılarak öldürülmüş; 855 kişi kurşunlanarak öldürülmüş. 165 yaralı da tedavi altına alınmıştır... "[44]

Manisa'yı yakan tahrip taburları, halkın önemli bir kısmının Sipil Dağı'na tırmandığını görünce, bu dağı iki taraftan sarmağa çalışmışlarsa da, Türk askerlerinin son anda yetişmesi üzerine katliam planlarını tamamen uygulama fırsatı bulamadan kaçmak zorunda kalmışlardır.[45]

Yunan askerleri, o karışıklıkta dahi gasp ve soygun yapmayı ihmal etmemişlerdir. Falih Rıfkı Atay'ın, halkın içindeyken yazdıkları:

"... Yoldan geçenler eve hücum ettiler, bunun üzerine erkekler mahzene kaçtılar. Yunan askerleri kapıları kırarak içeriye girdiler; koynumuzdaki altın ve paraları zorla aldılar... Cennetzade kadının parası çıkmadığı için, önümüzde süngüleyiverdiler. Taşçızade'nin haremini sarı lira, sarı lira diye bağırarak bıçakla korkuttular ve soydular... Aç susuz bizi İzmir'e götürdüler... [46]

Manisa'da üç yıldan fazla süren işgal döneminde Yunanistan'a sürgüne gönderilen 3500 kişiden başka:

— Manisa merkezde kalan 20.000 kişiden ancak 15.000 kişinin hayatta olduğu, bunların da aç susuz ve perişan halde bulundukları belirtilmiştir.[47]

— Yerli ve yabancı basın mensuplarından oluşmuş bir heyetin incelemeleri sonucunda verilen rapora göre:

— Manisa'da 10. 700 ev, 13 cami, 272 dükkan, 19 han, 3 fabrika, 5 çiftlik, 26 bağ evi, 1740 köy evi yakılmış; ancak 1. 100 ev yangından kurtulabilmiştir.

Hüsnüyadis gibi "egemenliğimizi paylaşmakta sakınca yoktur..." diyorsan, bu iş o kadar basit değildir. Bu sözü söylemekle, bu tecavüzlere müstehak olduğunu kabul ediyorsun demektir!!!

......Sözün bittiği yer(...)

Neresidir?... Türk Milleti'ne sorunuz!

Manisa ili ve ilçelerinde kaç bin genç kız ve kadının Yunanistan'a kaçırıldığını ve sonra onlara ne olduğunu, biliyor musunuz?...

HÜSNÜYADİS'İN
SONUNUN BİLİNMEYENLERİ...

Genel olarak, Manisa Mutasarrıfı Giritli Hüsnü Bey hakkındaki bilgiler, geniş bir açıklama içermemiştir.

1- Hüsnü Bey'in, ünlü "vatan haini 150'likler listesi..." içinde olduğu...

2- Halk tarafından, Yunan yanlısı olduğu ima edilerek kendisinin "Hüsnüyadis" olarak ünlendiği...

...Ve çok yanlış bir şekilde, bazı kaynaklarda "sürgüne gönderildiği... " yazılıdır. Böyle bir şey söz konusu olamaz, çünkü Hüsnüyadis aynı Çerkez Ethem gibi Yunanistan'a kaçmıştır, ama o 8 Eylül günü kaçmıştır. Buradan ötesi çok ilginç olduğu halde, bugüne kadar yazılmamıştır. Veya yazıldı ise bilgimiz dışında olmuştur. İşin bu tarafını şimdilik ayırarak, on binlerce insanımızın vahşetle öldürülmesine, tecavüzlere, yalnız Manisa'da mal varlıklarının yüzde doksanının yitirilmesine sebep olan anlayışın bugün yeniden "Egemenliğini paylaşma isteği olarak... " nasıl ve neden filizlendiğini anlamak zorundayız.

ÇÜNKÜ YENİ HÜSNÜYADİSLER ÇIKMIŞTIR...

YENİ HÜSNÜYADİSLER
VE AJANLIK HAKLARI RAPORU (...)

1919 yılında Ege Bölgesi'nin tüm bölgelerinde, il veya ilçe merkezli nüfus oranlarına göre Rumlar yüzde on gibi bir azınlıktı. Hatta Denizli'ye bağlı bazı ilçelerde Rumlar % 3 kadar olduğu halde oralarını da'"Azınlık Hakları... " bahanesiyle işgal etmişlerdi. İşgalden sonra ise o yerleşim biriminde yüzde 95 Türk olsa bile, onlara azınlık hakları dahi tanımamışlardı.

Bırakın Türkler'e azınlık hakları tanımayı, yaşama hakkı dahi tanımamışlardır...

254

Yalnız Manisa Sancağının bir bölümündeki işgal günlerini, Hüsnüyadis 'i anlamak için olayların tepe noktalarından geçmiş bulunuyoruz. Denizli, Aydın, İzmir, Uşak, Afyon, Balıkesir, Bandırma, Ayvalık, Bursa bölgelerini de hesaba katarak, durumu anlamaya çalışmak ve bu konuda verilecek "kaynak kitapları" okumak ve incelemek şart olmuştur. Bir de, işin Yunanistan tarafı vardır ki yürekler acısı bir şey:

— Yunanlılar işgalci oldukları halde, öyle görülüyor ki işgal yıllarına ait Yunan kitapları sayısı daha çok gibi. İşgal yıllarıyla ilgili Yunan yayınlarından 30 kitap bularak inceleme fırsatı bulunca, ancak o zaman "azınlıklar bahanesiyle" neler yaptıkları ve yine de neler yapabilecekleri, geminin radarlarına düşen ekolar gibi net bir şekilde gözükmektedir. Gece olduğu halde, ortam kapkaranlık ama radar ekranlarında yeni Hüsnüyadisler bakla gibi eko çakıyorlar(!)

"Azınlık sorunu" değil "AJANLIK SORUNU..."var. Hüsnüyadislerin sonu hep aynı olur, ama vatan evlatlarına biraz iş düşecektir. Çünkü % 5 azınlık yaratsalar bile, köpek bok yemekten vazgeçmez!...

Bu arada vatandaşlar uyanık olsunlar. Bakın Manisalılar uyanmışlar:

Hüsnüyadis'in, Giritli Derviş Mehmet'in torunlarını bulup incelemişler, maşallah halen dedelerinin yolunda gidiyorlar.

Bir laf var ya "maymun gözünü açtı..." söz meclisten dışarı... Manisalılar'da öyle:

1919 Manisa'nın işgal günlerinde... 14 mahkum 1 Parti Pehlivan, toplam 15 kişi savaşmak için dağlara çıkarlar; kalan 15. 000 kişi ise Hüsnüyadis'in sözüne inanarak "sıvışmak için.. Sipil dağına kaçarlar, savaşmadıkları halde, düşman askerleri iki günde 3. 500 kişiyi diri diri yakarlar. Yalnız kent merkezinde toplam ölümlü olay 5. 000 den fazla, tecavüzleri sayma... İşte HÜSNÜYADİS! Yeni Hüsnüyadisler'i çağırır mısınız?...

Unutmadan söyleyelim. Manisa'yı kurtaran Fahrettin Altay Paşanın adını bir meydandan silerek, yerine bir "GAVURUN ADINI..." yazanlar da Hüsnüyadis'in torunlarıydı/1965-imza sahipleri Encümen dosyasmda(!)

Unutmadan söyleyelim; Şeyh Sükuti tarikatının tekkelerinde "dedem Derviş Mehmet şehit gitti, Kubilay murdar gitti... " diye konuşanlar, bugün yine "egemenliğimizi, bağımsızlığımızı paylaşabiliriz..." diye konuşarak, aslında geçmişte maruz kaldıkları Yunan tecavüzlerine "müstehak olduklarını... " ifade ediyorlardı!

(...) Hüsnüyadis yalnız değildi, O GÜN DE BU GÜN DE YALNIZ DEĞİLDİR... EGEMENLİĞİ PAYLAŞMA YARIŞINDA HÜSNÜYADİS VE MÜTAREKE BASINI... MÜTAREKE BASININ DÜNÜ VE BUGÜNÜ (...)

Köylü Gazetesi yazarı Mehmet Refet, işgal boyunca Ege'de Yunan çıkarlarının savunucusu oldu. 30 Ağustos Zaferi'ni İngiliz dostları sayesinde herkesten önce haber alınca can korkusuyla Yunan Ordusundan önce ailesiyle birlikte Yunanistan'a kaçtı. Ünlü "yüz ellilik vatan hainleri listesinde... " yer almıştır.

Islahat Gazetesi İmtiyaz Sahibi ve Başyazarı Sabitzade Emin Süreyya Bey, aynı zamanda Hürriyet ve İtilaf Fırkası İdare Heyetinde idi; fakat Türklerin değil Yunan Haçlı Ordusunun hürriyetleri için çok uğraş verdi ve işgalci güçlerle çok sıkı bir dayanışma içinde oldu. İhbarcı ve işbirlikçi dayanışmalarını ihanet düzeyine çıkarmaktan çekinmedi. 9 Eylül 1922... İzmir'in kurtuluşu gününde:

Emin Süreyya canını kurtarmak için gemilere koştu; fakat Yunanlı dostları tarafından gemilere alınmadı; şaşkınlık içinde geri döndü; Konak Meydanı 'nda halk tarafından yakalandı, asılarak linç edildi.

MÜTAREKE BASINI; DÜN VE BUGÜN... Köylü Gazetesi, 26 Teşrinevvel 1334:

" 26 Ekim 1919 sayısında iri puntolarla, "... Çok hususi haberlere göre, Mütareke Şartları dünkü telgraflarda okunanlardan çok farklı ve gayet hafiftir... " diye yazıyordu(!) (Daha mütareke ilan edilmeden.)

YENİ MÜTAREKE BASINI 2004... 7 Teşrinevvel 2004 tarihinde, iri puntolarla:... 6 Ekim 2004 tarihli Avrupa Birliği İlerleme Raporu (pardon, yeni Mütareke Şartları) gayet hafiftir, diye yazıyordu.

2 Teşrinisani 1334 / Köylü Gazetesi / Emin Süreyya "... İngilizlere teşekkür ederiz. Mondros Mütarekesi sözleşmesinde çok emekleri oldu, Hülasa; zirai, sanayi, ticari yönden gelişmenin yolu açıldı...

2 Teşrinisani 2004/YENİ MÜTAREKE MEDYASI: "... İngiliz Başbakanı Toni'ye, Alman Şansölyesi Coni-Roder'e, İtayan Başkan Berlis-Coni'ye, hatta Bush Oğlu Buş'a, Avrupa Birliği Yeni Mütareke şartlarının yazılmasında bizim için pek ziyade emekleri oldu. Kendilerine minnet borçluyuz. Hülasa; Mondros Mütarekesi şartlarının da fevkinde olarak, sanayi, ticari zirai yönden gelişmenin yolu açıldı... İmza/ Bizans çocukları, K. Fog çocukları, onun, bunun çocukları (Teşekkür edilen devlet sayısı artmıştır: Büyük gelişme).

1 Teşrinisani 1334/ Anadolu Gazetesi-Eski Mütareke Gzt.

"Mondros Mütareke Sözleşmesi İyi oldu..." başlıklı bir makale:

— Vilayet- i Sitte'nin (Van, Bitlis, Erzurum, Diyarbakır, Elazığ, Sivas, Maraş.) ile Antalya-Mersin ve İzmir'in işgal edileceği yalandır. Yalnız Çanakkale Boğazı'na bir İngiliz üssü kurulacaktır; o da bizim iyiliğimiz içindir... (Hayırlara vesile olur inşallah) Not: Bu yazıdan altı ay sonra adı geçen bütün iller işgal edilmiştir...

1 Teşrinisani 2004/ YENİ MÜTAREKE MEDYASI:

— "... Avrupa Birliği liderleri özellikle Diyarbakır'ı ziyaret ediyorlarsa, bunda bir kötü niyet yoktur. Vilayet- i Sitte'nin işgal edileceği yalandır... "

—"... Yalnız Amerikalı dostlarımız orada İncirlik Üssünü kurmuşlardır; o da bizim iyiliğimiz içindir... (Hayırlara vesile olur inşallah.)

—"... Zaten İncirlik Üssü'nden kalkan uçaklar: hiç bir zaman Yahudiler 'i, Hıristiyanlar'ı bombalamamıştır! bu uçaklar Müslüman kadınları ve çocuları havadan bırakılan bombalarla helak etmişlerdir...

—"... Elhamdülillah biz de Nakşin, Nurşin ve Haşhişin gibi tarikat mensuplarıyız; yukarıda Masonişin tarikatımız var, bizim korkumuz İslam'ın değil küffarın zarar görmesidir, çünkü vatanımızdan kaçtığımız zaman sığındığımız yer küffarın kucağıdır... Küffar zarar görürse sonra kimin aguşuna sığınırız?...

... Onlar Mü'min, biz Müridiz... "

... Onlar Allahçı, biz tarikatçıyız (!).."... İncirlikten kalkan uçaklar varsın Müslümanları bombalasın... bunda bir beis yoktur...

İMZA/ Hergün görüldüğü gibi...

SORU 1- Lut Kavm'i niçin ve nasıl helak olmuştur?

20 Mart 1535/Köylü Gazetesi/Eski Mütareke Basını... "Mukadderatımız.." başmakale:

... İngiltere, Fransa, Amerika ve İtalya gibi devletlerden iyilik göreceğimizi ümit etmekte çok haklıyız, pek parlak olan istikbalimiz onlara istihkakta ispat edeceğimiz ehliyetle bizi kucaklayacaktır(!)

NOT: Bu makalede adı geçen kurtarıcı devletlerin hepsinin gemileri 50 gün sonra Yunan savaş gemilerini de peşlerine takarak; bütün Haçlı Orduları İzmir'i kuşatmış, onların adına Yunan İzmir'e çıkmıştır.

- YENİ MÜTAREKE MEDYASI: Halen aynı ülkelerden himmet bekleyerek, beklentilerin şiddetini arttırarak devam ediyorlardı...

15 Mayıs 1919, nihayet İzmir işgal edilir...

17 Mayıs 1335, Ahenk Gazetesi.

Yunan işgal kumandanı bir bildiri yayınlar: Bu topraklar üç bin yıldan beri Yunan milletinindir, kimse taşkınlık yapmasın, herkes işine baksın!... " diyordu. (Harç bitti yapı paydos)...

18 Mayıs 1335, Ahenk Gazetesi:

"... İşgal sırasında maktul düşen bir kısım insanın cenazeleri Cemal Paşa konağındadır, yakınları tarafından alınabilir... " diye yazıyordu.

— Bir kısım insan dediği 5284 kişiydi, İzmir'de kan gövdeyi götürmüştü.

— Kahraman gazeteci Hasan Tahsin'in öldürüldüğü haberi henüz yok...

İşgalin başladığı günlerde Emin Süreyya: Islahat Gazetesi...

27 Mayıs 1335, "Tarihi Şehadet... " başlıklı makalesi;

"... Hastanın bu hale gelmesine sebep İttihatçılar'dır. Artık sesinizi kesin; milletin canını burnuna getirdiniz..." diye yazarak, kendi işbirlikçiliğini görmezden geliyordu...

NOT: Emin Süreyya İtilafçı'dır.

İtilafçılar: Hürriyet ve İtilaf partisi, kısaca "İtilafçılar" İngiliz, Fransız, italyan ve Yunan işgalcilerini savunuyorlardı.

Bir yol daha vardı...

Amerikan Mandacılığı!

Mütareke yıllarında, işgalcilerle işbirliğine soyunmuş olanlar "nerede ve kaç paraya satılmış olduklarına göre... " yer tutuyorlardı.../Bugün nasıl?...

Kuvayı Milliye ruhuyla, Mustafa Kemal ve Silah Arkadaşları İtilafçılığı, İttihatçılığı ve Amerikan Mandacılığını yırttı attı. Halen, tüm emperyalist uşaklarının Mustafa Kemal ATATÜRK'e saldırmalarının sebebi budur. Bu saldırılarını, emperyalist kumanda merkezlerinden kumanda edilen "Haçlı Müslümanı tarikatları..." aracılığıyla yaparak, dini bir kamuflaj halinde geniş bir cephe oluşturma yöntemini kullanıyorlar; üstelik "Cumhuriyetçiyim" diye sükse yapan Avrupa Birliği yanlısı Entel liboşlarla birlikte...

Sonuç olarak:

İtilafçılık ve İttihatçılık birleşmiş, bu çiftleşmeden Avrupa Birliği (AB) Emperyalizmi ortaya çıkmış, ABD Emperyalizmi ile birleşerek:

"GLOBAL EMPERYALİZİM... " Ortaya çıkmış bulunmaktadır. Bu kölelik, sömürge sistemini çok romantik bir biçimde **"GLOBALİZİM..."** diye yutturuyorlar. Bu bağlamda emirleri:

— Atatürk'ü ve taraftarlarını... yok edin... / Talat Aydemir ve Fethi Gürcan'ın katledilmesinden beri devam ediyorlar... son **şehit NECİP HABLEMİTOĞLU...**

Mütareke Basını... devam edelim, bir hazine gibidir...

6 Teşrinisani 1334/ Anadolu Gazetesi.

"Bundan Sonra... " başlıklı makale:

"Madem ki Mondros Mütarekesi prensiplerini kabul ettik, o halde fedakarlık yapmak zorundayız. Özerk eyaletler konusunda bize yeni görevler düşmektedir. Topraklarımızın bir kısmının verilmesi sorun yaratmayacaktır.

2005 / YENİ MÜTAREKE MEDYASI:

— Eyaletleri, federasyonu konuşalım, "Diyarbakır'ı onların merkezi yapabiliriz. Madem ki 6 Ekim 2004 yeni mütareke şartlarını kabul ettik(?)

Yeni Mütareke Medyası da benzer şekilde; AB Mütareke sözleşmesini ve 6 Ekim 2004 kararlarını bayram havası içinde karşılıyor; bir-iki maşa'nın sözlerini manşetlere taşıyordu.

"Kıbrıs'ın stratejik değeri yoktur..."

"Biz o zaman Kıbrıs'a çıktık, ama geri vermek amacındaydık..."

Sormazlar mı adama;

Kıbrısı geri vermek için gittinse, kendin niye şehit olmadın da, yüzlerce vatan evladını şehit bıraktın!...

Celal Bayar, Ben de Yazdım, cilt v, s. 1609.: "... Daha İzmir işgal edilmeden, Yunan muhrip gemisi Leon 24 Aralık 1919 tarihinde, Mauridis komutasında İzmir Limanı'na demirler. Bir Yunan muhribinin bu turistik ziyareti bile İzmir Rumları'nı azdırır.

Rumlar, Anadolu ve Duygu gazetelerini basarlar; tüm makinalarını tahrip ederek baskı ustası iki masum kişiyi öldürürler... Diğerleri kaçarak canlarını zor kurtarırlar.

Bu olaylara rağmen mütareke yalakası Emin Süreyya ve Sadık Beyler, Yunan zırhlısına bir ziyaret yaparak, gemi komutanına "Türk - Yunan kardeşliğini... " anlatırlar. (...)

25 Mayıs 1335/ Ahenk Gazetesi, Baş Makale: "Türklük tutmamıştır, milliyetçilik asla tutmamıştır. Anadolu toprakları üzerinde yaşayan her türlü cemaatler ile Türk, Rum, Ermeni ve Musevi inançları arasında muhabbet (dinlerarası diyalog) kurulması gerekir..."

— Aynı günlerde doğu ve güneydoğuda vahşet derecesine varan katliam ve tecavüz muhabbetleri Ermeniler tarafından büyük bir zevkle uygulanıyordu...

— Aynı günlerde İzmir, Menemen, Manisa, Aydın taraflarında, Yunan vahşeti ve tecavüz muhabbetleri devam ediyordu.

Yeni Mütareke Medyası; "Türk'üm değil, Türkiyeliyim deyin" diyor.

YENİ MÜTAREKE MEDYASI: 2005

— "Türk'üm demeyin, Türkiyeliyim deyin..." manşetleri geçiyordu(!)

— 2000'li yıllara geldik, hala bir "dinlerarası diyalog" furyası:

Holding Medyasında menü: "dinlerarası diyalog"

Tarikat Medyasında menü: "dinlerarası diyalog..."

Varsa eğer, Allah'ınızdan korkun, yüzyıldır aynı terane; bıktırdınız, usandırdınız!.. yeter artık, cehenneme kadar gidiniz; diyalog yapınız; ama milleti rahat bırakınız... isterseniz birbirinizi ya... (!)

25 Haziran 1919, Ahenk Gazetesi: Mütareke gzt...

"Denizli de Kuvayı Milliyeci zorbalar ve Bergamadaki Kuvayı Milliye çeteleri ne yapmak istiyorlar," diye sorarak, milli direnişe saldırmaktadır...

(...) YENİ MÜTAREKE MEDYASI / Atatürk ve Kemalizm bitmiştir.. diyor.

13 Mayıs 1337(1921) Saday- ı Hak, /Mütareke Gzt.:

"... O Ankara (Mustafa Kemal) Sevr Antlaşması'nı tasdik etmediyse, biz Ankara Hükümeti'nin bir gaf irtikap etmiş olduğuna hükmetmekle tereddüt etmeyecektik, (vay vay vay) Fakat son dakikada aldığımız haberler Sevr Antlaşmasının tasdik edildiğini müşir olduğu için buna Türklük namına sevinmekten kendimizi alamadık. (İşine gelince Türk...)"

"...Çünkü böyle bir zamanda cihan siyasetinde pek büyük rol oynayan Fransa, İngiltere, İtalya gibi devletlerin dostluğunu gaib etmek Türklük namına affedilmez bir hata olurdu..."

2004/2005/ YENİ MÜTAREKE MEDYASI:

— 6 Ekim 2004, Avrupa Birliği Sözleşmesi'ni Ankara Hükümümeti onaylamalıdır/ Çünkü cihan siyasetinde... / Bu mahlukat aynı yerde otlayarak çağ atladıklarını iddia ediyor...

Lloyd George - İngiz başbakanı İzmir'e gelir... 13 Ağustos, 1922 Yunan işgal kuvvetleri komutanlığının hazırladığı "şükran mitingi... " yapılır. Bu mitinge Türkler zorla trenlere bindirilerek süngü zoruyla getirilir. Lloyd George:

"Ege Bölgesi kesinlikle Yunanlılar'ın olcaktır... "der.

Ege'de Yunan Hükümeti ile muhtariyet ilan edilir, (ne bilsin ki 20 gün sonra Mustafa Kemal gelecektir... "/ Böyle bir durumda mütareke basını ibret için ihanet belgeleri yayınlar...

30 Ağustos sonrası mütareke basını:

2 Eylül 1922'den sonra İzmir yerli ve yabancı kaçkınlarla dolmaya başlar. Türk Ordusu ilerlemektedir. 3, 4, 5 Eylül 1922, İzmir'de mahşeri bir kalabalık olur. Yunan Ordusu ve Rumlarla birlikte işbirlikçi vatan hainleri de "bizi de götürün, öldürülmekten korkuyoruz... " diyerek Rumlar'ın peşine takılırlar, ne yazık ki vatan hainleri de az değildir. Bu konuda Mütareke gazeteleri:

A. NEDİM ÇAKMAK

"Bakın görüyorsunuz, Türkler bile Kuvayı Milliye'nin zulmünden kaçıyorlar... / Ya da, ne korkuyorsunuz, belli ki boş yere korkuyorsun; çünkü beş günde M. Kemal'in askerlerinin İzmir'e kadar gelebileceğini iddia ediyorsunuz, buna mı inanıyorsunuz; memleketinize, köyünüze dönün... " Sabit Zade Emin Süreyya...

İHANET BELGELERİ...

1922 yılında Yunan işgal orduları giderek güç durumda kaldığından, çeşitli ihanet merkezleri ve ihanet belgelerine dayanarak işgalci durumunu meşrulaştırmağa çalışır. İzmir mütareke basınından birkaç ihanet belgesi örneği vermek, sanırız yeterli olacaktır. Zaten daha fazlası dayanılır gibi olmayacaktır.

ISLAHAT GAZETESİ, 10 Haziran 1338(1922)
Yazan, Kütahya Mutasarrıfı İbrahim
İZMİR İŞGAL KOMİSERLİĞİ Kütahya Mümessilliğine
(Hulus çıkararak)
"Eyyam-ı sairede olduğu gibi, Ramazanın hululü gününden nihayete kadar, adat-i diniyemizin kemal-i serbesi ile icra edilerek bayram idrak olunduğu...
... arz ve Kütahya ahalisi adına şükranlarımızın kabulü..... Kütahya'nın kurtuluşuna 40 gün kala...) Bu dilekçe aynı şekilde, 11 Haziran 1922 günü, Şark Gazetesinde diğer mütareke gazetesinde de yayınlanmıştır...
— Bunlar, Osmanlı zamanında da Müslümanlığını gavura borçluymuşlar. Bu olayın neresinden tutalım? Türk Ordusunun 30 Ağustos 1922 Zaferi'nden sonra, bozgun halinde kaçan Yunan Ordusu kumandanı Miralay Sarıyadis'in anılarından:
"... Perişan bir halde ricat ediyorduk; Simav boğazında beyaz bayrak sallayarak yamaçlardan koşarak gelen beş-altı kişilik bir grup gördüm; başlarında Kütahya Mutasarrıfı İbrahim vardı, bizden önce Kütahya'dan kaçmışlardı, işaret ettim; yaklaştılar; Mutasarrıf İbrahim can korkusundan kendini kaybetmiş bir halde eğildi, tozlu çizmelerimi öperek yalvarıyordu: "... ne olur bizi de götürün, bizi bırakmayın, öldürecekler bizi... "

— Kafasına bir kurşun sıktım, çünkü vatanına ihanet etmişti(!)... bunları karıştırmaya ne gerek vardı?

Gerek varmış, Kütahya'dan cevap geldi...... 85 YIL SONRA:

7 Aralık 2004/ Gazetelerin hepsinde birden yer alan bir haber:

Kütahya Belediye Başkanı Mustafa İlça Bey, İstanbul Ortodoks patrikhanesine saygılarıyla bir ziyaret yaparak, patrik hazretlerini Kütahya'ya davet etmis, kilise yapımı için kendilerinden yardım istemiştir... Haber bu(!)Yok, hayır!...

Yunan işgal günlerinde değil... (ya bir de işgal günü olsaydı, sayın ve Kayın(!) başkan ne yapardı? "Bazı gazeteler şöyle yazdı: "Kütahya karıştı...

"Mustafa İlça, Kütahya'ya ne yüzle dönecek?"

"Mustafa İlça'yı Kütahya'dan kovarlar."

"A.K.P.'li başkan papaza yanaştı..."

"Bir kişi bile Rum olmayan Kütahya'da kilise açılması için

Patrik Barthelomeos'a yanaşmalık yaptığından " devam ederek...

Ruhu satılmışlıkla beslenmiş olan "Dört köşe..." yazarlarından tısss...

Vatan Evladı Necdet Sevinç ve Emin Çölaşan'ın yüreklerinden dökülenleri okuduk...

Pekii, günümüzde Kütahya'da Yunan işgali olmadığı halde, Kütahya Belediye Başkanının Patrik yalakalığı nereden çıktı?...

Bu ziyaret nedir; bu ziyaret?...

Suç üstüdür bu...

Suç üstü!!!

Kütahya Belediye Başkanı İbrahim İlça Bey; Manisa Mutasarrıfı Hüsnüyadis ve Menemen Belediye Başkanı Şeyh Sükuti nasıl yaptıysa, öyle yapmıştır(!) Onlar da işgalden önce İzmir Metropoliti Hrisostomos'a, saygılarını sunarak el öpmüş ileriki günler için yatırım yapmışlardı. Vah vah... "Olacaklar belli oldu..."

Hüsnüyadis bugün de yalnız değilmiş(!) "Arkadaşlar bilgi sahibi olsunlar... Çok büyük iş çıkacak çok. Pekii, Kütahya halkı bunu nasıl içine sindirecek?... sindirir, sindirir... Gazeteler ne yazmıştı?... "Kütahya karışacak!... "Karışmaz, karışmaz..." Giritli Hüsnüyadis'in tarikatı orada oldukça; Kütahya karışmaz... Hani Kütahya Milliyetçileri?... Miliyetçiler mi?... Milli Cepçiler mi göreceğiz(!) Bir milleti işte bu hale getirirler(!)... nasıl ama?... Lut Kavmi gibi. (!) Çeyrek kaldı...

Bunları biliyor musunuz?

— Büyük Selçuklu Devleti'ni Haşhişin Tarikatı nasıl yıkmıştı?...

— Anadolu Selçuklu Devletini Dönme/Devşirme tarikatları nasıl 18 parçaya ayırdı?... Sonra her şeyh'in dibinde ayrı bir Beylik kuruldu...

— İngiliz casusu Lawrence'nin Nakşin tarikatıyla ne işi vardı? Nakşin tarikatının gazetesi "Asılırsan İngiliz Sicimiyle Asıl... " diye yazarak kimin ipine sarılıyordu?

Bu tarikatların hepsi, Allah'ın ipine sarılacakları yerde, hep İngiliz'in, Amerika'nın, Alman'ın ipine sarılmadılar mı?

— Daha dünkü günlerde ve halen, tarikat önde gelenleri, Haçlı Orduları' nı memleketlerine niçin sığındılar?... İslam'a niçin sığınmadılar; niçin?... Neden Osmanlı'yı yıkarken İngiliz Gavuru ile birlik oldular?... Neden?

Osmanlı'yı yıktılar, bu kez kâfirlerle birlik olarak, Türk Milleti devlet kurmasın diye 30 yerde isyan çıkardılar...

... şimdi de, son Türk Devleti'ni yıkmak için papaz-patrikler'le muhabbete oturdular; tarikatlar yine Haçlı Ordularıyla/ Haçlı Müslümanlarıyla işbirliği yapmıyorlar mı?

— Bu tarikatar Neden Venizelos'a Müslüman katliamları ve tecavüzlerinin hesabını hiç sormadılar da hep Mustafa Kemal'den hesap sordular?...

Çünkü Atina'dan, Erivan'dan, Washington'dan, Paris'ten, Bürüksel'den aldıkları emir öyleydi, emir Haçlılar Başkomutanlığından; emir:

Bir DEVLETİ yok etmek istiyorsanız, önce KURUCUSUNU YOK EDECEKSİNİZ... Emrine uyarak hareket ediyorlar.

— Çarlık Rusya'sı çökmeden önce RASPUTİN TARİKATI mensubu olmayan kişi bakan veya başbakan olabiliyor muydu? Onun gibi bir şey bu gün başınızda (!) SON SORU...

—Yakın tarihimizde İşgal Orduları kendilerine işbirlikçi Olarak neden hep tarikatları seçmişlerdir? (...)

2005 Mütareke Basını:

Sürekli olarak, Avrupa Birliği ilgili makamlarına verilen İnsanlığınıza sığınıyorum... " dilekçeleri...

Yani, sömürgeci ülkelerin adaletine sığmıyorlar(!)

Koca koca, yüksek yüksek hakimler, adeta kendilerini inkar ederek, "biz adalet dağıtamadık..." zilletine katlanıyorlardı (!)

9 HAZİRAN 1922- ISLAHAT GAZETESİ/ BİR İHANET BELGESİ:

CENOVA KONFERANSI CANİB- î ALİSİNE (Türk Milleti'ne devlet kurmaya çalışan Kuvayı Milliyecileri şikayet ederek, Onları Cenova Konferansı'na jurnallıyorlardı)

— Bursa ve çevresinin sözde Müslümanları ve ahalinin, Bursa eşrafının da önderlik ettiği büyük bir bir miting düzenlenmiş olduğundan söz ederek, şu "İltimasnameyi... " gönderirler (Büyük Kurtuluş'a 50 gün kala...)

1- Bütün milletin mukadderatını gasıp ellerine geçiren Ankara zimandaranı, yalnız adını değiştirmek suretiyle İttihat ve Terakki avanesinden başka bir şey değildir. Bunlar on dört yıldan beri cins ve mezhep ayrımı gözetmeksizin, sayısız ocakların sönmesine yol açtıklarından dolayı, bütün dünyanın nefretini kazanmışladır...

2- Büyük Sultanımız'a karşı ayaklanan ve mel'un cemiyetin yeniden dirilmesinden başka bir şey olmayan Kemalist İttihadın (Kuvayı Milliye) ortaya çıkmasından Müslüman halk kaygıya düşmüş, bu yüzden büyük devletlerin yardımına sığınarak, ha-

lifemizin ziri hakimiyetinde kalmak suretiyle hür ve serbest ya-
şamak isteğini, Müslüman halkımız bu büyük mitingle dile ge-
tirmiştir...

3- Bursa halkının ananat- ı milliye ve diniyelerine (dini ve
milli geleneklerine) saygı göstererek, tarafsız bir şekilde ülkeyi
yöneten ADALETPERVER YUNAN YÖNETİMİNE TEŞEKKÜR
ETMEYİ BİR BORÇ BİLİYORUZ...

Bundan dolayı üç maddeden oluşan bu iltimasname- i ari-
zamızın /dileğimizin Cenova Konferansı'na iletilmesini, birer
kopyasının da bağlı bulundukları hükümetlere gönderilmesi
için, büyük devletlerin Bursa'daki temsilciliklerine verilmesini,
İNSANLIK ADINA YUNAN İŞGAL KUVVETLERİ KOMU-
TANLIĞINDAN RİCA EDİYORUZ...

4 MAYIS 1922

İMZA SAHİPLERİ:

Bursa Evkaf Müdürü...:

Hürriyet ve İtilaf Fırkası Reisi...:

Tekke Şeyhi:

Bursa Müftüsü:

Mütehayyızan (şehrin ileri gelenlerinden) on kişi...:

... Islahat gazetesinde yayınlandığı gün, imza sahiplerinin
"mahfuz..." Olduğu yazılmıştır. Fakat Yunan propaganda, kita-
bında bu imza sahiplerinin adları açıklanmıştır: "Les Turks et
Ioccupation, 25...

... Biz bu belgenin neresinden tutalım?...

Albay Bekir Sami Bey Cenova Konferansında delege olarak;
milletimizin hakları için çırpınırken, önüne bu belge konuluyor,
bunu anlayabiliyor musunuz?...

Biz bu imza sahiplerinin adlarını yazmayalım, torunları var,
incinirler... " diye düşünüyorken...

Güncel olarak:

— Bursa'dan cevap geldi adeta "biz onların torunlarıyız, on-
ların yolundayız... " der gibi bir cevap...

1 Şubat 2005/Okuyucu köşesi/Dr. Sedat Aksın soruyor/ Hürriyet Gzt.

Bursa'da Pınar Caddesi'nin adı değiştirilerek, bir tekke Şeyh'inin adı bu caddeye verilir ve "Abdülhamit Senouli Bereksi..." caddesi olur... Bu isim değişikliğinin ne anlama geldiğini sorgulayan dikkatli bir okuyucu, Dr Sedat AKSIN:

"Yeter Söz Milletin... "/Okuyucu köşesinde soruyor...

"1852-1855 yıllarında Kükürtlü Bölgesinde yaşayan... "

"Kad'ri Tarikatı Şeyhi olarak bilinen... "

"Osmanlı'nın Cezayir'den kovulmasına ve binlerce Müslüman'ın ölmesine sebep olan..."

"Fransızlar tarafından Mason yapılan... "

ve Fransızlar tarafından Cezayir'de halk kahramanı... " ilan edilen, Abdül Hamit Senouli Bereksi...

Vatan Evladı Dr, Sedat Aksın soruyor "Bu nedir?..."

Yanıt 1- Kadiri Tarikatı zaten Masonların bünyesinde kamufle olduğu bir tarikattı. Yani Mason tarikatıydı.

Yanıt 2- İslam'da mü'rid yoktur, mü'min vardır ve mü'min olmak esastır. Dolayısıyla tarikatlar dönme/devşirmeler aracılığıyla Hıristiyanlıktan bir kanser gibi geçmiştir... o nedenle tüm tarikatları Türk düşmanlığı yaparken görmüşüzdür...

Yanıt 3- Milli Gazete Yazarı Mehmet Şevki Eygi:

Mü'rid değildir... Bir mü'min olarak soruyor:

Hadi bakalım cevap versinler, o uyduruk tarikat liderleri, şeyhler ve onlara inanan aklı eksik mü'ridler...

... aslında o uyduruklar bal gibi biliyor ama, menfaat uğruna, zavallı insanları kandırıyorlar... " İmanınıza, kalbinize sağlık M. Ş. Eygi"

Tüm Batı Alemi, Bu Millete ve İslam'a zarar vemeyene, "vatan haini... "olmayana ödül vermez, "Halk Kahramanı... "ilan etmez. Onlardan ödül alan kimse "Suçüstü yakalanmıştır!..: En büyük suçüstü Nobel Ödülü'dür. Altın Boynuz'dur(!)

İşte Bursa'daki olay da bir "Cinsine çekme olayıdır... Kuşkusuz, "suçüstü... " yakalanan bir başkan. Suçüstüdür bu... Suçüstü!!!

... Yunan Haçlı Orduları işgalinde, binlerce insanımızın ölümüne sebep olan Yunan papazları ve Haçlı Orduları ile işbirliği yapmış olan vatan hainleri, Şeyh Sükuti, Manisa Mutasarrıfı Hüsnüyadis ve onun kardeş çocuğu Giritli Derviş Mehmet Haçlı Orduları kovulduktan sonra Menemen'i basarak intikam alanların torunları ne yaptılar?...:

— Yıl 1965/Fahrettin Altay Paşa'nın meydanlardan adını Sildirdiler. Manisa, Menemen ve İzmir'i Yunan tecavüzlerinden kurtaran Fahrettin Altay Paşa'nın adını meydanlardan silerek, yerine bir Hristiyanın adını yazdılar. Tarikat mensubu imzacılar "suç üstü..." yakalanmışlardı... Sonra bu imzacıların da, Hüsnüyadis'in "Gavur Tarikatı... " mensupları olduğu anlaşılmış, durum düzeltilmişti?... işin tersini düşünün;

Yunanistan'da, Venizelos'un adını aynı hevesle bir meydandan silerek, yerine bir Müslüman'ın adı verseler(!) Neler olur?...

Gavur tarikatı suçüstü... Bursa'da, Manisa'da, Kütahya'da...

Adam mebus, ne dedi Isparta'da, "83 yıllık zulüm yeter..."

Adamın biri ne yazdı minibüste.. "83 yıllık karanlığa son... "

Ne vardı 83 yıl önce, "Haçlı Ordularının işgali ve tecavüzleri... " ÖZLÜYORLAR(?)... İşgal günlerini(!)

Adamları suçüstü yakalanmış, özlüyorlar, tecavüz günlerini... Kim bunlar?...

— Ne Amerika, ne Rusya, ne Fransa, Yunanistan, ne de Çin de böyle bir şey asla bulamazsınız iyi bakın(!)

Kökü dışarıda değil, bunların kökü içinde (...)

BİR İHANET BELGESİ DAHA

13 Ağustos 1338(1922) ISLAHAT GAZETESİ/MÜTAREKE BASINI... Islahat gazetesinde "aynen varit olmuştur... " kaydı ile yayınlanmıştır.

Manisa/Turgutlu Belediye Riyasetinden

Turgutlu Kaymakamlığı "Canibi Alisine... " İZMİR FEVKALADE KOMİSER- İ ALİSİ MÖSYÖ İSTİRYADİS HAZRETLERİNE

"Asya-ı Garbi'nin muhtariyet idaresi hakkında Yunan hükümetince müttehiz kararıyla, İzmir Fevkalâde Komiser- i âlisi Mösyö İstiryadis hazretlerinin beyannamesine muttali olduk (Ege bölgesinde Yunan devleti kurulması beyannamesi)...

— İzmir'e memuren şeref bahş oldukları dakikadan şimdiye kadar, umum ahali ve Müslümanlara pederane (babacan) ve müşfikhane lütuf ve inayetlerini ibzal buyuran şeyh hazretlerine teşekkürat- ı âmikamızı takdim 've şekli idarenin memleket hakkında hürriyet bahş olmasını ve Komiser İstiryadis hazretlerine ahali namına tazimat ve tekrimatımızı

Arzederiz.

İMZA:Turgutlu Belediye Reisi ve encümen azaları/ İsimleri ve unvanlarıyla...

(...) 13 Ağustos 1922 günü İngiliz başbakanı Lloyd George İzmir'e gelir ve büyük bir miting tertip edilerek, Ege Bölgesinde Yunan özerk devleti ilan edilir.

... Manisa'nın Turgutlu ilçesi Belediye başkanı ve azaları, bu coşkulu dilekçe ile "Egemenliğin Paylaşılması... " zevkini yaşamaktadırlar. (20 gün sonra Türk Ordusu Turgutlu'ya girecektir)

Oysa aynı günlerde, Yunan Lideri Venizelos, bir konuşmasında; "Yunan askerlerinin tecavüz ve yağma hakkı vardır" demiştir...

— Tövbe, tövbe: Bunlara Yunan tecavüzleri az mı gelmiştir?

— Bu olayın neresinden tutalım?...

..."Unutun gitsin..." demişti büyüklerimiz. Ama birileri unutmamış, durup dururken; Hüsnüyadis'den tam 85 yıl 6 ay sonra:

— Yine o topraklarda büyümüş bir vatandaş...

... hem de huşu ile; Hüsnüyadis gibi konuştu:"Egemenliğimizi paylaşmakta sakınca yoktur... "

Onlara göre:

— **Ah nerede o günler?... Yunan Haçlı Ordusunun işgal günlerinde, bizim dedelerimiz işgal güçleriyle iş birliği yaparak bir güzel geçiniyordu... Şimdi biz kiminle iş birliği yapacağız! Yunan karasuları 20 mil'e çıksa ve bizim ilimizi de içine alsa?...**

Böylece AB'ye girişimiz daha da kolaylaşsa...

Hani çocukluğumuzda Yeşil Çam filmleri vardı...:

"Bir millet uyanıyor..."

Gözün aydın Hüsnüyadis...:

"Bir millet yok oluyor..." mu diyelim(!)

Hem de onlarca Hüsnüyadis iş başında...

Dedeme sormuştum:

— İşgal günlerinin zorluğunda nasıl umutla yaşadınız?

— Yoktu be çocuğum umutsuzluk, bakardık işte:

"Kemal paşa vardı; İsmet Paşa, Karabekir Paşa, Çakmak paşa... Kazım Dirik paşa... Bakardık, Komutanım Ali Çetinkaya; hepsi de adam gibi askerdi. "... Onları Osmanlı yetiştirdi (!)

—Biz de görüyoruz istikbalimizi PARTİ PEHLİVAN!

—Hem de CUMHURİYET paşalarından.

—Cumhuriyet 'in yetiştirdiği...

—CUMHURİYETÇİ...

Biz, Mete Han zamanından beri Türk Askeri'nin yerini biliyoruz:

— Asker Bu Milletin iffeti, namusu, gururu olmuştur; düşman güç merkezi'nin bazı medya maymunları bilerek Milletin Gururu'na saldırmaktadır. o kadar ileri gidiyorlar ki, bazen "Haçlı Ordularının ileri karakolu gibi" görev aldıkları anlaşılıyor. AB bahanesiyle o kadar çirkinleştiler ki, o kadar pervasız oldular ki, "işgal güçleri başçavuşları" gibi köşe yazarları, onları kumanda eden "işgal güçleri generali" gibi genel yayın yönetmeni ve çeşit çeşit Ali Kemal'leri boy gösteriyorlar. Yunanistan AB'ye girerken böyle mi olmuştur?

5 Kasım 1918, Sabah/Mutareke gzt/ Ali Kemal:

—Tevekkeli ecdadımız Türklere "Etrak-i bi idrak" demezlermiş, hakikaten ne idraksiz bir milletiz ve cidden kafasız, daltaban bir halkız/ sözleriyle koca bir ulusu "tahkir" ediyordu... Sabah gazetesindeki köşe yazarıyla devamlı surette Türk varlığına

271

saldırması üzerine; Ali Kemal ve İtilafçı arkadaşları Rıza Tevfik Bölükbaşı, Hüseyin Daniş, Cenap Şahabettin ile Barsamyan Efendi, ders verdikleri İstanbul Üniversitesi Edebiyat Fakültesi'ndeki öğrencilerinden büyük tepki almışlar, üniversiteye sokulmamışlardır.İsmail Hakkı Bey, Sadayı Hak gzt.7 Nisan 1338 günü şöyle yazıyordu.

—Mütarekeden sonra yaptıkları fenalıklar yetmiyormuş gibi, ayrıca Türk'ün hiç olduğunu ileri sürerek, bir de manevi leke sürmeye çalışmaktadalar... Cenap Sahabettin Bey, Fransız dergisi Revue muhabirine verdiği demeçte Türk'ün hiçbir şey olmadığını, yaratmak kabiliyetinden uzak olduğunu..." söylerken acaba kalbi hiç titremedi mi? diye sormuştur...

...Oysa bundan üç yıl önce Islahat gzt.13 Kanunsani 1335(1919) "Şahsiyat" başlıklı makalesinde Emin Süreyya: "Senelerdir lekelemek istedikleri ve memleketi ilminden irfanından mahrum bıraktıkları Ali Kemal Bey bu işlerin üstesinden gelecek, milleti tatmin edecek bir güce sahiptir., diyerek İtilafçı dayanışması gösterir.Ali 'Kemal neyin hakkından gelecektir? onun yanıtını da başka bir İtilafçı ve Mütareke Basını yanıtlar:

— Mahmut Tahirülmevlevi, 13 Kanunusani 1335(1919), "Makale-i Mahsusa," başlıklı makalesi: Milleti Ermeni Katliamlarından koruma ve kurtarma mücadelesi vermiş olan Milli Kahramanlarımız'a çatarak, "İttihat ye Terakki sergerdelerinden Enver, Cemal, Nazım, Bahattin Şakir gibilerinin Almanya'da tutuklandıklarına dair telgraflar almış bulunuyoruz... Bunlar inşallah cezalarını çekeceklerdir, bu neticeye sabırsızlıkla hazır bulunan millet, zuhur edecek olan adalet-i ilahiyeden dolayı, Cenab-ı Bari'ye arz-ı şükran edecektir... İşgal güçleri basını itilafçı Mütareke Gazeteleri aynı kulvarda koşmaktadırlar.

16 Mart 1920'de İngilizler'in öncülüğünde İstanbul'un İtilaf devletleri tarafından işgal edilmesinden sonra Mütareke basını (bugün de gördüğünüz gibi) iyice azmış, İşgal güçleriyle birlikte, Milli Kahramanlarımıza saldırmışlardır.

Artık, İzmir'deki Rum gazetesi Kozmos ile Mütareke gazetesi Saday-ı Hak, kahramanlarımızın şehit edilmesinden veya tutuklanmasından dolayı aynı mutluluğu yaşıyorlardı.

Kozmos ve Saday-ı Hak, 17 Mayıs 1937 (1921) günü aynı makale:

— Talat Paşa ve Niyazi Bey'in Berlin'de bir Ermeni tarafından şehit dilmesinden büyük bir mutluluk duyarak, "Talat Paşa ve Niyazi'nin başına gelenlerin, Mustafa Kemal Paşa'nın da başına geleceği kaçınılmazdır, yalnız Mustafa Kemal Paşa'yı Yunan süngüleri ikna ve ilzam edecektir.Ancak Mustafa Kemal Paşa, Yunanistan'ın yükselmesi ve ilerlemesini çekemeyenler tarafından her türlü yardımı görmektedir..." diye, ortaklaşa yazarak 20-05 yılına kadar gelmiş oldukları görülmektedir... Bugün hala hızlarını alamamışlar:

— 2005 yılında, Haçlı Ordularının müridleri olmuş! Tarikat medyası ve "Haçlı Orduları," İşgal güçlerinin köşe yazarları,.. " kudurmuşçasına Türk Ulusu'na devlet kuran Mustafa Kemal Atatürk ve Silah Arkadaşları'na saldırmaktan kendilerini alamıyorlardı(...)

30 Ekim 1918'de imzalanan Mondros Mütarekesi'nden sonra İtilaf Devletleri tarafından İstanbul işgal edilmiş, bu işgalleri 16 Mart 1920'de İngiliz Ordusu tarafından büyük destek çıkartması ile daha çok güçlendirilmiştir... Böyle bir ortamda İtilaf Devletleri yanlısı "İtilafçı Siyaset" ve İtilafçı-Mütareke Basını, İşgal yanlısı Ali Kemal ve İtilafçı arkadaşlarıyla birlikte Damat Ferit Hükümeti'ne büyük destek vermişlerdir.

Böylesine güçlü destekle Ali Kemal, Damat Ferit hükümetinde önce Maarif Nazırlığına, sonra da Dahiliye Nazırlığına atanmıştır. Özellikle İçişleri Bakanlığı sırasında Ali Kemal tamamen işgal güçleri içişleri bakanı gibi çalışarak, yurtseverleri Malta Adası'na sürdürmek için çalışmıştır. Dr. Ferit Hükümeti görevden çekildikten sonra, 1921 yılı Kasım ayında İstanbul Edebiyat Fakültesi (Bugünkü yerinde, Zeynep Hanım Konağı) Tarih Bölümü 'nde ders vermeye başlamıştır, ama öğrenciler isyan ederler:

— İtilafçı hocaların hepsinin derslerini boykot ederler, Ali Kemal, Cenap Sahabettin, Rıza Tevfik Bölükbaşı, Hüseyin Daniş ve Barsamyan (Torlakyan) 1922 yılı Nisan ayında pes ederek, Edebiyat Fakültesi'ndeki görevlerinden çekilmek zorunda kalırlar. İşgal güçlerinin tehditlerine rağmen, o günkü Edebiyat Fakültesi öğrencileri vatan hainlerini affetmemiştir...

...Ya bugün, ya bugünkü İstanbul Üniversitesi Edebiyat Fakültesi öğrencileri (!) Gider bakarsanız; görürsünüz duvar yazılarını... 2005 yılı Edebiyat Fakültesi öğrencileri "Ali Kemaller gibi..." yazmışlardı (!)

... 9 Eylül 1922'de düşman İzmir'de denize dökülmüştür ama...

En iyisi, görgü tanığı Rahmi Apak'dan dinleyelim.Yetmişlik Bir Subayın Hatıraları, Rahmi Apak, 20 Eylül 1922...

— İzmir'in düşman işgalinden kurtarılmasından sonra, Nurettin Paşa'nın mahiyetinde İzmit karargahına tayin edildim. İstanbul üzerine harekat yapmak üzere istasyon civarındaki hükümet konağına yerleştik.

Bir gün karargaha dönerken, Nurettin Paşa beni görünce: "İşittin mi, Ali Kemal'i tutmuşlar, buraya getirmişler. Hemen şimdi haber gönder, karargaha getirsinler" dedi.

Mazlum ve Cem adında, ikisi de iri yapılı ve genç iki polis komiseri Beyoğlu Tokatlayan Han'da tıraş olduğu berber dükkanından çıkarken Ali Kemal'i zorla yakalayıp bir taksiye atmışlar. Düşman işgal kuvvetlerinin mevcudiyetine rağmen, onu bağırtmayarak Kumkapı'ya götürüp bir eve tıkmışlar. Geceleyin tedarik ettikleri bir motora binerek kaçırıp İzmit'e getirmişler. Bu fedakar polis komiserlerine, bu tehlikeli iş için yaptıkları masrafın yarısını bile karşılamayacak olan, ancak otuz lira para verebildiğimizi hatırladıkça hala utanırım.

ALİ KEMAL'İN SORGULANMASI...

Ali Kemal'i bizim odaya getirttim. Şubemizde sorgu hakimliği görevi yapan Yedek Subay Necip Ali Bey'i (daha sonra Denizli milletvekili), Ali Kemal'in ilk ifadesini almaya memur ettim. Necip Bey'in kendisine sorduklarından ve Ali Kemal'in verdiği cevaplardan hatıramda kalanlar şunlardı:

Necip Ali Bey:

—Milli Mücadele davamızın aleyhinde çalışmanızın sebebi ve hikmeti nedir?

Ali Kemal:

— Bu davanın muvaffak olacağını hiç tahmin etmiyordum. Başarısızlık halinde ise, büyük devletleri daha ziyade hiddete sevk ederek, vatanın daha ziyade harap olmasına sebep olunacaktı.

Necip Ali Bey:

— O halde düşüncenizin yanlış olduğu meydana çıktı. Mil Mücadele bize vatanımızı yeniden kazandırdı.Yaptıklarınızdan pişmanlık duymuyor musunuz?

Ali Kemal:

— Evet çok doğru söylüyorsunuz. Ben, Türk Milletinde bu kadar büyük yaşama gayreti ve mücadele ruhu olduğunu bilmiyordum. Bu bilgisizliğimden dolayı da mazur görülmeliyim, çünkü hayatımın büyük bir kısmı Avrupa'da geçmiştir. (AB ve ABD'den ithal edilmiş bugünkü Ali Kemal'ler iyi okusunlar...) Türk Milleti'ni tanımıyormuşum, tanıyamamışım.

Nurettin paşa, Ali Kemal'i "yanına götürmem" emrini verdi. Birlikte merdivenleri çıkarak Nurettin Paşa'nın odasının önündeki genişçe salona geldik. orada, günlük evrakı ordu kumandanına imzaya getirmiş olan on kadar şube müdürü komutanlar sıra bekliyordu. Salonda Ali Kemal'e bir sandalye getirdim, oturdu İki dakika sonra Nurettin Paşa odasından çıkarak salona geldi, sandalyeden ayağa kalkan Ali Kemal'e: "Sen kimsin" dedi.

Ali Kemal: 'Ali Kemal bendeniz" cevabı verince:

— Haa, Artin Kemal dedikleri adam sensin?..." diye ekledi.

— Bu ikinci sual karşısında, Ali Kemal hiç istifini bozmayarak: "Hayır efendim, ben Artin Kemal değilim, Ali Kemal'im" cevabını verdi... Nurettin Paşa devam etti; "Bilgisiz bir adam bir suç işlese, aynı suç işleyen bilgili ve aydın bir adam gibi aynı cezaya mı çarptırılır, yoksa cezaları arasında fark bulunur mu?...» Ali Kemal hiç düşünmeden: "Tabii bilgili ve aydın kişinin cezasının daha ağır olması gerekir" cevabını verdi. Nurettin Paşa: "o halde seni askeri mahkeme huzuruna sevk edeceğiz" deyince Ali Kemal: "Ben adaletin karşısına çıkmaya hazırım..." dedi.

Kendisini aldım, tekrar aşağıya odama indirdim.Sorgu hakimi Necip Bey'in karşısına tekrar oturttum. O anda bir subay geldi ve Paşa'nın beni istediğini söyledi. Paşa'nın yanına gittim, bana Ali Kemal'i alıp mahkemeye götürme emrini verdi. Kel Sait adında bir inzibat yüzbaşısını çağırtarak tertibatını almasını istedim. O arada Necip Ali Bey'in önünde ifade veren Ali Kemal şöyle diyordu "Bundan sonra bütün varlığımla Mustafa Kemal davası için çalışacağıma söz veriyorum!.."

Ali Kemal, iyi bir terzinin elinden çıkmış koyu renkli bir elbise giymişti. Yakışıklı bir adam, pek iyi giyinmiş, orta boylu, biraz tıknaz, gözlüklü, ak yüzlü ve pembe yanaklı, başına geleceklerden habersiz; rahat tavırlarıyla, arkasına düşen kapıdan esen rüzgarın sırtına dokunduğunu söyleyerek sandalyesinin değiştirilmesine müsade edilmesini rica etti. Bu ricası kabul edildi.

On beş dakika sonra Kel Sait, yarı açık kapıdan bana her şey tamamdır, işaretini verdi. Ben de sorgu hakimine? "Haydi Necip Ali Bey, Ali Kemal'i al da, Kel Sait'le birlikte askeri cezaevine götür" dedim. Ali Kemal'i alarak odadan çıktılar. Birden bire, dışarıda gürültüler, bağırmalar oldu. Arkasında Necip Ali Bey, başından kalpağı düşmüş, saçları dikilmiş, yüzü gözü şiş ve morarmış bir halde, büyük bir telaş içinde odaya girerek: "Beyefendi ne duruyorsunuz Ali Kemal'i öldürüyorlar..." diye bağırmaya başladı. Ben sukunetle: "Yahu, onu öldürüyorlarsa sana ne, otur yerine" deyince, birden afalladı, bana kızgın kızgın bakarak: "İyi de, benim suçum neydi" diyerek, mırıldanarak yerine oturdu.

Ali Kemal, binanın kapısından çıkar çıkmaz küçük çocuklar, büyük çocular ve gençler üzerine saldırmışlar. Necip Ali Bey kurtarmak için Ali Kemal'e sarılmış, Ali Kemal de kurtulmak için ona sarılmış. Bu esnada birkaç yumruk ve taş Necip Ali Bey'e de isabet etmiş. Ali Kemal aldığı darbelerden acı içinde bağırarak yere düşmüş, taş ve tekmelerle kafası ezilerek linç edilmiştir. O gün İsmet Paşa, Lozan Konferansı'na katılmak için İzmit tren istasyonundan geçecekti. Nurettin Paşa, istasyon yanındaki ve içinden tren geçen küçük tünelin üstüne bir sehpa kurdurdu. Geçerken İsmet Paşa görsün diye Ali Kemal'in ölüsünü orada astırdı.

İşte, Ali Kemal böyle öldürüldü. Onu İstanbul'da yakalayıp getiren fedakar polis komiserimizi sonradan arayıp soran bulundu mu, bulunmadı mı bunu da bilmiyorum. Fakat bu linç olayı, hala İstanbul'da İngilizler'e hizmet etmeye devam eden İngiliz dostları ve Milli Mücadele düşmanı "yerli işbirlikçiler" arasında bir panik yarattı, İngiliz işgal ordusunun halen İstanbul'da olmasına rağmen, hayatlarının tehlikede olduğunu gören satılmışlar, yığın yığın olarak konsolosluklara sığındılar; bir kısmı da İstanbuldan kaçtılar bu kaçanların başında Padişah Vahdettin de vardı(...)

MUSTAFA SUPHİ NİÇİN ÖLDÜRÜLDÜ?

Emekli Krm. Alb. Rahmi APAK şöyle anlatıyor:

—Bolşevik ihtilalinden sonra kurulan bağımsız devletlerden biri de Buhara idi. Ben, Buhara büyük elçiliğine Ateşemiliter olarak tayin edildiği için olayları yakından izledim.

Suphi Yoldaş denilen bir adam, bir Türk komünisti olarak, Buhara isyanını bastırmak üzere gönderilen Rus kuvvetlerinin kumandanı Frunze'nin yanında Buhara'ya gelmiş. Rus kumandanını karşılamak üzere çıkarılan Buhara okulları öğrencileri bu kaşılama törenlerinde Türk Milli Marşları ve şarkılarını söylemişlerdir. İlk kurulan bu okulların öğretmenlerinin çoğu Birinci Dünya Savaşı'nda Ruslara esir olup, Bolşevik ihtilalinden sonra Buhara'ya kaçan Türk Subaylarıydı. Bu şarkıları ve marşları genç Buharalılar'a bu subaylar öğretmiş.

Rus kumandanı Frunze, Türk milli" marşları olduğunu anlamamış, ama Mustafa Suphi: "Bunlar Türk milliyetçiliği yapıyorlar, şarkılar da Türk milli marşlarıdır.." diyerek, Rus kumandanını ikaz etmişti. Mustafa Suphi'nin yüzünden, Buhara'da ne kadar Türk öğretmeni varsa yaka paça Türkiye'ye zorla gönderiyorlar. Enver Paşa da Buhara'da bulunan direnişçilerin başına geçmiş bulunduğu için, bu sıkı takip sonunda şehit edilmiş oluyor. Bir müddet sonra da Mustafa Suphi yoldaş, bir torba Rus altını ile çalışmalarına devam etmek üzere Türkiye'ye gelerek Erzurum'a yerleşmiştir.Erzurum'da Kazım Karabekir paşa, Buhara'daki olaylar hakkında bilgi sahibidir, "Suphi Yoldaş'ın yeri Rusya'dır", diyerek, onu Rusya'ya iade etmek üzere Trabzon'a gönderir.

O zaman Trabzon'da, Kahya denilen bir adam, Suphi Yoldaş'ı ve Buhara'dan beraberinde getirdiği on dört arkadaşını Batum'a geriye götürülmek üzer bir motora bindiriyor, bunların hepsini denizin ortasında suya attırıyor.

İşte böyle, bir yanda İngiliz varlığı için çalışan Ali Kemal, diğer yanda Rus varlığı için çalışan Mustafa Suphi(!)

TÜRK ORTODOKSLARI VE MÜTAREKE BASINI... Saday-ı Hak, 28 Mayıs 1337(1921) haber:

21 Mayıs günü İstanbul Rum-Ortodoks Patrikhanesi, Ankara'da kurulan Türk-Ortodoks makamından dolayı; Avrupa, Amerika ve Cemiyeti Akvam nezdinde protestoya karar vermiştir. (Rum Kozmos gazetesinden alıntı haber)

Saday-ı Hak, 28 Mayıs 1337/Jaeschk, Kronoloji, I, 148/ Bekir Sami Bey 20 Nisan 1921'de Çoruh'ta Türk-Ortodoks heyetini kabul etmişti.

İkdam gazetesi, 10 Mayıs 1921 haber / Jaeschke, Kronoloji, 1, 150/Anadolu Türk-Ortodoks Patrikliği hakkındaki layihayı Büyük Millet Meclisi tasvip edip Dahiliye Vekaleti tamamladı.

Kozmos Rum Gazetesi, 28 Mayıs 1337 (1921) /İkdam Gazetesi sahibi Ahmet Cevdet Bey'in yazısına şiddetle karşı çıkıyordu. Ahmet Cevdet Bey bu makalesinde "Anadolu'da özbe öz Ortodoks Türkler'inin varlığına önem veriyor onları bir Türk varlığı olarak kabul ediyordu.

O günlerde Anadolu Ajansı'nın verdiği bir habere göre:

Trabzon Ortodoks Cemaati Ankara Hükümeti'ne bir telgraf çekerek, Rum Patrikhanesiyle ilişkilerini kestiğini bildirmiş ve Ankara'da Türk-Ortodoks Patrikhanesi'nin kurulmasını talep ettiklerini bildirmiştir.

Eski Mütareke basını Türk-Ortodoksları 'na sıcak bakıyor... Hayret! Bugünkü Mütareke basını, bir kısım köşe kapmaca yazarları ve bir iki siyasi Rum-Ortodoks Patrikliğine Türk-Patrikliğinden daha sıcak bakıyorlar. Bunların Türkleri sevmeleri için, Türkler'in Ortodoks olması da yetmiyor... Onların sendroraları "vukuatlı nüfus kayıtlarında..." saklıdır(!)

Adam Müslüman, Türk Ortodokslarına düşman, ama Rum Ortodoksları'na dost(!) iyi, iyi... Nasıl olsa onlara göre hepimiz aptalız(!) Çok eğleniyoruz, çok!...

İŞGAL GÜÇLERİ MEDYASI RAUF DENKTAŞ'A SALDIRIRKEN "SUÇÜSTÜ" YAKALANDI...
BUNLARA MÜTAREKE MEDYASI DEMEK BİLE HAFİF KALIR(!)

Haydi anladık; Türk Ulusu'nun zengin ettiği bir iş adamı, Kahraman Denktaş'a saldırırken kendi cinsine cibilliyetine, kendi ırkına hizmet ediyordu; zaten dini ve ırkını saklamıyordu...Ya ötekiler, ötekiler hangi ırka ve hangi fikre hizmet ediyorlardı?...

Yunanistan'da bir gazete veya bir gazeteci, köşe yazarı sapığı, ya da bir siyasetçi görmedik, ki "katil Papadapulosa" saldırırken suçüstü yakalansın(!) Rumlar Rauf Denktaş'a saldırıyor, içimizdekiler de Rumlarla birlikte saldırıyorlardı. Bizimkiler "eleştiri tarzında" değil, derinden gelen bir intikam hırsıyla, damarları şişmiş, vücut kimyaları bozulmuş bir şekilde; Türk Kahramanı Rauf Denktaş'a saldırıyorlardı...Tabii, onlara göre biz aptalız, çünkü "vukuatlı nüfus kayıtlarını" bilmiyorduk(!) Bunlar, bu Millete kim olduklarını açıklamak zorundadırlar...

Yunanistan'da medya Yunan'dır, Almanya'da Alman, Fransa'da Fransız, Amerika'da Amerikan...Türkiye'de Medya neden Türk değildir?...Bunlara yakışan sıfatları: HAÇLI ORDULARININ İLERİ KARAKOLU GİBİ, İŞGAL GÜÇLERİ MEDYASI.

Kuvayı Milliye Gazisi dedelerimiz işgal günlerini bize anlatırken?

— Bazı komutanlarımıza anlatamıyorduk; yüzde üç, yüzde beş kadar azınlık yaşayan şehir ve kasabalarımızda dahi sokaklar Yunan bayraklarıyla donatılıyordu. Biz, "bayrak dikildiği gün işgal başlamıştır!.." diyorduk. Onlar "silahlı işgal..." diyorlardı. Bir aymazlık vardı... Halbuki;"işgal güçleri bayrakları" çekildikten sonra "silahlı işgal" kolaylaşmıştı; sonra çoğu yerler hiç kurşun atmadan işgal güçlerinin eline geçmiştir(!)

Bugün "işgal güçleri bayrakları" nerelere çekilmiştir?...Farkında değilsek, bizim de farelerden farkımız yoktur...

SATILMIŞ KARANLIK AYDINLAR!...

Kendi kendine "aydın" sıfatını yapıştıran utanmazlar takımı. Aydın bir insan "ben aydınım" diye konuşabilir mi? Kendi kendilerine gelin-güvey oluyorlar. Onlar kendilerine "aydın" dedikçe, millet onlara "karanlık" diyor. Sonunda kabağı kırdılar. Bu karanlık-aydınlar ne konuşuyor, ne yazıyorsa, halkımız derhal ters köşeye yatıyor; bir bildiriye imza atsalar, halkımız "tam siper" yaparak, bu karanlık-aydınlardan bir saldırı bekliyor...

Sözlüklerdeki "aydın" sözcüğünü kirlettiler, ırzına geçtiler, rezalet bu... Milletimiz, bu karanlık-aydınların ters yönünde giderek doğruyu buluyor: BU MİLLET BÜYÜK MİLLET... Yurtsever bir çoban dahi, bu satılmış "karanlık-aydınların..." topunu birden ahırına sürü bile yapmaz(!) Sığır yerine kor, ama otlatmaz.

Ey karanlık-aydınlar(!) Ne olursunuz bildiri yayınlamayın; deşifre oldunuz; açığa çıktınız; yazdıklarınız halkımızı çok kışkırtıyor, tahrik ediyor çünkü "milletin sesi" değil, "sahibinin sesi" olduğunuz her köyde, her mahallede, her kasabada, halkımız tarafından dile getiriliyor; siz sahibinizin sesini dinliyorsunuz; halkımızı duymuyorsunuz. Son bir mertlik yapınız ey karanlıkaydınlar sahibiniz kimdir söyleyiniz!...

FARELERDEN FARKLI OLMAK (!)

Kaptanın biri, farelerden kurtulmak için geminin ambarına bir "maçor kediyi" lap diye bırakmış. Kaçışan farelerden birini yalayıp-yutan kedi keyifle uyurken; kurtulan fareler kedinin etrafında sevinerek oynaşırlar:

Yunan haçlı ordusu askerlerinin işgal ettikleri bölgelerde yaptıkları ev baskınları ve yağması... Görgü tanığı İtalyan Ressam Victor Pisani'nin yağlı boya tablosu

— Tanrı'ya şükür, arkadaşımız gitti, biz kurtulduk!...

Maçor kedi acıkır; bir fare daha kapar, onu da yakalayıp-yutar; keyifle, yine yatmış uyurken etrafında dans eden fareler:

— Tanrıya şükür arkadaşımız gitti, biz kurtulduk!..

Maçor kedi acıktıkça bir fare daha kapmış, yalamış-yutmuş; kalan fareler her defasında "Tanrıya şükür, arkadaşımız gitti biz kurtulduk..." diyerek, dans edip oynamışlar, sevinmişler(!)

Maçor kedi son fareyi de yakalamış, yalayıp-yutmuş(!)

Böylece tüm fareler güle oynaya maçor kediye yem olmuşlar, sevinerek yok olmuşlardı(!)

Bu farelerden ne farkı var karanlık ve satılmış aydınların?..

Talat Paşa bir Ermeni celladı tarafından kahpece arkadan vurularak şehit edilirken, Bahattin Şakir, Cemal Azmi, yine Berlin'de şehit edilirken Sait Halim Paşa Roma'da, Cemal Paşa Tiflis'de şehit edilirken; Boğazlıyan Kaymakamı Kemal Bey tarafından ise, vatan hizmetinin karşılığında bir azınlık mahkemesi kendi vatanında idam edilerek şehit edilirken... O zaman da satılmış aydınlar: Ali Kemal, Rıza Tevfik, Cenab Şehabettin, Mütareke basını köşe yazarları ve Mütareke Paşaları, fareler gibiydiler; "Yarabbi şükür biz kurtulduk..."diyerek, kara kedinin etrafında oynaşıp duruyorlardı. Hepsi de sevinerek ve oynaşarak yok olup gittiler. Mustafa Kemal ve Silah Arkadaşları, kara kedinin bacaklarını ayırarak camdan dışarı fırlatıp atmıştır!...

Aman Yarabbi!... Üniformalı-üniformasız fareler, kara kediye kapıyı açmışlar, yine içeriye almışlar, oynaşıyorlar (!) Dehşet bu:

Atalarımız o topraklarda savaşırken aç kaldı, susuz kaldı, çekirge kavurup yedi, ama kafasına çuval geçirmedi...

... Ne yazık ki onların torunları, kafasına çuval geçirenlere "STRATEJİK ORTAK" diyorlardı; apoletler gözükmüyordu, ama "İŞGAL GÜÇLERİ MEDYASI Genel Yayın Yönetmenleri "GENERAL" gibiydi. İşgal güçleri generali... Emrindeki köşe-liboşları da işgal güçleri başçavuşu(!) Genel Hayın Yönetmeni uyarıyor; hayın hayın konuşuyor:

"Türk komutanları konuşmasınlar; sakın konuşmasınlar, Avrupalı olacağız... Şehitlerimizin komutanlarını dahi konuşturmuyorlar; gazi komutanlarımız konuşacak olsa, salyalı ağızlarını açarak: "Avrupa birliğine giremeyiz, sakın ha..." dediklerini görüyoruz; kör değiliz, kör olanlar görmelidir; Bunlar, 1856 yılında sözleştikleri Paris Sözleşmesinden beri böyledirler; hala. Avrupalı olacaklar(!) Çuvalın failleri suçüstü... yerli ABD askerleri... Kuvayı Milliye Komutanları'nın kurduğu Milli Meclis'e Türk komutanları nerede ise "sakıncalı piyade..." Ellerinden gelse, kışlalarına izinsiz sokmayacaklar. İnanmıyorsunuz değil mi?

Bakınız:

Haçlı Ordularının işbirlikçi fırkası, işgalcilerle "mütareke" yapmıştı. 15 Mayıs 1919, İzmir'in işgal gününde Türk komutanları kendi kışlasında silahsızdı... İşbirlikçi İtilafçı Fırkası dölleri bunlar... HÜSNÜYADİS HORTLADI, HÜSNÜYADİS HORTLADI... ŞEYH SÜKUTİ TARİKATI BİRLİKTE(!) Alb.Bekir SAMİ'YE ve "Alb.Kazım Özalp'a ne yaptılarsa, aynı müsamere: Emin Süreyya yine Genel (Hayın) Yayın Yönetmeni,... Siz inanmayın; biz tarihe not düşelim(!)

Türk Generali Bakan olursa demokrasi için sakıncalı; sonra gidiyorlar, gavurun general bozuntusu dışişleri bakanı karşısında sekiz oluyorlar... HÜSNÜYADİS gibi(!)

Ah!..."altı okka adam" kalmamış; vekaleten bağıralım:

— Ulan p.......ler, Üniversitelerinizi mahalle mektebine çevirdiniz, gözünüz harbiyede(!) Vakıf Mahalle Mekteplerinde kime hizmet ediyorsunuz?.. Hani akan suda iki kez çimilmezdi. Hani geçmişten ders almak:?...

(.....) İŞGAL GÜÇLERİ MEDYASI ÇANAKKALE ZAFERİNİ NASIL KUTLADI?...

"Karşılıklı centilmenlik savaşı bu.." diyordu: Sevsinler sizin sapık beyninizi; İngiliz, Fransız, İtalyan Haçlı Orduları ve Anzaklar, dünyanın öbür ucundan vatanımıza centilmenlik savaşı yapmak için gelmişler; kafa koparıp Avustraya'ya kadar hatıra olsun diye götürmüşler; kestikleri Türk kulaklarından kolye yapmışlar; 300.000 Türk askerini öldürmüş, 200.000 Askerimizi sakat bırakmışlardı... İşte centilmen emperyalistler... Centilmen işgalciler! Doğrusu ise işgal etmeye geldikleri vatan topraklarında Mehmetçik'ten centilmenlik görmüşlerdi. Bir vatanı işgal etmek centilmenlik değildir! Türk esirlerini diri diri yakan işgal güçlerine centilmen diyorlar...

"İşgal güçleri" ağızlarıyla konuşuyorlar, yazıyorlar: "Birbirlerinin mertliğine hayran oldular!.." Böylece işgal güçleri medyasından öğrenmiş bulunuyoruz ki, işgalciler de mertçe gelmişler, mert işgalci askerleri... Mertçe savunma olur ya, "mert işgalci askeri..." de varmış!..

"Romantik Savaş Çanakkale.."(!) 500.000 kişinin ölmesini romantizm ile tarif edilebiliyorsa, işgal güçleri medyası mensupları da ölse(!) daha mı romantik olacaktı?... Ağzı yerine, kıçından konuşan Medyacılar.

Biz, bunlara boşuna "işgal güçleri Medyası.." demedik. Meğer işgalciler ne kadar da sevimliymiş?... Yolunuzu bekleyen Medyacılarınız var(!)

Sayın İşgal güçleri!... Uşaklarınız, Çanakkale'ye gelişinizin yıl dönümünü kutluyorlar(!)

Biz, çocukluğumuzdan beri böyle bir "Çanakkale Savaşı" dinlememiştik...

İşgal güçlerinin torunlarını; Anzakları karşılıyorlar, onların dedelerinin öldürdüğü Mehmetçik torunlarından dansöz çıkartıyorlar; dansöz oynatarak, dedelerinin katilleriyle kolkola halay çekiyorlar... Ama olayın yanlış olduğunu konuşmak için, karşılıklı seminer yapmıyorlardı. Kim bunlar? Çanakkale şehitlerinin torunları mı? işgal güçlerinin torunları mı?....

Bunlar Viyana'ya gitsinler, Viyana kuşatmasını aynı tarzda kutlasın da görelim!

Bugünler altın gibi bir fırsat getirdi: Haçlı Orduları "ileri karakolu" gibi çalışan, işgal güçleri medyası deşifre oldu, suçüstü yakalandı!...

...ve akşama bir Çanakkale Zaferi filmi/adı "GALLİPOLİ"(!)

"Gallipoli" diye bir yer varmış... film biraz da Mehmet-çik'den bahsediyormuş, bir iki yerinde Mustafa Kemal dahi gö-zükmüş ve GALLİPOLİ'NİN GALASI yapılmış; büyüklerimiz dahi çok beğenmişler(...)

Şu sözler hangi kutsal kitapta geçiyor!?...

"Biz bir kavmi yok etmek istersek, sadece onun aklını alı-rız..."

Eski Mütareke basınının tirajları düşüktü, çünkü çörekleri-nin zehirli olduğu bilinen bir fırın gibiydiler. Halk onların zehir-li çöreklerini tüketmiyordu. Bugün çok sevdiğimiz yazarları, bir gün bile okumasak hasta olduğumuz, bu büyük insanları köşe-lerine koyarak, zehirli çöreklerine karamela sürüyorlar; böylece "sürmanşet zehirlerini" damardan geçiriyorlar(!)

Ne Coşkun (!) ne "Çölgeçen yazarları (!)" zehirli çöreklerini millete yedirmek için üstüne karamela diye sürüyorlar (!)

Eski Mütareke Basınının bu kadar ince teknikleri yoktu (!)

Şeytanın aklına gelmez!...

YENİ ZAHAROF KİMDİR?

İşgal günlerinde ve Mütareke yıllarında; Yunanlı iş adamı Zaharof, Yunan ve Ermeni yanlısı propagandalar için mütareke basınını satın almıştı. Tatavla'da (yatakhane semtinde) onun te-lekızları işgal güçlerinin hizmetindeydi(!)

Şu işe bak!...

Yeni mütareke basını döneminde ZAHAROF içimizden çık-tı. Yazarları, yeni Zaharof'un zaarları gibi havlıyor. Ya da yerli Zaharof'un telekızları gibi... değil mi?(!)

MEDYA'DA TRAVESTİ DEHŞETİ(!)

Soldan dönme/travestiler, Cumhuriyet'ten dönme/travestiler, İslam'dan dönme liboş/travestiler, bilimden dönme/travesti profesörler, dönme/devşirme patronları ve Pamuk oğlanları. Ne Türk ne İslam Sentezcileri (!)

Haçlı Ordularının "İleri Karakolu» gibi **LAĞIM TV** kanalları, gazeteleri ve "kiralık köşe yazarları... " AB rüzgarıyla Haçlı orduları'nı arkalarına almışlar saldırıyorlar: Milli Varlığımıza, Dini Varlığımıza, misyonerleriyle birlikte saldırıyorlar. ŞEHİTLERİMİZE SALDIRIYORLAR! Beyninden travestiler çok tehlikeli oluyorlar çok (!)

Rumlar'la birlikte, Rauf Denktaş'a saldırıyorlar!... Hüsnüyadis ve yeni Ali Kemalleriyle birlikte saldırıyorlar.

Lobileriyle birlikde dönme/travesti vakf profları tarihimize saldırıyorlar; "soykırım.." diyorlar (!)

BİR MİLLETİ YOK ETMEK İSTİYORSANIZ-ULUSAL DEĞERLERİNİ YOK EDECEKSİNİZ"

"BİR DEVLETİ YOK ETMEK İSTİYORSANIZ-KURUCU ÖNDERİNİ YOK EDECEKSİNİZ!..."

Emirlerini Haçlı Orduları karargahından 'alıyorlar; "Kemalizim bitmiştir..." diyerek, ATATÜRK'E saldırıyorlar... Dikkat, dikkat! Venizelos'a değil Deli Petro'ya değil, George Washington'a değil, dünyada hiç bir öndere değil, yalnız ATATÜRK'E saldırıyorlar!...

Bundan böyle hiç kimse Taksim travestilerinin günahını almasın; Medya travestileri, bilim(filim) adamı travestileri, "kulamparasız" kalmış gibi çıldırmışlar, ar damarları çatlamış, Medya'da dehşet saçıyorlar; bilim kürsülerinde travesti dehşeti!..."

Dönme/devşirme sendromları patladı; dönmeliğin psiko-sosyal sonuçları!.. Çok acı bitecektir, çok(!)... Bu çılgınlık nerede biter?... Karakolda(!) Az kaldı!

LUT KAVMİ, TRAVESTİLIK'DEN HELAK OLMUŞTU!...

İsterseniz; bir inanç deyin, isterseniz "hikaye" deyin, isterseniz "tarihi bir olay" deyin. Ne olursa olsun "Lut Kavmi" travestilikten helak olmuştu. Yalnız bir analoji farkı var: Yukarıdaki metinler, halkımız tarafından yüzde-yüz onaylandıktan sonra buraya konulmuştur. Yani, kendini çok önemli ve çok ünlü kişi" zanneden beyninden travestiler" helak olmaya mahkumdurlar; ama mukaddes ulusumuz var olmaya layık olmuştur!...

Ermeni olsun, Rum olsun, Süryani olsun, başımızın üstünde yerleri var; yeter ki "dönme" olmasın! Bıktık bu dönmelerden(!) Ermeni Dikran Usta, harbice konuştu!...

—Kuzum, bunlar dönerken önce bizi sattılar, şimdi aslına rücu etmeye çalışarak sizi satacaklar; onların kim olduklarını bilmiyorsunuz(!) Ama siz anlayıncaya kadar ortalığı kırıp dökeceklerdir..(!)

...gerisini söylemedi: İşgal güçlerine erketelik yapacaklardır, HÜSNÜYADİS gibi. Hüsnüyadis'i öğrenmeden "Ajanlık Hakları" öncülerini anlayamayız...

YUTSEVER AYDINLARIMIZI VE KOMUTANLARIMIZI ŞEHİT EDEREK, SON YİRMİ YIL İÇİNDE İŞGALCİLER İÇİN "ALAN TEMİZLİĞİ" YAPTILAR; UYANMADIK!..

Eşref Bitlis Paşa ve silah arkadaşlarının şehit edilmesi, ne hikmetse aynı özellikte nice komutanlarımız (!) Onların listesini asker bilir(.) **Yine Ulusalcı/Millici nice aydınlarımız: Gün Sazak, Bahriye Üçok, Muammer Aksoy, Uğur Mumcu, Mehmet Ali Kışlalı, Necip Hablemitoğlu,..** Karafakioğlu'ndan beri, arkadaşlarımızın sayımına göre altmış yurtseverimiz şehit edilmiştir, Şehit edilenlerin içinde sivil olsun, asker olsun, bir tane liboş yoktur. Yine uyanmadık!..

Kurşun hedef şaşırmaz; liboşların arkasındaki güç, liboşlara kurşun atmaz(!) Şehit edilenlerin hiçbirisi Haçlı misyonerlerinin veya emperyalistlerin adamı değildi. Bu uzun süreli bir operasyondu. Bir ülke işgal edilmeden önce yapılan, düşman stratejisinde "alan temizliği" denilen bir operasyondur. Büyüklerimiz uyanmadılar, küçüklerimiz de... Meydan kendi satılmış kalemlerine, besleme yazarlarına kalacaktı(!) Tersi oldu; binlerce Uğur MUMCU, binlerce Necip HABLEMiTOĞLU yetişti...

ARKADAŞLAR UYKULARDAN UYANSINLAR ARTIK!!!
İŞGAL KRONOLOJİSİ-BİRİNCİ İŞGAL DÖNEMİ:

1839-Tanzimat Fermanı: Avrupalı olma sevdasının başlaması, azınlık sorununun tartışılmaya başlanması,

1856-Paris Barış Konferansı: Azınlıkların daha geniş haklar kazanması, haklarını kaybeden Türklerin "Avrupalı olma" sevdası(!)

Başbakan ve bakanların AB onayından geçirilmesi...

1876-Birinci Meşrutiyet ilan edildi: onlar yine "Avrupalı oluyoruz' diye çılgınca bayram yapıyorlardı(!) Avrupalı olacaklardı...

1908- İkinci Meşrutiyet ilan edildi. Azınlıklar ülkeye el koydular. Çoğunluklar "Avrupalı oluyoruz" diye bayram yaparken, kendi vatanlarında tutsak edilmişlerdi. "Onlar hala Avrupalı olacağız diye" ateşe giden böcekler" gibiydiler(!)

1918-30 Ekim/ Mondros Mütarekesi imzalandı...

—Ateşe düşmüşlerdi! İtilaf devletleri yanlısı ve işgalcilerle iş birliği öncüsü, "Hürriyet ve İtilaf Fırkası" AB devletlerine yaranmak için "iş birlikçi" siyasetini sürdürdü(!) Hala Avrupalı olacağız diye, çıldırmış gibiydiler, AB'ye gireceklerdi (!)

1918 - OCAK'...Emvali Metruke (yabancıların toprak satın alması) için kanun çıkarıldı(!)

1919- Satın aldıkları topraklara el koymak için,

-İngilizler, Antep, Maraş, Urfa, Adana'yı işgal ediyorlardı...

-İtalyanlar, Akdeniz bölgesini işgal ediyor,

-Fransızlar Güney Doğuya asker çıkarıyor...

-15 Mayıs'ta Yunanlılar İzmir'i işgal ediyor...

1920-16 Mart günü, İngilizler'le birlikte, Avrupalı İtilaf devletleri İstanbul'a giriyordu(!)Onlar Avrupa'ya gireceklerdi, ama tersi oldu ve Avrupa onlara girmişti (!)

1922: Mustafa Kemal Paşa ve silah arkadaşları ve bütün bir Ulus; Mandacılğı, İtilafçılığı, İttihatçılığı yırtıp atarak vatanı kurtarmıştı... Ama mirasçıları hem Mandacı, hem de İtilafçı olmaya doyamıyorlardı...

MANDACI İTİLAFÇILAR, DÖRT ASKERİ VE DÖRT SİVİL DARBE YAPTILAR (!)

Hiç yorum yapmadan şu kronoloji ne anlama gelir?

1948-İktidarda "îtilafçı siyaset" hortladı, Şemsettin Günaltay Hoca İtilafçı olmakla beraber, Missouri zırhlısının İstanbul'a yaptığı ziyaretten sonra, İtilafçılığına bir de Mandacılğı ekler. Ama O'nun Mandacılığı yeterli değildi.

(1) 1950-"Sivil darbe" veya "Beyaz devrim" dedikleri: Amerika kan kardeş şarkılarıyla geldi Daha Mandacı olmak gerekiyordu!

1960-26 Mayıs günü Adnan Menderes Manisa'da nutuk verirken "Sovyetler Birliği'ne 18 günlük bir geziye çıkıyorum; haberiniz olsun..." diyordu. Oradaydık; kendi ağzından duyduk. Sen misin konuşan?... Anlaşıldı ki, o'nun Mandacı-İtilafçılığı yeterli görülmemişti: 26 Mayıs'ta konuştu, 27 Mayıs gecesi Kütahya yolunda tavşan gibi yakalandı.

(2) 27 MAYIS 1960/ Sabaha kadar; "sakın yanlış anlaşılmasın; Amerika'ya, Nato'ya, Cento'ya gönülden bağlıyız!.." diye, yalvar yakar oluyorlardı.

Mandacı-İtilafçılara karşı, yine Mandacı-İtilafçı askeri darbe yapılmıştı! "Amerika kan kardeş"şarkıları devam ediyordu...

Çok geçmedi, aynı şarkılar söylenerek, Mandacı-İtilafçı partinin başının kendi ifadesi ile "sivil darbe" olmuştu(!)

(3) -1965 Mandacı-İtilafçı siyaset iktidarda. Sivil darbe olmuştu(!)

Askeri Mandacı darbeye karşı, sivil Mandacı darbe!

(4) -12 MART 1971 Askeri darbe olmuştu. Şiddetli ABD-AB yanlısı, Mandacı İtilafçı darbe, sivil mandacıları devirmiştir...

— On yıl süreyle Mandacı- İtilafçılar iktidarda iken...

(5) -12 EYLÜL 1980; çok şiddetli Mandacı-İtilafçı darbe olmuştu. Herhalde, daha öncekilerin Mandacı-İtilafçılığı kesmemişti. Hem AB yanlısı; hem de "küçük Amerika olma" sevdası devam ediyordu...

(6) -1983, daha şiddetli bir Mandacı-İtilafçı darbe geldi:Turgut Özal; bu bir devrimdir..." diyordu. Kime karşı? Önceki Mandacılara karşı "yeni Mandacı devrim..." Hem ABD, hem de AB sevdası devam ediyor:

(7) -28 ŞUBAT? Neydi, acaba neydi? 1000 yıl sürecek bir şarkı mıydı?

(8) -**AK DEVRİM OLMUŞTU. EN ŞİDDETLİ AB VE ABD YANLISI...** Onlar da kendilerine "sivil darbe" diyorlardı. En şiddetli "Hürriyet ve İtilaf Fırkası ve Amerika dostu!..."**SON DEVRİMCİLER: Hem AB, hem de ABD sevdalısı.**

SIRA KİMDE?...

- 6 Ekim 2004/AB yeni Mütareke Sözleşmesi yapıldı, Mondros Mütareke sözleşmesi sonrasında olduğu gibi, hemen...

-Emval-i Metruke (Yabancılara toprak satışı kanunu çıkarıldı(!)

DARBE YAPMA SIRASI KİMDEDİR?...

İşgal Operasyonu adım adım, Mütareke yıllarında olduğu gibi ilerliyor...

...bu gidişle, DARBE YAPACAK VATAN BULABİLECEKLER Mİ?... Olsa bile, darbe yapma sırası kimdedir? Kesinlikle askerde değil; çünkü HÜSNÜYADİS hortlamıştır, bu işlere Hüsnüyadis bakıyor.Hüsnüyadis kaç kimliklidir? Bakınız;

(1)-GENERAL YAYIN YÖNETMENİ (...) HÜSNÜYADİS: Medya Generali Hüsnüyadis

AB ve ABD Haçlı Orduları generali gibi, işgal güçleri adına konuşmaktadır.

Kendisi gibi bir sivil general varken "asker generallere gerek kalmadığını" batılı merkezlere hissettirmektedir; onların bayrağını kendi medyasına dikmiştir; hatta ona sorarsanız, "asker generaller silahlarından arındırılmalıdır... Ve kışlalarına kapatılmalıdır..."Adeta her gün köşesinde. "Beni kaşıyan yok mu?..." diye kaşınmaktadır (!)

2-Genel HAYIN Yönetmeni (...) Hüsnüyadis: (Türk Komutanları konuşmasın) Genel Hayın Yönetmeni olarak Hüsnüyadis'in görevi; konuşan Türk komutanlarını izlemektir. Kendi işgal güçleri medyasında, Türk Ordusu'nun tüm komutanlarını izler, onlar hakkında "rapor" yayınlar, yanlış hareketlerini "İngiliz komiserine" ihbar eder (86 yıl önce Manisa'da yaptığı gibi) onun gözünde, Türk Ordusu mensubu komutanlar ne yapsa suçtur. Nevruz bayramında ateşten atlayan komutanları suçluyordu, "Nevruzda ateşten atladı..."(!) Komutan ateşten atlamadı; yine suçlanıyordu! bak Nevruz'a karşı!.. (!) Hüsnüyadis yine kaşınıyordu (!)

3-Bilim (filim) Adamı Ḥüsnüyadis: Görev yaptığı Yüksek Mahalle Mektepleri dünya ölçülerinde ilk 500'e dahi girememiştir ama; zaten Hüsnüyadisin öyle bir "ereği" yoktu. Onun görevi oralarda "ajanlık hakları" mücadelesi vermektir. Ajanlık hakları konusunda öylesine başarılı olmuştur ki, halkımız O'nun mekteplerinin önünden geçerken, "Hake Dansı" pozisyonuna geçerek:

Aha bu!... **"Armenian ajanlık hakları,** Vakıf Yüksek Mahalle Mektebi..."

Aha bu!..."Rum-Yunan ajanlık hakları" Vakıf Yüksek Mahalle Mektebi..."

Aha bu!..."İngiliz-Amerikan-Alman ajanlık hakları, Vakıf Yüksek Mahalle mektebi..."dir.

Aha bu da...Fransız ajanlık hakları Vakıf Y.M.M...

Aha bu!..."Türk (boş küme) Yok öyle bir şey:

Burası Türkiye; Türk Vakıf Mektebi..." Olamaz....Varsa alnından öperiz(!)

Devlet Yüksek Mahalle Mekteplerine türbanla girile-
mez."Türban kesmez, çarşaf getirin!.." kara çarşaf olsun!

... Ve Ana-baba'lar çocuklarını kaybetmek için "kucakla pa-
ra" ödüyorlardı, bu mahalle mekteplerine(!)

4-TARİKAT LİDERİ (...)HÜSNÜYADİS: Papazlarla muhab-
beti organize ederek, milleti İslam dininden kaydırma çalışmala-
rı yapar. Çünkü İslam'ın kitabında yasak olanlar, tarikatın kita-
bında "haram olmaktan" çıkarılmıştır. Bu nedenle, Haçlı misyo-
nerieriyle "halvet olmak" tarikat dininde yasak değildir.Tarikat li-
derinin mü'ridleri vardır; islam'da ise mü'min olmak esastır.

İslam'dan önce Firavunlar'a inanalara mü'rid" denirdi. Hat-
ta Firavun'un mü'ridleri, ölen Firavun'la birlikte mezara gömül-
meyi kabul ederdi, İslam'dan önce "mü'rid", İslam'dan sonra ise
"mü'min" olmak esastır(!)

Biz Evkaf'dan gelmedik, gittik öğrendik, geldik...

Gidip öğrenseler iyi olur: Tarikat lideri Hüsnüyadis'ler yeni
FİRAVUNLARDIR...Yeni Firavunların görevi Haçlı Müslümanı
ve siyonist Müslümanı' yetiştirmektir. Bu nedenle onları mey-
danlarda "kahrolsun emperyalist işgalcileri" veya "kahrolsun
ABD-AB... emperyalizmi" diye bağırırken göremezsiniz. Çün-
kü, son zamanlarda kendilerini "bir Amerikan askeri gibi" gör-
mektedirler. Kadınları da bunu belli etmek için çarşaf değil,
eşarp değil, yaşmak değil, ısrarla "özel bir baş kıyafeti" kullanır-
lar. Ama siz "İslami bir kıyafet" sanarak, "Don Kişot'un yel değir-
menleriyle savaştığı gibi..." hayali sorunlarla boğuşuyorsu-
nuz...

5-SİYASET ADAMI (...) HÜSNÜYADİS: En tehlikeli Hüs-
nüyadis tipi'dir...

Dört yapay sorun yaratmıştır: TÜRBAN SORUNU/ERME-
Nİ SORUNU/KÜRT SORUNU / AZINLIK-AJANLIK HAKLA-
RI SORUNU...

Bu sorunları çözmeye çalıştıkça "kör düğüm" olacaksınız(!)
Bu sorunları yüzyıl tartışsanız da çözemeyeceksiniz, NEDEN?

TÜRBAN SORUNU: Hüsnüyadis bu sorunu çözemez, çünkü Hüsnüyadis bu sorunun kendisidir.Elinde başka bir malzemesi yoktur; siz türban tartışırken, yemi kapmış, zokayı yutmuş oluyorsunuz(!) Siz zokayı yutarken, Hüsnüyadis keyifle karşınıza geçmiş; karnını kaşıyarak, sizinle dalgasını geçmektedir... Bu Hüsnüyadis tipi'nin kadın çeşidi de vardır, O'na "Ilıcacık Hüsnüyadis" diyebilirsiniz (!)

AZINLIK/AJANLIK HAKLARI SORUNU: Bu sorun, işgal tamamlanmadan çözümlenemez...

İşgalden sonra azınlıklar "cehennem zebanisi" olur, çoğunluklar ise tüm haklarını kaybederler. Bu sorunu tartışmak; işgal güçleri ajanlarını adam yerine koymak, gaflettir!

KÜRT SORUNU: Türkiye'de hiç Türk yoktur, "herkes Kürt'tür..." deseniz de bu sorunu çözemezsiniz, çözmeye çalıştıkça "kördüğüm" olmanız kaçınılmazdır. Haçlı zihniyeti, vatan haini olmayan Kürt'e Kürt demez, çünkü onlara; 90 yıl önce kullandıkları Ermeni halkının yerini tutacak bir başka halk lazımdır. Emperyalist işgal güçlerine 35-40.000 kişinin ölümü az gelmiştir, gözlerini milyonların ölümüne dikmişlerdir, "Kürt sorunu" budur. Entel-dantel konuşun bakalım. İşgal güçleri medyası, bu sorunu canlı tutarak görevini yapmakta, haçlı merkezlerinin emirlerine uymaktadırlar(!)

Bu sorunlar, "dost" saydığınız Siyonist-Haçlı şer güçlerinin ithal ettiği tuzaklardır...

Bir kez kafanıza çuval geçirenlere "dost(!)" diyorsanız, sonra başkaları da sıraya girecek; "Ben iki kere geçireyim, büyük dost olalım..." diyeceklerdir!!!

Ey gafiller!...

Sıradakilere hazır mısınız!!!

ERMENİ SORUNU:
VE TARİHTEN BİR YAPRAK...

- M.Ö. Birinci yüzyılda aynı sorun vardı. Aynı yıllarda, Yahudi site devleti, Filistin'de küçülmüş bir halde hayatta kalmaya çalışıyordu. Yahudiler'in Roma Devletiyle doğrudan savaş yapmaya cesaretleri kalmamıştı; çünkü Kartaca Savaşlarından (Kartaca'nın yok edilmesinden) sonra böyle bir güçleri kalmamıştı. Bu nedenle Yahudiler, devamlı olarak Ermeniler'i kışkırtarak güçlü Roma Devletiyle Ermenileri savaştırıyorlardı. Böylece Yahudiler'in yerine Ermeniler kırılıyordu. Birçok Roma konsülü, Ermeniler üzerine sefer yapmış, her defasında Ermeniler'i kılıçtan geçirmişler, ama Yahudi kışkırtmasını fark edememişlerdi. Sefer bittikten, konsül Roma'ya döndükten sonra; Yahudiler, Ermenileri yine kışkırtır, Ermeniler yine ayaklanırlardı.

— ERMENİ SORUNUNU SEZAR BİLE ÇÖZEMEMİŞTİR-SİZ HİÇ ÇÖZEMEZSİNİZ! Sezar(Caesar), durumu sezmiş olarak M.Ö.47 yılında doğuya bir sefer yapmış; önce Yahudi devletini basmış, bir gecede (ne yazık ki) 40.000 Yahudi erkeğini kılıçtan geçirmiş, her eve bir Romalı asker bırakarak, Yahudi kadınlarını zorla Roma'lı askerlerle evlendirmiş, sonra "ben bu sorunu çözdüm..." diye konuşmuştur. Ondan sonra Ermeniler'in üzerine gitmiş, M.Ö. 1 Ağustos 47 yılında yaptığı savaşla Kral Pharnekes'i o kadar çabuk yenmiştir ki, kendinden önceki konsülleri küçümseyerek, Roma Senatosu'na gönderdiği mesajda sadece üç kelime yazmıştır: veni-vidi-vici (geldim-gördüm-yendim) demiştir... Sonra Ermenileri, Ruslar, sonra İngilizler, sonra Fransızlar sırayla dolmuşa bindirmişlerdir. Şimdilerde, aynı topraklarda yeterli Ermeni olmadığı için, yeni dolmuş müşterisi olarak Kürtleri bulmuşlardır (!) Malesef Kürtler, bindikleri dolmuşun "nereye gideceğini..." sormayı dahi akıl edemiyorlarsa... Siz de Hüsnüyadis'in gazına gelerek, bu sahte sorunu tartışıyorsanız;"kördüğüm" olmak üzere, işgal güçleri medyasının dolmuşuna binmiş.., gidiyorsunuzdur(!)

Sorun, Türkçe isimleriyle konuşan, gerçek ırkını ve cibilliyetini ayırt edemeyecek kadar alçak, "medya travestileri sorunudur..."

Ne güzel bir tezgah bu:

Bak, bir Türk bile kabul ederek konuşuyor, "bir buçuk milyon Ermeni'yi kesmişler..."

Irkından ve cinsinden travesti konuşur da, O'nun arkasındaki "travesti patronlar! Sürmanşetten vermez mi?..."Bak, pamuk Çocuk konuşuyor..."

...ve Dünya:

— Bak, Türk yazarlar bile ne diyor?...

SORU: Dünya tarihinde, başka bir milletin kaderiyle bu kadar oynandığı görülmemiştir, neden?

Bizim köylerde bir tekerleme vardır:

Şapı kaynatsan da olur mu şeker,

Cinsini seveyim (!) cinsine çeker,

Bu sorun kalleşçe, "cinsine çekme" sorunudur. Soykırım sorunu hiç olmamıştır, ama "soykırık" sorunu vardır(!)

Herkes aklını başına toplasın... Sendrom/Sarmal pozisyonundan çıksın!... Kimliğini şaşıranları uyarıyoruz; boşuna kimlik bunalımına girmeyin. Kimliğinizi şaşırmayın... Çünkü işgal günlerinde empeyalist Haçlı Orduları atalarımızı katlederken, Çanakkale'de, Kars'da, Erzurum'da, Van'da, Antep'de, Ege, Marmara'da, Ak ve Karadeniz'de... her yerde Kürtleri, Türkleri, Lazları, Çerkezleri, Arnavutları katlederken biz "Türkleri katletmeye geldik...' diyorlardı, Kürt olanlarını acıyıp da "öldürmeyelim, yazıktır..." demediler... Emperyalistlerin emrindeki Ermeniler; Doğu Anadolu'da, Kürtleri "Türk" diye katlediyorlardı, tecavüzler gırla... Şimdi Kürt dostu mu oldular?

Çanakkale Savaşları bir şeyin Miladı'dır. Bu topraklarda yaşayan herkese "Türk" diyen Emperyalistler, madem ki bir kısım Ermeni vatandaşımızı da "Türk diye" öldürdüler... **Çanakkale Savaşların'dan sonra herkes TÜRKTÜR!**

Nasıl ki Yunanistan'da herkes Yunan olmak zorundaysa...

Nasıl ki Ermenistan'da herkes Ermeni olmak zorundaysa... Bize gelince mi "Lo Lo Lo" "Yunanistan'da Helen ırkı (düz kemikli burun) yüzde beş kadar ya var, ya yoktur, ama Orta Anadolu'dan giden Türk, Ortodoksları, Pomaklar, Makedonlar, Arnavutlar hatta Karakaçanlar(!) Yunan olmak zorundadırlar. orada Batı Trakya Türkleri dahi "Elenikon İslamikon"(Müslüman Yunanlı) olmak zorundadır... ve Haçlı Avrupa Birliği için Yunanistan da "azınlık sorunu" yoktur...

Bu bizim iş; AB'ye girme işi değil, bu iş başka bir iş'dir(!)

Ermenistan'dan Azeriler'i (evlerini basarak) kovdular; "yok öyle şey, burası Ermenistan!.." dediler, AB Haçlı merkezleri bir şey dediler mi?

Türkiye'de "ne sosyal ne demokrat" olan partiler,

Türkiye'de "ne Türk ne İslam sentezcileri. "Milliyetçiyim" diyerek başka bir şey çıkanlar. İslamcıyım diyerek İstavroz çekenler... Cumhuriyetsiz ve Halksız Partiler(!)

Yazıklar, yazıklar; yazıklar olsun; yazıklar olsun!!!

Alın elinize fotoğraf makinasını, hiç degilse yok oluşun fotoğrafını çekin, belki başka uluslara ders olur(!)

Bu topraklarda suçlu kim?... Bunlara bir vatan bırakmak için canını vermiş olan Çanakkale, Sakarya, Dumlupınar, Gaziantep, Şanlıurfa ve daha nice şehitler / insanın dili varmıyor, amma(....) Bunlar için mi canlarından olmuşlar?... Tarih şöyle bir not mu düşecektir?... ŞEHİTLERİ OLMASAYDI İHANET EDECEK VATANLARI OLMAYACAKTI! Satacak toprak bulamayacaklardı.(!)

Ah şehitlerimiz, gazilerimiz ah!

İŞGAL GÜÇLERİ ÇÖKÜŞTEN SONRAKİ KİTABI YAZIYORLAR... GAFİLLER HALA UYANMADILAR!

— Hani, Çarlık Rusyası'nın çökmesine sebep olan RASPUTİN tarikatı iktidara gelmişti ya...

... Bunların da başına tarikatı getirip oturttuğumuzda uyanmadılar; daha önceki Türk devletlerini tarikatların nasıl yok ettiğini de bilmiyorlardı(!) Derviş Mehmet'in torunları, Şeyh Sukiti'nin, Şeyh Sait'in, Anzavur'un, Çopur Musa'nın, Delibaş'ın, Şeyh Eşref'in ve de Çapanoğlu'nun intikam yeminlisi torunları hep birlik olmuşlar, Kuvayı Milliye'nin kurduğu bütün kuruluşları ele geçirmişlerdi... Yine uyanmadılar: "Demokrasi gelişiyor..." dediler. Limona "sulu zırtlak" der gibi, tarikatçıya "demokrat" diyorlardı.

— Hani Fatih Sultan Mehmet'in topları Bizans'ın Konstantini surlarını döverken; Bizanslılar her işi bırakmış, "meleklerin erkek mi dişi mi olduğunu" tartışıyorlardı ya...

... Bunlar da çökmeden önce her işi bırakmış "türban" tartışıyorlardı. Onlar türban ve din tartışıyorken, Fatih Sultan Mehmet'in toplarından daha ağır bir bombardımanla "işgal güçleri medyamız" tarafından evlerinin içine kadar bombalanıyorlardı...

... UYANMADILAR; yine uyanmadılar (!)

BİR UMUT VAR HENÜZ: BU ULUS/BU MİLLET, BÜYÜK MİLLET...

Bu Ulus direniyor: İşgal güçleri medyasının sapık propaganda bombardımanına karşı direniyor...

— Amerikan uşaklığı yaptılar, millet inadına yüzde doksan Amerikan karşıtı oldu. Yahudi uşaklığı yaptılar, bu millet tarihte ilk defa Yahudi karşıtı oldu. Milleti hasta ettiler; kimse anlamıyor. Millet Kavgam okuyor, Kavgam... Siz bakmayın, onların entel-dantel konuşmalarına...Çıkın insanların içine bakın, dinleyin; Kavgam okumakla kalmıyor, "Hitler az yapmış!.." diyor. Millet'i bu ajanlar, bu **LAĞIM TV** yayınları bu hale getirdi...

Millet "bak" diyor:

— **"Şu keçi sakallı"** hani o malum zat var ya; kimi överse, o vatan hainidir. O'nun çattığı kim varsa iyi adamdır(...) İşgal güçleri ajanları "kabak gibi" açığa çıktılar...

— Malum TV yapımcılarının karşısına oturan siyasetçiye "yazık, bu da kötü yola düşmüş..." gözüyle bakıyor. Bu satılmışlar çok paralar aldılar oralardan. Ama görevlerini yapamadılar; uşaklık yaptıkları merkezleri rezil-kepaze ettiler. Yazık oldu gavurun paralarına.

Ve hemen önlemini aldılar; hemen bir kanun çıkartıldı: Haçlılar'ın sermayesi, "UŞAKLARIN EFENDİSİ" geliyor, yüzde/yüz ortaklı "MEDYATÖR" geliyor... İşgal başlıyor, işgal!!!

Hüsnüyadis, yine işgal ortamını hazırlamış; Efes Metropoliti Yokavim Efendi'yle tezgahı kurmuş, direniş yanlısı olabilecek bütün kuruluşları pasifize etmiş, direniş gösterebilecek sivil ve asker kahramanlarımızı işgal güçlerine jurnallemiştir.

Çoğunluk ise, maçor kediye yem olmak için sırasını bekleyen fareler gibi: Şıkıdım, şıkıdım fingirdeşiyorlar...

İzmir'de Hasan Tahsin şehit edileli beş gün olmuştur. Şehit edilmeden kısa bir süre önce, Hasan Tahsin:

— Hukuk- u Beşer Gazetesi, 14 Şubat 1919"... Felaket Başında" başlıklı makalesinde:

— *Cihan bize düşman iken, biz ne İngiltere'den ne Fransa'dan ve ne vesaireden kendimize en ufak bir dayanışma ve muhabbet beklemeyelim. Bizi kurtaracak olan güç, kendi ruhlarımızın derinliklerinden doğan samimiyetle birbirimizin ellerini sıkmak ve milli bünyemizi ezen canileri şiddetle cezalandırmak gereklidir diye yazıyordu.*

9 Şubat 1919 "**Namus Uğruna...**" Başlıklı makalesinde;

— " Haçlılar'ın egemenliği altında yaşayacak hiçbir Türk yoktur...

— **Uyan ey Türk oğlu uyan, uyan ey varlığını yaradanına adamış, İslam'ın ateşiyle kalbi, ruhu heyecan dolu;**
Müslüman Türk uyan!!!
"Sana suikast ediyorlar uyan!..." diye feryat ediyordu...

Bu sözleriyle sanki **bugüne** hitap eder gibiydi...

Nerede onlar? Hani "altı okka adamlar?..."

14 MAYIS 1919...Gong vurdu!...Vakit-saat tamam (!) "Altı okka adamlar" kayıplarda mı?...

Balıklıova Köyü'nden, bir köy filozofu Zeki Karademir (Zeki Usta) "altı okka adamlara ne olduğu konusunda?..."Çok eski bir hikaye ile, anlamlı bir cevap veriyor:

ŞÜPHECİ PADİŞAH/ ANONİM

Bu Hükümdar, padişahlığı ve hüküm sürdüğü dönemde her şeyden kuşku duyar, sürekli iç düşman korkusu yaşarmış.

İç düşman, iç düşman...

Gelene, gidene iç düşmanları sorar, iç düşmanlar gece rüyalarına girer, uykuları kaçarmış...

Sonunda bu iç düşmanlardan kurtulmaya karar verir.

Ama nasıl?

"*Akıldane*" denilen, akıllı adamlardan mürekkep bir akıldaneler "*Danışma Kurulu*" oluşturur.

Padişah, akıldanelerden oluşmuş Danışma Kurulu'na sorar: Bu ahaliden korkuyorum, iç düşmanlar arttı, her an Payitahtı basabilirler, bu iç düşmanlardan kurtulmak istiyorum...

Ne yapmalıyım?

Akıldanelerden birisi, en akıllısı:

"*Padişahım buldum*" der.

Ama ötekilere suret-i katiyyede söylemek yok...

Padişah:

Peki öyleyse huzura yalnız gel.

Anlat bakalım:

Padişahım, keyfiyet böyledir böyle...

Bu ahali aç kalsa, susuz kalsa, vergiler çok çok artsa da, kuzu gibidir maaşallah, ensesine vur ağzından lokmasını al...

Öylesine kuzu gibidir ki, daha koyun bile olmamış bir ahalimiz vardır; amma ve lakin yok mu? of! *"t.saklı" adamlar*...(!)"

Padişah:

—Tez söyle kimdir onlar?

Akıldane: •

—Padişahım, onlar pek yiğit olurlar: Halk, bu adamlarda *"altı okka şey... olur"* der. Her köyde, her mahallede, hatta her mezrada, illaki bir *"t.şaklı"* adam vardır...

... bunlar halkın önüne düşer, halkı cesaretlendirirler.

—İşte o zaman bu halk bir *"panter"* olur, böylece iç düşmanlar artar Hünkârım...

—Mel'un olma!

"Tez çare söyle" der Padişah... Akıldane bilgiç tavırlarla anlatır:

— Haşmetmaab, Padişahım, memalikin neresinde, hangi ücra köşesinde varsa... Bulunsun bu adamlar hadım edilsin?

— Size t.şaklı adamlar gerekmez, tak diye emir verince şak diye yapacak tak-şak paşalar gerekir...

Padişah bu fikri pek makbul bularak:

— İcraat efendi, tez icraat eyle!... Dellal çıkarın, bağırsın, çığırsın...

Bu adamları ihbar edene üç altın, yetmedi bir kese altın verin...

— Emriniz olur... Dellallar ülkenin dört bir yanına yayılır:

— *"Duyduk/duymadık demeyin."*, Nerede *"t.saklı"* adam varsa... ...İhbar edene keseyle altın verilecektiiir!

Halkın içinden bazıları muhbir olmaya öyle meraklı, öyle hevesli ki, yağmur gibi ihbarlar gelir. *"Sağda-solda"* Ata'larına saygılı, ne kadar yiğit varsa der-dest edilir...

Sıra sıra tahta mengeneler kurulur; *"t.saklı"* adamlar mengenelerden sıra sıra geçirilir...

...hadım edilirler(!)

—Mengeneye yiğit giren...*"ayol ne hoş"* çıkar, top gibi olurlar, *"top-top"* maaşallah...

Padişahlık zamanı bu;

Sivil "*top*"...lum kuruluşları da yok henüz. olsa idi, derlerdi ki...

— Biz Sivil "*top*"...lum kuruluşları olarak, daha çok "*bize benzesinler*", daha çok "*top*" olsunlar isteriz...

Sonunda, olan yiğitlere olmuştur...

... her mahalleye "*ayol ne hoş*"lar, millet'in Harim-i Matbuatı'na da "*top-top*" godoşlar dolmuştur...

"*İşlerin kötü gitmesinin hesabı da*" böylece sorulmuştur.

Halbuki:

Bu padişahtan önceki hükümdarlar zamanında, "*işlerin kötü gitmesinin hesabı*" Sadrazam veya Nazır Paşalar'dan sorulur, onların boynuna kement atılırdı...

Tarihte ilk defa, bin yıllık bir "*Devlet Nizamı'nın zıddına:* "*Devletin işlerinin kötü gitmesinden*" mesul olan Nazır paşalar,

— "*Onları asmayalım da...! Besleyelim mi*" diyerek, on sekizini geçmiş-geçmemiş çocukları yakalamışlar...

Nazır paşalar:

— Biz yönettik Memalik'i, biz batırdık işleri, ama suçlu onlar...

...atın kementleri, asın gençleri (!)

Böylece dokuz-on yıl sükut içinde geçer.

...Hükümdar durumdan çok çok memnundur...

Amma...

Asıl düşmanlar pusuda:

Memalik-i Ottoman'da yiğitlerin başlarına gelenleri duyar, bir cesaretlenirler ki, ansızın Girit'e asker çıkarırlar...

...durup dururken bu da nereden çıktı?

Asker gerek:

Sadrazam emir verir, asker gerek!

Harbi-ye (!) Nezareti çalışma yapar:

Asker! Asker yok...

Askerden kaçan kaçana...

Harbi-ye(!) Nazırı kara kara düşünürken,

Bir bahriye paşası, huzura "*top*" gibi düşerek akıl verir:

—"*Pek muhterem Harbi-ye(!) Nazırım, artık buharlı gemiler çıktı, binaenaleyh Girit Adası'nın stratejik önemi kalmadı, düşman bir adım attı Girit'e çıktı. Biz bir adım fazla atalım, Kıbrıs'ı da verelim...... Sonra biz oralara buharlı gemilerle turist olarak da çıkarız*".

Bahriyeli paşayı işiten Harbi-ye(!) Nazırı'nın yüzü kara-sarı olur:

— Breh breh!...

Fessubhanallah Yarabbi!...."*Bu da top gibi konuştu, top olmuş yazık*" diye aklından geçirirken... Paşa! Paşa!, "*Tolon-Tolon*" konuş... derken!...

Dışarıda uğultular, gürültüler, bağırma-çağırmalar olur.

Kalabalık gençler:

—"*Girit bizim canımız, feda olsun kanımız*" diye haykırmaktadırlar...

Bunu duyan Harbiye Nazırı'nın kahramanlık duyguları kabarır...

...Gençlerin coşkusu tüylerini diken diken etmiştir.

Sesler giderek artar:

— Girit bizim canımız, feda olsun kanımız!...

Paşa, bağıran kalabalığın önüne derhal bir masa, bir sandalye koydurur; gençler, ne oluyor (!)...gibisinden bakarken:

Nazır paşa, şubenin künye-kütük defterini kapar, koşarak masanın, üzerine kor...

Sesler ve bağrışmalar kesilmiştir. Çıt yok...

Nazır paşa:

— Kahraman evlatlarım, ben de sizi arıyordum...

...daha önceleri nerelerdeydiniz..?

...sıraya geçiniz, sizi askere alalım.

Zaptiyeler sokak başlarını tutmuştur. Birden top gibi kaçışmalar başlar...

Tutmayın bizi... "*Top*" gibi, damlardan atlayarak kaçışırlar, meydanda kimsecikler kalmaz,

İlerleyen günlerde Küffar daha da azgınlaşır...

En önde papazlar/patrikler bayraklarını kapmışlar...

...Arkalarına Haçlı Ordularını takmışlar, dalga dalga geli-
yorken..,

Başka bir nazır paşa:

—"*Ey ahali Kimse yanlış anlamasın...*"

1282 sene-yi Rumi'sinde Paris'te antlaştık, onlar iyi niyetle
geliyorlar; bizi Avrupa'lı yapacaklar diyerek, "*sünük tavuk*" gibi
olur...... Ahali ise O'na "*tavuk paşa*"..lakabı takar!!!

Küffar daha da cesaretlenir:

Adalara bayrak diker, sahillere asker çıkarır, Payitaht'a hız-
la yaklaşmaktadır...

...Hatta zaman zaman payitahta kadar sarkarlar, sarayın ar-
ka bahçesine uzanan "*Süleymaniye*" mahalle bostanından, bostan
kopararak çuvallara doldururlar...(!)

..."*bostan korkuluklarını*" da çalarlar. Ama bekçibaşı korkudan
bir düdük bile çalamaz!

Hükümdar telaşlanır, telaşlanmak ne kelime, çıldıracak gibi
olur:

Sadrazam'ı, vezirleri, Tavuk Paşa'yı...

...sinkaf eder!

— Akıldaneleri huzura çağırır, akıldaneler toplanırlar...

Hükümdar'ın gözleri, "*hadım edin*" diye akıl veren akıldane-
yi aramaktadır. O'nu aslanlara atacaktır, ama "*bilgiç akıldane sırra
kadem*" basmıştır...

Hükümdar sorar:

— Bre akıldaneler...

Küffar koskoca Memalik'i hiç direniş görmeden, boydan bo-
ya geçti...

**İşittim ki papazlar-patrikler sancaklarını kapmışlar, küf-
farın "*Akide-i Milliyesi ve Diniyyesi*" içün en önde koşmakta-
dırlar... ....Bizim Ehli İslamımız, Diyanet-i Vataniyye'miz, bi-
zim "*Akide-i Milliye'mizin*" neresinde kalmışlardır(!)**

Akıldaneler:

— Hünkarım, Heyet-i Diniyye'miz papazlarla muhabbete iştirak eylediler: Hıyanet-i Vataniyye'de saf tuttular...(!) **(1)**

— La havle... Küffara dost olanlar, artık onlardan olmuşlar, onların emrine girmişlerdir...**(2)**

— Pekii, Riyaset-i Ticari'miz ve Riyaset-i Siyasilerimiz ne Cehennem'dedirler (!)

Akıldaneler:

— Onlar kendi topraklarımızı satarak küffara müstecir oldular, küffara "*pezevenklik*" yapmaktadırlar...**(3)**

Hahambaşı'ndan ödüller aldılar, satışa geldik padişah'ım...

— Eyvah!

— Asırlar önce Haçlılar bu topraklarda hiç "*pezevenk*" bulamamıştı, şimdi ne çok "*pezevenk*" çıkmıştır...

...Serdar'ı, Yahudi'den boynuz alan kavimlerin hepsi helak olmuşlar, boynuza oturmuşlardır, hiç işitmediler mi!!!

.....Ati de bunlara "**Bizans'ın Çocukları**" diyecekler, "onunbunun çocukları" olacaklardır (!) Bu ne cibilliyetsizliktir? Padişah hiddetle devam eder:

— Kalan askerleri toplayın, küffara saldırsınlar!...

Akıldane:

— Asker yaya kaldı Padişahım, hücuma kalkışamaz...

— Tez olun, tabyalardan tayları çıkarın, Daniş Tabyası'ndan, Sayiş Tabyası'ndan, Yorgi Tabyası'ndan...

Daniş taylarını, Sayiş taylarını, Yorgi taylarını, hepisini toplayın, askerin altına çekin...

Akıldane Nasuhi:

— Haşmetmaab, bu Millet aç kaldı, susuz kaldı, süpürge tohumu yedi, ama taylarını arpayla besledi, lakin aşırı beslenmişler, arpası fazla kaçmıştır, tayların hepsi "*solugan*" olmuşlardır... "*Kuyruk sokumlarına su değmeden tabyalardan dışarı çıkamazlar(!)*"

1- "Dinlerarası diyalog" demek istiyor.
2- Kur'an-ı Kerim, Maide Süresi 51. ayet.
3- Pezevenk eski dilde rehber demektir.

— Ya ana Yası tutanlar(!)

— Irzına geçilmiş Ana'yı yasa boğdular...

...tecavüzden bi haber kaldılar!

Hükümdar son bir umutla çare aramaktadır:

— Çare tükenmez...

— *"Tez olun Bozkurtları getirin..."* der.

Altaylardan getirip de, hassaten büyütüp beslediğimiz Boz-
kurtlar..

**— Bozkurtlar'ı bulun, küffarın üzerine salın, onları pa-
ramparça edeceklerdir(!)**

Hünkarım sükunet eyleyin:

— Bozkurtlar evcilleştiler, Akkurt oldular...

— Bir kısım Bozkurt ise cinsi tebdil edip, küffarı değil birbir-
lerini dişlemektedirler...

— Kalan Bozkurtlar da yaylalarda, dağlara taşlara dişlerini
gösteriyorlar... Şehirlerimizi uyuz aslanlar(!) bastılar.

— Bozkurtlar tırsıdı... Yaylaya kaçtı!...

— Lakin yaylalardan inemez oldular (!)

Sol cenahtaki kılıç-kalkan güruhu ise, düşmanın derinlikle-
rine kadar girmiş iken, yüzgeru olup da küffara karıştılar, küf-
farla bir olup da Memalik'e hamle etmektedirler, küffarla vuslat
oldular...

Hal böyle böyle iken, Hükümdar çıldırmış gibi bağırır:

— Bre tez olun bir lahza gayıp etmeyin! Dellal çıkarın, Me-
malik'e yayılsınlar, bağırsınlar, çığırsınlar...

...yiğitler...yiğitler nerede?

Düşman varoşlarda, sarayı bastı basacak, yiğitleri çağırın...

"t.şaklı" adamları bulun...

...*"t.şaklı"* adam yok muuu!!!

Akıl daneler hep bir ağızdan, isyan ederek:

— Onları hadım etmiştin, unuttun muuuu?..

...şeyini şey ettiğimin padişahı!

Bu Milleti intihara sürüklediler, görmediniz, hadım ettirdi-
ler, işitmediniz...

... Kör müsünüz, görmüyorsunuz!... Sağır mısınız!... Duymuyorsunuz!....

....**Bu Millet intihar ediyor!..**

....**intihar!**

....**intihar!**

....**Türk Milleti intihar ediyooor!!!**[4]

Karadeniz uşağı Amerikan uşağı olmayacak!!!

1919'daki işgal günlerindeki ilk tepki Trabzon'dan gelmişti, yine tepki Trabzon'dan geldi.

Trabzon'lu uşaklara saygılar...

.... ya siz, bu intihara razı mısınız?...

.... razı mısınız!!!

4/ Türkler, Çanakkale şehitlerinin torunları.

= GELECEK KİTAP =

MAYMUNLAR CEHENNEMİ

Bazı sapık çevreler, elli yıldan beri Türkiye'de Siyonist-Mason Haçlı gericiliğini "laiklik" diye, Siyonist Masonluğu da Atatürkçülük diye yutturuyorlardı...

Atatürk 1935 yılının 10 Ekim'inde Farmason Mim Kemal Öke'yi çağırtarak, *"Siyonist Masonlar tasını tarağını toplayıp defolup gitsinler; siz mürtecisiniz, sizi yasakladım!..."* **emrini vermiştir!!!**

Laiklik Atatürk'tür, Mevlana'dır, Yunus Emre'dir...

Laiklik İslam'dadır...

Aynı Siyonist-Mason mürteciler, yine Masonların açtığı ve Siyonist Müslüman yetiştiren sözde din okulları mezunlarına "gerici" diye saldırıyorlardı.

Sonuçta, sözde laik olan gericiler ve Siyonist-Haçlı Müslümanı gericiler birbirlerinin değirmenine su taşıyorlardı...

Bu solcu ve sağcı gericiler, Don Kişot gibi yeldeğirmenleriyle savaşırken, yine aynı merkezden kumanda edilen maymuna çevrilmişlerdi.

Bu kumanda merkezinin adını bilmeyen var mıdır?...

- Başkent'te Solcu Siyonist-Haçlı üniversitesi...

- Boğaz'da Sağcı Siyonist-Haçlı üniversitesi...

... ve hepsine kumanda eden Siyonist-Haçlılar, onları maymunlar sınıfına yazmışlardı!... Soldaki maymunlar ve sağdaki maymunlar, vatanı maymunlar cehennemine nasıl çevirmişlerdi?...

İSLAM'DA İRTİCA OLMAZ!!!

Solcu Siyonist Mürteciler, Sağcı Siyonist Mürteciler, Siyonist-Haçlı Müslümanı Mürteciler, Siyonist Mürteci Darbeciler, gerçek gericilerdir... Üniformalı-üniformasız mürteciler...

Siyonist-Haçlılara uşaklık ederek, onlardan icazet alanlara "mürteci" denir.

İslam'dan mürteci çıkmaz!!!

Caminin mihrabı neden ortadadır?...

BİRİNCİ BÖLÜMÜN DİPNOTLARI

Kısaltma, age..: Adı geçen eser. S-sayfa.

1- Tansel, S. a.g.e. s. 139

2- Çadırcı, M. a.g e. s. 11

3- Berkes, N. a.g.e. s. 466.

4- Ergin, F. a.g.e. s. 394.

5- Bayar, C. a.g.e. s. 2203 v.d.

6- Sonyel, R. Salahi, a.g.e. s. 12

7- Tevetoğlu, F. a.g.e. s. 114

8- Kasalak, K. a.g.e. s. 62

9- Tevetoğlu, F. a.g.e. s. 55

10- Akder, N. a.g.e. s. 998

11- Tevetoğlu, F. a.g.e. a. 128

12- Akder, N. a.g.e. s. 998

13- Türk İstiklâl Harbi, c. VI, s. 304

14- Selçuk, İ. a.g.e.s. 95-97

15- Tunaya, T. Z. a.g.e. s. 473

16- Dönmez, Dr. C. a.g.e. s. 70–71

17- Tansel, S. a.g.e. s. 139.

18- Tansel, S. a.g.e. s. 140

19- Bayar, G. a.g.e. s. 2205

20- Tunaya, T. Z. a.g.e. s. 475

21- Aksin, Sina. a.g.e. s. 521-522

22- Şimşir, B. a.g.e. s. 610-613. c. 3

23- Korkmaz, Z. Nutuk, c. 1, s.202

24- Özkaya, Y. a.g.e. s. 26

25- Sonyel, R. S. a.g.e. sayı 89

26- Kansu, M. M. a.g.e. s. 416, c. 2

27- Korkmaz, Z. Nutuk, s. 202–207, c. 1

28- Kansu, M. M. a.g.e. s. 144–145, c. 1

29- Şimşir, B. a.g.e. s. 338, c. 2

30- Sonyel, R. S. a.g.e. s. 207, c. 1

31- Şimşir, B. a.g.e. s. 425, c. 1

33- Kansu, M. M. a.g.e. s. 441, c. 2

34- Tevetoğlu, F. a.g.e. s. 71–73

35- Aydın, M. a.g.e. s. 157

36- Aydın, M. a.g.e. s. l6l

37- Onar, M. a.g.e. s. 664

38- Aydın, M. a.g.e. s. 161

39- Onar, M. a.g.e. s. 462

40- Kansu, M. M. a.g.e. s. 521, c. 2

41- Baykara, T. a.g.e. s. 63–64.

42- Aydm, M. a.g.e. s. 36–39, Şimşir, B. Malta Sürgünleri, s. 2O v. d.

43- Sonyel, S. R. a.g.e. s. 207, C. 1

44- Tevetoğlu, P. a.g.e. s. ll9

46- Kutay, C. a.g.e. s. 272

47- Kasalak, K. a. g. e. s. lO6

48- Soysal, İ. a.g.e. s. 31

49- Demiryürek, M. a.g.e. s. 1213–1233. c. 19

50- Ertürk, H.a.g.e. s.45–46

51- Ertürk, H. a.g.e. s, l6O v. d.

VAHDETTİN-İNGİLİZ GİZLİ ANTLAŞMASI'NIN DİPNOTLARI

- Atatürk, a.g.e. s. 202, c. 1

- Bayar, C. a.g.e. s. 2211, c. 7

- Tevetoğlu, F. a.g.e. s. ll7–118

- Kasalak, K. a.g.e. s. 103–104

- Bayur, Y. H. a.g.e. s. 2O5

- Erol, M. a.g.e. s. 67

İKİNCİ BÖLÜM/HÜSNÜYADİS, DİPNOTLARI

1- Gökbilgin M. Tayyip, a.g.e. s. l22-l25

2- Su, Kamil, a.g.e. s. 6

3- Kaygusuz, B. N. a.g.e. s. l71

4- Özalp, K. a.g.e. s. 12

5- Umar, B. a.g.e. s. 66–67

6- Kazancakis, Zorba, s. 30

7- Selçuk, İ. a.g.e. c. 2,s.6l

8- Tansel, S.a. g. e. c. l, s. 32

9- Apak, R. a.g.e. s. 23

10- Su,K.a.g.e. s. 8

11- Tansel, S. a.g.e. s. 210, c. 1

12- Coşar, Ömer, Sami, İstiklal Harbi Gazetesi.

13- Parlak, T. a.g.e. s. 420

14- Su, K. a.g.e. s. 23–26

15- Parlak,T. a.g.e. s. 51

16- Su, K. a.g.e. s. 23–36

17- Özalp, K. a.g.e. s. 8-9

18- Gn. Kur. Bşk. Türk İstiklâl Harbi, s. 81

19- Tansel, S. Mond. a.g.e. c. 6, s. 210

20- Gn. Kur.Harp Dairesi,Türk İstiklâl Harbi,c.6,s.167

21- Bayar, C. a.g.e. c. 8, s. 2533–2535

22- Bayar, C. a.g.e. c. 6, s. 1943-1945

23- Turan, M. a.g.e. s. 129–132

24- Apak, R. a.g.e. s. 42

25- Gn. Kur. Bşk. a.g.e. s. 155

26- Selçuk, İ. a.g.e. c. 2, s. 95–97

27- Kaygusuz, B. a.g.e. s. 185

28- Göloğlu, M. a.g.e. s. 232

30- Gökbilgin, M. Tayyip.a.g.e. s. 162, c.1

31- Buytulluoglu, H. a.g.e. s. 155, sayı 14

32- Selçuk, İ. a.g.e. c. 2, s. 95-97

33- Türk İstiklâl Harbi, c. 6, s. 86

34- ATEŞE ARŞİV, 13 Şubat 1920 tarihli tlg.

35- Su, K. a.g.e. s. 104

36- Su, K. a.g.e. s. 105-106

37- Apak, R. a.g.e. s. 23

38- Anadoluda Yunan Zulmü ve Vahşeti, s. 100–103

39- Özalp, K. a.g.e. s. 34.

40-parlak,T.a.g.e. s. 545

41- Apak, R. a.g.e. s. 26

42- Anadoluda Yunan Zulmü ve Vahşeti, s. 100 v.d.

43- Us, A. a.g.e. s. 64

44- Anadolu'da Yunan Zulmü ve Vahşeti, s. 99

45- Us, A. a.g.e. s. 62

46- Edip, H. Adıvar, a.g.e. s. 62

47- Karaosmanoğlu, Y. K. a.g.e. s. 105

YARARLANILAN
KAYNAK KİTAPLAR VE ARŞİVLER

ATATÜRK, MUSTAFA KEMAL, Nutuk, 3 cilt, Türk Devrim Tarihi Enstitüsü, İstanbul, 1940.

BÜJAK, YUNAN ALBAYI, 1918-1922 Yunan Ordusunun Seferleri, İstanbul, 1934.

ALİ FUAT CEBESOY, Milli Mücadele Hatıraları, Vatan Neşriyatı, İstanbul, 1953.

ALİ ÇETİNKAYA, Milli Mücadele Dönemi Hatıraları, Atatürk Araştırma Merkezi Yayını, Ankara, 1993.

ARŞİV, Balkanlarda ve Anadolu'da Yunan Mezalimi, Başbakanlık Devlet Arşivleri Gn. Müd. Yayını, c. 2, Ankara, 1966.

ANADOLU'DA YUNAN ZULMÜ VE VAHŞETİ, İstihbarat Matbaası, Ankara, 1338. ALİ FUAT CEBESOY, Siyasi Hatıralar, İstanbul, 1957.

ALEV COŞKUN, Kuvay-ı Milliye'nin Kuruluşu, İstanbul, 1996.

ASIM US, Gördüklerim, Duyduklarım, Duygularım, İstanbul, 1964.

BİLAL ŞİMŞİR, Malta Sürgünleri, Milliyet Yayınları, İstanbul, 1976.

BİLAL ŞİMŞİR, İngiliz Belgeleriyle Atatürk, c. 1, TTK, Ankara, 1973.

BİLGE UMAR, İzmir'de Yunanlıların Son Günleri, Bilgi Yayınevi, Ankara, 1974.

BEZMİ NUSRET KAYGUSUZ, Bir Roman Gibi, İzmir, 1955.

CELAL BAYAR, Ben de Yazdım, Milli Mücadeleye Giriş, 6.7.8.Cilt, İstanbul, 1967-72.

CEMAL KUTAY, Çerkez Ethem Dosyası, Boğaziçi Yayınları, İstanbul, 1973.

CENGİZ DÖNMEZ, İngiliz Muhibleri Cemiyeti, A. A. M. Ankara, 1999.

CEMAL KUTAY, Ege'nin Türk Kalma Savaşı, ÇERKEZ ETHEM, Çerkez Ethem'in Hatıraları, Dünya Yayınları, 1962.

DOĞAN AVCIOĞLU, Milli Kurtuluş Tarihi, 4 cilt, İstanbul, 1974-1976.

DİMİTRİ KİTSİKİS, Yunan Propagandası, Meydan Neşriyatı İstanbul.

DİMİTRİ TİMOLENDOS, Yeni On binlerin İnişi (Yunancadan çeviri), İstanbul, 1943.

ERGÜN AYBARS, Türkiye Cumhuriyeti Tarihi, Ege Üniversitesi, İzmir, 1984.

EROL TOY, Türk Gerilla Tarihi, Giray Yayınları İstanbul, 1970.

EROL ULUBEN, İngiliz Gizli Belgelerinde Türkiye, Yaylacılık Matbaası, İstanbul, 1962.

FAHRETTİN ALTAY, 10 Yıl Savaş ve Sonrası, İnsel Yayınları, İstanbul 1970.

FİKRET ARIT, Küçük Fedailer, Türkiye Yayınevi, İstanbul,1962.

FETHİ TEVETOĞLU, Milli Mücadele Yıllarında Kuruluşlar, TTK Basımevi,1991.

GRACE M. ELİSON, Bir İngiliz Kadını Gözüyle Kuvay-ı Milliye Ankara'sı, Milliyet Yayınları, İstanbul, 1972.

GENELKURMAY HARP DAİRESİ, Türk İstiklâl Harbi, Cilt 2, 1963.

GALİP KEMAL SÖYLEMEZOĞLU, Başımıza Gelenler, Mondros'tan Mudanya'ya, İstanbul, 1939.   •

GALİP KEMAL SÖYLEMEZOĞLU, Yok Edilnıek İstenen Millet, İstanbul, 1957.

GIYAS YETKİN, Ateşten Ateşe, Bütün Türkiye Yayınevi, Ankara, 1969.

HALDE EDİP ADIVAR, Vurun Kahpeye, Remzi Kitapevi, İstanbul, 1943.

HÜSAMETTİN ERTÜRK, Milli Mücadele Senelerinde Teşkilat-ı Mahsusa, Ulusal Savaş Yıllarında Özel Örgüt, Gn. Kur. Bşk. Harp Tarihi Dairesi, Ankara, 1975.

HÜSAMETTİN ERTÜRK, İki Devrin Perde Arkası, Nurgök Matbaası, İstanbul, 1957.

HRİSOLTOS İ. TANAŞ, Yunan Süvarisi Küçük Asya Harekâtında, İstanbul, 1970.

HAMDİ BUYTULLUOĞLU, Belgelerle Türk Tarihi. "Milli Mücadele Başlıyor," Sayı 14.

HAMDİ ATAMER, Milli Mücadele Başlangıcında Hürriyet ve İtilâf Partisi. Belgelerle Türk Tarihi Dergisi, Cilt 10, Nu. 60.

HİLMİ ERGENELİ, "1919'da Ayvalık Savunması ile İlgili Anılar..." Belleten Cilt 18. Nu.189-190, Ocak-Nisan, 1984.

İLHAMİ SOYSAL, 150'likler, İstanbul, 1985.

İLHAN SELÇUK, Yüzbaşı Selâhattin'in Romanı, cilt, 2, Remzi Kitapevi, İstanbul, 1975.

İLHAN TEKELİ-SELİM İLKİN, "Ege'de Sivil Direniş..." TTK, Ankara, 1989.

KÂZIM KARABEKİR, İstiklâl Harbimiz, İstanbul, 1960.

KAYHAN SAĞLAMER, "Anadolu'nun İşgali ve Yunan Mezalimi..." Belgelerle Türk Tarihi Dergisi, Cilt 9, sayı 49, Ekim 1971.

KÂMİL ERDEHA, Milli Mücadelemde Vilâyetler ve Valiler, İstanbul, 1975.

KADİR MISIRLIOĞLU, Türk'ün Siyah Kitabı, Yunan Mezalimi, İstanbul, 1979.

KÂMİL SU, Manisa ve Yöresinde İşgal Anıları, Ankara, 1982.

KADİR KASALAK, Milli Mücadelede Manda ve Himaye Meselesi, Gn. Kur. Basımevi, Ankara, 1993.

KÂZIM ÖZALP, Milli Mücadelede Ankara, 1976. TTK Yayınları, 1919-1922.

KÂMİL SU, Köprülü Hamdi Bey ve Akbaş Cephaneliği Baskını, Ankara, 1984.

KÂMİL SU, Sevr Anlaşması ve Aydın (İzmir) Vilâyeti, Kültür Bakanlığı Yayınevi, Ankara, 1981.

KEMAL TAHİR, Yorgun Savaşçı, Remzi Kitapevi, İstanbul, 1965.

KADİR KASALAK, Milli Mücadelede Manda ve Himaye Meselesi, Genel Kurmay Basımevi, Ankara, 1993.

LAWRENCE EVANS, Türkiye'nin Paylaşılması, İstanbul, 1972.

MEHMET ARİF, Miralay Arifin Hatıratı, Yeni İstanbul Yayınları, İstanbul, 1970.

MİNE EROL, Türkiye'de Amerikan Mandası Meselesi, 1919-1920, Giresun, 1972.

MAHMUT GÖLOĞLU, Üçüncü Meşrutiyet 1920, Ankara, 1970.

MUSTAFA TURAN, Yunan Mezalimi, Atatürk Araştırma Merkezi Yayınları, Ankara, 1999.

MUZAFFER TANSU, Konuşan Hatıralar, Ankara, 1974.

MESUT AYDIN, "Milli Mücadele Döneminde TBBM Hükümeti ve Gizli Teşkilâtlar, Boğaziçi Yayınları, İstanbul, 1992.

MUSA ÇADIRCI, İngiliz Muhibleri Cemiyetine İlişkin Belgeler, Akdeniz Üniversitesi, Atatürk Araştırma Dergisi, c.l, s. 1, 1994.

MEHMET DEMİRYÜREK, Atatürk Araştırma Merkezi Dergisi, c.xıx, s.57.

MAZHAR MÜFİT KANSU, Erzurum'dan Ölümüne Kadar Atatürk'le Beraber, c. 2, TTK Basımevi, Ankara, 1988.

MUSTAFA ONAR, Atatürk'ün Kurtuluş Savaşı Yazışmaları, T. E. Fakültesi Matbaası, Ankara, 1995-

NUSRET KÖKLÜ, İşgalden Kurtuluşa Manisa, Ankara, 1976.

NECATİ AKDER, Milli İrade ve Ordu, Türk Kültürü Dergisi, c. 10, s. 118, Ağustos 1972.

NİYAZİ BERKES, Türkiye'de Çağdaşlaşma, Doğu-Batı Yayınları, İstanbul, 1978.

NAİL MORALI, Mütareke'de İzmir olayları, TTK, Ankara, 1973.

NURDOĞAN TAÇALAN, Ege'de Kurtuluş Savaşı Başlarken, Milliyet Yayınları, İstanbul, 1970.

NİKO PSYRUKİS, "Anadolu Seferinin Nedenleri...», Sosyal Adalet Dergisi, Nu. 9, yıl 2, s.28-32, Aralık, 1964.

ORHAN DURU, Amerikan Gizli Belgeleriyle Türkiye'nin Kurtuluş Yılları, Milliyet Yayınları İstanbul, 1978.

RAHMİ APAK, İstiklâl Savaşında Garp Cephesi Nasıl Kuruldu, İstanbul, 1942.

RAHMİ APAK, Yetmişlik Bir Subayın Hatıraları, Ankara,1957.

RAUF ORBAY, Cehennem Değirmeni, Siyasi Hatıralarım, İstanbul, 1993

R. SALAHİ SONYEL, Türk Kurtuluş Savaşı ve Dış Politika, c. 2, Ankara, 1987.

R. SALAHİ SONYEL, Kurtuluş Savaşı Günlerinde İngiliz İstihbarat Servisinin Türkiye'deki Eylemleri, TTK, Ankara, 1995.

R. SALAHİ SONYEL, 1919 Yılı İngiliz Belgelerinin Işığında Mustafa Kemal ve Mukavemet, Türk Kültürü Dergisi, s. 89, 1970.

SİNA AKŞİN, İstanbul Hükümetleri ve Milli Mücadele, İstanbul, 1983.

SELAHATTİN TANSEL, Mondros'tan Mudanya'ya Kadar, MEB Basımevi, İstanbul, 1991.İki cilt, B.B. Kültür Müsteşarlığı, Ankara, 1973.

SABAHATTİN SELEK, Anadolu İhtilâli, Burçak Yayınevi, 2 cilt,İstanbul, 1966.

SABAHATTİN SELEK, Milli Mücadele, Örgün Yayınları, İstanbul, 1982.

STEFANOS YERASİMOS, Türk-Sovyet İlişkileri, Ekim Devriminden Milli Mücadeleye, Gözlem Yayınları, İstanbul, 1977.

ŞEVKET SÜREYYA AYDEMİR, Tek Adam, 3 cilt,Remzi Kitapevi, İstanbul, 1966-70.

TEVFİK ÇAVDAR, Talât Paşa-Bir örgüt Ustasının Yaşam Öyküsü, Dost Kitapevi, Ankara, 1984.

M. TAYYİP GÖKBİLGİN, Milli Mücadele Başlarken, T. İş Bankası Yayınları, 2 cilt, 1959-1965.

TRİKUPİS, General Trikupis'in Hatıraları, Kitapçılık Ltd. İstanbul, 1967.

TÜRKMEN PARLAK, İşgalden Kurtuluşa, İzmir, 1982.

TÜRKİYE CUMHURİYETİ DEVLET SALNAMESİ, 1927-1928.

TARIK ZAFER TUNAYA, Türkiye'de Siyasi Partiler, İstanbul, 1952.

TUNCER BAYKARA, Milli Mücadele, Kültür ve Turizim Bak. Yayınları, Ankara, 1985.

TÜRK İSTİKLAL HARBİ, 6 cilt, Gn. Kur. Başkanlığı yayınlar, Ankara, 1963.

YUSUF HİKMET BAYUR, Türk İnkılâp Tarihi, 3 cilt, Ankara, 1983.

YÜCEL ÖZKAYA,Türk İstiklâl Savaşx ve Cumhuriyet Tarihi,A.Ü.Tıp Fak. Yayınları,Ankara,1981•

ZÜHTÜ GÜVEN, Anzavur İsyanı, İstanbul, 1948.

ZEKİ ARIKAN, Mütareke ve İşgal Dönemi İzmir Basını, Ankara, 1989.

ZEKİ SARIHAN,Çerkez Ethem'in İhaneti,Kaynak Yayınları,Ankara, 1984.

ZEYNEP KORKMAZ, Nutuk, 2 cilt, Başbakanlık Basımevi, Ankara, 1984.

ADAMOF. S. E, Sovyet Arşivi Belgelerinde Anadolu'nun Taksimi Plânı, Belge Yayınları, İstanbul, 1922.

SELAHATTİN TANSEL, Atatürk ve Kurtuluş Savaşı,Ankara,1965.

SÜREYYA ŞEHİTOĞLU, Milli Mücadelede Adapazarı, Bolu, Düzce, Hendek ve Yöresi Ayaklanmaları, Ankara, 1970.

ENVER BEYHAN ŞAPOLYO Kuvay-ı Milliye Tarihi, Ankara, 1957.

ARNOLD TOYNBE, Bir Devletin Yeniden Doğuşu, Milliyet Yayınları, İstanbul, 1971.

FERİDUN KANDEMİR, İstiklâl Savaşında Bozguncular ve Casuslar, İstanbul, 1964.

MUSTAFA TURAN, Yunan Mezalimi, A.A.M.-Atatürk Kültür, Dil ve Tarih Yüksek Kurumu, Ankara, 1999.

ZEKERİYA TÜRKMEN, Mütareke Döneminde Ordunun Durumu ve Yeniden Yapılanması, TTK Basımevi, Ankara, 2001.

YAHYA AKYÜZ, Türk Kurtuluş Savaşı ve Fransız Kamuoyu 1919-1922,TTK Basımevi, Ankara, 1988.

HALİL ŞİMŞEK, Geçmişten Günümüze Bingöl ve Doğu Ayaklanmaları, T.C. Kültür Bakanlığı Yayınları, Ankara, 2001.

— MİLLİ KÜPHANE-GAZETE ARŞİVLERİ-ATAŞE ARŞİVLERİ.
— MİLLİ ARŞİV BELGELERİ.
— HÜSNÜYADİS'İN EVRAK SANDIĞINDA GÖRÜLEN EVRAKLAR...